Andrea Schulz

Lernschwierigkeiten im Mathematikunterricht der Grundschule

Grundsätzliche Überlegungen zum Erkennen, Verhindern und Überwinden von Lernschwierigkeiten – dargestellt am Beispiel der Klassenstufe 3

DUDEN PAETEC Schulbuchverlag
Berlin · Frankfurt a. M.

Die Deutsche Bibliothek – CIP-Einheitsaufnahme

Schulz, Andrea
Lernschwierigkeiten im Mathematikunterricht der Grundschule:
Grundsätzliche Überlegungen zum Erkennen, Verhindern und Überwinden von
Lernschwierigkeiten – dargestellt am Beispiel der Klassenstufe 3 / Andrea Schulz.
Paetec Berlin: Paetec, 1995
  Zugl.: Berlin, Humboldt-Univ., Diss., 1994
  ISBN 3-89517-760-1

4. Auflage, 2006

© PAETEC Verlag für Bildungsmedien, Berlin 1995

Alle Rechte vorbehalten.

Druck und Bindung docupoint GmbH, Magdeburg

ISBN 978-3-89517-760-6

Vorwort

Auch für Kinder mit Lernschwierigkeiten gilt: *Mathematiklernen kann dem Kind nicht abgenommen werden. Es muß es selber tun.* Dazu sind Voraussetzungen notwendig, auf deren Grundlage Erfahrungen im Umgang mit Zahlen, Rechenoperationen, Größen und geometrischen Inhalten gewonnen werden können.

Ausgehend von Besonderheiten beim Mathematiklernen und -lehren und von Entwicklungsbesonderheiten jüngerer Schulkinder werden in dieser Arbeit Ursachen für Lernschwierigkeiten im Mathematikunterricht der Grundschule herausgearbeitet und Möglichkeiten zum Erkennen, Verhindern und Überwinden von Lernschwierigkeiten vorgestellt und diskutiert. Im Sinne eines kognitiventwicklungspsychologischen Ansatzes wird dargestellt, wie kognitive Fähigkeiten und Stützfunktionen, die für mathematische Lernprozesse bedeutsam sind, entwickelt und gefördert werden können.

Zur Erprobung dieses Konzeptes sind konkrete Unterrichtsmaterialien in einer Pilotstudie auf ihre Wirksamkeit, Praktikabilität und Handhabbarkeit überprüft worden. Die Ergebnisse dieser Erprobung belegen, daß ein Vorgehen entsprechend dem Vorschlag der vorliegenden Arbeit geeignet ist, Kindern mit Lernschwierigkeiten im Mathematikunterricht wirkungsvoll zu helfen.

Mein Dank gilt all denen, die mich beim Erstellen dieser Arbeit unterstützten, insbesondere danke ich den Mitarbeitern des Lehr- und Forschungsgebietes Didaktik der Mathematik der Humboldt-Universität zu Berlin, allen an der schulpraktischen Erprobung beteiligten Kollegen und Schülern, allen Freunden und meiner Familie.

Wertvolle Anregungen zu meinen Untersuchungen habe ich in mehreren Gesprächen mit Herrn Professor Dr. Jens Holger Lorenz und mit Herrn Professor Dr. Hendrik Radatz bekommen. Ihre Erfahrungen in der Arbeit mit „rechenschwachen" Kindern haben meine Gedanken und mein Vorgehen in besonderer Weise mitgeprägt. Dafür sei ihnen an dieser Stelle gedankt.

Die anregenden Diskussionen mit Frau Professor Dr. Renate Valtin halfen mir, durch Aufarbeitung der Erfahrungen zur Lese-Rechtschreib-Schwäche die Probleme der Kinder mit extremen Lernschwierigkeiten im Mathematikunterricht besser zu verstehen. Für ihre kritische Begleitung, insbesondere in der Endphase der Arbeit, sei ihr herzlich gedankt.

Mein besonders herzlicher Dank gilt den Herren Dr. Günter Liesenberg, Professor Dr. Werner Stoye und Professor Dr. Karlheinz Weber für ihre verständnisvolle Betreuung und wissenschaftliche Beratung in allen Fragen dieser Arbeit. Herrn Dr. Günter Liesenberg danke ich darüber hinaus für seine Hilfe bei der technischen Fertigstellung dieser Arbeit und für die vielen Zeichnungen.

Andrea Schulz

Inhaltsverzeichnis

1 Einleitung 1

2 Lernschwierigkeiten im jüngeren Schulalter 5

2.1 Zu Entwicklungsbesonderheiten des jüngeren Schulkindes 5
2.2 Zum Begriff Lernschwierigkeiten 10
2.3 Ursachen für Lernschwierigkeiten 16
2.4 Zusammenfassung 21

3 Lernschwierigkeiten im Mathematikunterricht der Grundschule 22

3.1 Besonderheiten des mathematischen Lehr- und Lernprozesses 22
3.2 „Rechenschwäche" als extreme Form von Lernschwierigkeiten 28
3.3 Kognitive Ursachen für Lernschwierigkeiten und Möglichkeiten ihres Erkennens 42
3.3.1 Abstraktion 45
3.3.2 Vorstellung 58
3.3.3 Konzentration 71
3.3.4 Gedächtnis 77
3.4 Darstellung und Begründung eines Förderkonzepts zum Verhindern bzw. Überwinden von Lernschwierigkeiten 84
3.4.1 Entwicklung von kognitiven Fähigkeiten und Stützfunktionen im Mathematikunterricht der Grundschule 84
3.4.2 Entwicklung von Abstraktion und Vorstellung 92
3.4.3 Entwicklung von Konzentration und Gedächtnis 97
3.5 Zusammenfassung 100

4	**Darstellung der Untersuchung**	101
4.1	Anlage und Ziel der Untersuchung	101
4.2	Durchführung der Untersuchung	109
4.2.1	Zur Absicherung der Ergebnisse	109
4.2.2	Fördern durch Binnendifferenzierung im Regelunterricht	116
4.2.3	Gestalten und Durchführen mathematisch orientierter Stützkurse	121
4.3	Diskussion der Ergebnisse	129
4.4	Darstellung von Einzelfällen	146
4.5	Zusammenfassung	163
5	**Ergebnisse der Arbeit im Überblick**	166
	Literatur	170
	Anlagen	186

1 Einleitung

Lernen ist ein komplexer Prozeß, der individuell sehr verschieden abläuft und durch kognitive, motivationale, emotionale und soziale Komponenten bestimmt wird. Untersuchungen und Beobachtungen belegen, daß etwa 15 bis 20 Prozent aller Grundschüler Schwierigkeiten beim Lernen haben. Solche Schwierigkeiten können sich schon zu Beginn des schulischen Lernprozesses zeigen oder erst im Prozeß des Lernens auftreten und sich derart verfestigen, daß sie zu Motivationsverlust, negativem Selbstkonzept oder einer negativen Schullaufbahn insgesamt führen. Lernschwierigkeiten stellen immer erhebliche Probleme für den Betroffenen und sein unmittelbares soziales Umfeld dar. Ohne Hilfen werden die Probleme oft größer und können die Lernbiographien über mehrere Schuljahre hinweg negativ beeinflussen. Hilfen rein organisatorischer Art, wie Stoffreduzierungen oder eine Verlängerung der Lernzeit durch Förderstunden und Klassenwiederholungen, tragen nur wenig zur Lösung der Probleme bei, wenn sie nicht durch passende inhaltliche Maßnahmen gestützt werden. Eine einfache Wiederholung des Stoffes oder zusätzliche Übungen gleicher Art sind für Schüler mit Lernschwierigkeiten wenig lernfördernd. Diese Maßnahmen sind oft zu eng auf curriculare Inhalte begrenzt, so daß Schwierigkeiten immer nur kurzfristig und in ausgewählten Bereichen beseitigt werden können. Zeitlich führt das zu einer Mehrbelastung für die betreffenden Schüler, und ein Transfer erworbenen Wissens auf nachfolgende curriculare Inhalte gelingt in den seltensten Fällen. Förderungen dieser Art sind zu wenig auf eine Beseitigung von Ursachen für Lernschwierigkeiten ausgerichtet.

In der vorliegenden Arbeit wird der Frage nachgegangen, wie durch Differenzierungsmaßnahmen im Unterricht und durch Förderunterricht Lernschwierigkeiten in einzelnen Fächern oder Bereichen überwunden bzw. weitere Lernschwierigkeiten verhindert werden können. Für individualisierende Maßnahmen sind sowohl diagnostische Kriterien als auch darauf abgestimmtes didaktisches Material notwendig. Während für den schriftsprachlichen Bereich verschiedene didaktische Mittel und Methoden erarbeitet wurden, um Lernschwierigkeiten insbesondere im Grundschulalter zu vermindern, liegen ähnliche Materialien für den Mathematikunterricht kaum vor. In einer Studie der Universität Osnabrück zur besonderen Förderung von Schülern im Mathematikunterricht (Klasse 5) wird deutlich, daß Förderunterricht für Schüler mit Lernschwierigkeiten in den untersuchten Schulen zu ineffektiv gestaltet wurde, sich nur wenig von Inhalt und Gestaltung des Regelunterrichts unterschied und seine Ergebnisse unbefriedigend waren. Wesentliche Ursachen für diese Mängel wurden im Fehlen von Konzepten für einen Förderunterricht und darauf abgestimmte fachspezifische

Materialien zur Diagnose und Therapie von Lernschwierigkeiten im Mathematikunterricht gesehen (SOMMER 1984). Befragungen von Lehrern[1] und eigene Untersuchungen deuten daraufhin, daß dieses Problem nicht klassenstufenspezifisch ist (vgl. auch SANDFUCHS 1990).

Ziele und Aufgaben des Mathematikunterrichts in der Grundschule und sein relativ hoher Anteil an der Gesamtstundenzahl erfordern, effektive Methoden zum Erkennen, Verhindern und Überwinden von Lernschwierigkeiten einzusetzen, um die notwendigen Lernerfolge im Fach zu ermöglichen. In den letzten 10 bis 15 Jahren wurden, auf alten Forschungsansätzen aufbauend, innerhalb der Forschung verstärkt Anstrengungen unternommen, das Phänomen einer Rechenschwäche als besondere Form von Lernschwierigkeiten im Mathematikunterricht zu erklären. Dabei entstanden aufwendige theoretische Ansätze (psychodiagnostische, sonderpädagogische, denkpsychologische, neuropsychologische, kognitionspsychologische u. a.) zur Beschreibung einer Rechenschwäche und Erklärung ihrer Ursachen, aber nur wenige und zu allgemeine Hinweise zur Beseitigung oder Kompensation ihrer Ursachen (vgl. LORENZ 1991). Kaum in Untersuchungen einbezogen wurden bisher Schüler, bei denen die Entwicklung eines Verständnisses für mathematische Begriffe und Verfahren mit mehr oder minder großen Schwierigkeiten verbunden ist, die aber (noch) nicht zu den Schülern mit Rechenschwäche gezählt werden. Diese Kinder verbleiben zum größten Teil in der Regelschule und sollen vom Lehrer im Unterricht und in besonderen (Förder-)Stunden gefördert werden.

Wo liegen Ursachen für Schwierigkeiten im Mathematikunterricht? Wie kann der Lehrer diese erkennen? Welche Methoden in der Förderung sind sinnvoll, damit Schüler zu Erfolgen im Mathematikunterricht geführt werden können? Diesen Fragen widmet sich die vorliegende Arbeit. Sie befaßt sich schwerpunktmäßig mit der Klärung von Zusammenhängen zwischen der Fachspezifik des Mathematikunterrichts, den individuellen Lernvoraussetzungen der Schüler und einer diesen Voraussetzungen angepaßten Gestaltung des mathematischen Lehr- und Lernprozesses. Neben einer allgemeinen Beschreibung von Ursachen für Lernschwierigkeiten werden unter Berücksichtigung der Fachspezifik und entwicklungstypischer Besonderheiten insbesondere jene Ursachen betrachtet, die in der kognitiven Entwicklung liegen können. Eine Eingrenzung ist in dieser Arbeit notwendig und scheint dadurch gerechtfertigt, daß im Mathematikunterricht mehr als in anderen Fächern aufgrund seines streng hierarchischen Aufbaus und seiner Abstraktionsanforderungen auf kognitive und emotionale

---

[1] Im fortlaufenden Text wird bei Verwendung der männlichen bzw. der weiblichen Form jeweils das andere Geschlecht mitgemeint.

1 Einleitung

Störungen höchst sensibel mit einer Leistungsminderung reagiert wird (LORENZ 1987).

Unterschiede bis zu vier Jahren in der kognitiven Entwicklung innerhalb einer Klassenstufe verlangen eine verstärkte Individualisierung und Differenzierung der Methoden, Lernhilfen und Lernziele (FRANKFURTER MANIFEST ZUM BUNDESGRUNDSCHULKONGRESS 1989). Es besteht eine Notwendigkeit, für mathematikunterrichtende Lehrer in der Grundschule Strategien zu entwickeln, die an fachspezifische Inhalte gebunden sind und ein Erkennen, Verhindern und Überwinden von Lernschwierigkeiten erlauben.

Ziel dieser Arbeit ist es, didaktische Materialien für Lehrer zu entwickeln und zu erproben, mit deren Hilfe Lernschwierigkeiten erkannt, verhindert bzw. überwunden werden können. Dazu gehören methodische Hinweise, Aufgabensammlungen, Kontrollarbeiten. Im einzelnen werden
- Ursachen für Lernschwierigkeiten im Mathematikunterricht der Grundschule aus theoretischen Erkenntnissen abgeleitet,
- Indikatoren zum Erkennen von Ursachen für Lernschwierigkeiten herausgearbeitet und
- Orientierungshilfen für Lehrer zum gezielten Einsatz von Fördermaßnahmen innerhalb und außerhalb des Regelunterrichts erarbeitet und erprobt.

Zur Realisierung der Ziele sollen folgende Fragen beantwortet werden, die sich in zwei grundsätzliche Schwerpunkte einordnen lassen:

1. Beschreibung und Erklärung von Lernschwierigkeiten
- Wie lassen sich Lernschwierigkeiten einzelner Schüler im jüngeren Schulalter (Klasse 1 bis 4) beschreiben?
- Welche Besonderheiten des *mathematischen* Lehr- und Lernprozesses können ein Auftreten von Lernschwierigkeiten beeinflussen?
- Welche individuellen kognitiven Leistungsvoraussetzungen haben Schüler mit Lernschwierigkeiten?

2. Pädagogische Konsequenzen
- Welche Aufgaben sind zum Erkennen von Ursachen für Lernschwierigkeiten geeignet?
- Wie und in welchem Maße lassen sich Lernschwierigkeiten durch Binnendifferenzierung im Regelunterricht verhindern bzw. überwinden?
- Wie und in welchem Maße lassen sich Lernschwierigkeiten durch einen mathematisch orientierten Stützkurs überwinden? Wie kann ein mathematisch orientierter Stützkurs inhaltlich, organisatorisch und methodisch-didaktisch angelegt werden, um Schüler mit Lernschwierigkeiten zu fördern?

Ausgehend von theoretischen Untersuchungen zu altersspezifischen Besonderheiten beim Mathematiklernen und -lehren wurden Möglichkeiten zum Erkennen, Verhindern und Überwinden von Lernschwierigkeiten im Mathematikunterricht erarbeitet und diskutiert. Eine mehrwöchige Pilotstudie erbrachte konkrete Belege für die Praktikabilität der Förderkonzeption in mehreren dritten Klassen. Weiterhin wurde an Fallstudien erkundet, welche Ergebnisse sich innerhalb dieses Zeitraumes (15 Unterrichtswochen) erreichen lassen. Auf dieser Grundlage erfolgte eine Überarbeitung der Empfehlungen zum Erkennen, Verhindern bzw. Überwinden von Lernschwierigkeiten im Mathematikunterricht.

Die vorliegende Arbeit ist in folgende Kapitel unterteilt:

Nach der *Einleitung* im *ersten Kapitel* erfolgt im *zweiten Kapitel* eine Aufarbeitung des gegenwärtigen Forschungsstandes zur Problematik *Lernschwierigkeiten im jüngeren Schulalter*. Ausgehend von *Entwicklungsbesonderheiten des jüngeren Schulkindes* in biologischer, sozialer und psychischer Hinsicht (2.1), erfolgt eine Diskussion unterschiedlicher Forschungsansätze zu *Lernschwierigkeiten*, die unter verschiedenen gesellschaftlichen Bedingungen entstanden sind (2.2). Es wird herausgearbeitet, daß nur eine breite Sicht auf *Ursachen für Lernschwierigkeiten* den Problemen gerecht werden kann und jede Einseitigkeit in der Betrachtung zu Fehlvorstellungen und Fehlverhalten Betroffenen gegenüber führt (2.3).

Das *dritte Kapitel* dient der Darstellung von *Lernschwierigkeiten im Mathematikunterricht der Grundschule*. Dabei wird untersucht, welche *Besonderheiten des mathematischen Lehr- und Lernprozesses* im jüngeren Schulalter ein Auftreten von Lernschwierigkeiten beeinflussen können (3.1). Nach einem kurzen Überblick über bisherige Ergebnisse zur Problematik *Rechenschwäche* (3.2) wird erläutert, wie sich Kinder mit Lernschwierigkeiten im *kognitiven Bereich* von ihren Mitschülern unterscheiden (3.3). Daran anknüpfend erfolgt die *Darstellung und Begründung eines Förderkonzepts zum Verhindern und Überwinden von Lernschwierigkeiten* (3.4). Die in diesem Kapitel enthaltenen Beispiele sind zum größten Teil den eigenen Untersuchungen entnommen und stellen einen Vorgriff auf das vierte Kapitel dar. Sie dienen zur Verdeutlichung der theoretischen Grundlagen dieser Arbeit.

Im *vierten Kapitel* erfolgt die Beschreibung der *Untersuchung*, gegliedert nach einzelnen Untersuchungsetappen, sowie eine Zusammenstellung und Diskussion der Untersuchungsergebnisse.

Im *fünften Kapitel* sind die *Ergebnisse der Arbeit im Überblick* dargestellt.

2 Lernschwierigkeiten im jüngeren Schulalter

2.1 Zu Entwicklungsbesonderheiten des jüngeren Schulkindes

Als jüngeres Schulalter wird in dieser Arbeit gemäß einer Periodisierung in der Entwicklungspsychologie und der pädagogischen Psychologie das Alter von 6 bis etwa 10 Jahren bezeichnet (KOSSAKOWSKI 1987; KRUTEZKI 1989; PETROWSKI 1987). In den folgenden Abschnitten werden typische Charakteristika des jüngeren Schulalters in bezug auf physiologische Besonderheiten, Entwicklungsniveau psychologischer Voraussetzungen des Kindes und Besonderheiten von Lebensbedingungen und Beziehungen zur Umwelt dargestellt, die eine Abgrenzung zu anderen Entwicklungsperioden deutlich machen und die für die Thematik dieser Arbeit von Bedeutung sind.

Zur biologischen Entwicklung

Die körperliche Entwicklung im jüngeren Schulalter verläuft relativ ruhig und ausgeglichen. Körpergröße, Gewicht und Muskelkraft nehmen gleichmäßig zu und erhöhen die Belastbarkeit des Kindes. In der Zeit des Schuleintritts beginnt die zweite Dentition. Die Verknöcherung des Skeletts ist noch nicht abgeschlossen, das Knochengerüst enthält noch viel Knorpelgewebe. Zu Beginn des jüngeren Schulalters ist die Differenzierung des Nervengewebes in der Großhirnrinde weitgehend abgeschlossen, die analytisch-synthetische Funktion der Großhirnrinde entwickelt sich. Das Verhältnis zwischen Erregungs- und Hemmungsprozessen verändert sich allmählich. Hemmungsprozesse gewinnen immer mehr an Stärke, während Erregungsprozesse aber noch weiterhin das Übergewicht haben. Das zeigt sich in der Erregbarkeit und Impulsivität jüngerer Schulkinder.

Zur sozialen Entwicklung

Mit dem Eintritt in die Schule erfährt das Kind eine Veränderung seiner Stellung in der Familie. Vom behüteten Kindergarten- oder Vorschulkind entwickelt es sich zum selbständigeren Schulkind. Der Lehrer gewinnt als neue Bezugsperson entscheidende Bedeutung. Seine Autorität tritt vorübergehend in Konkurrenz zu der Autorität der Eltern. Aus der Identifikation mit dem Lehrer und in Auseinandersetzung mit der Gruppe übernimmt das Kind allmählich ein neues System von Werten und Ordnungen, das ein Zusammenleben in der Gruppe regelt (SCHENK-DANZINGER 1990, S. 104 ff.). Die Gruppe Gleichaltriger ist zunächst noch unstrukturiert. Freundschaften sind unbeständig und zumeist oberflächlich motiviert. Ein Freund wird noch aus einseitiger egozentrischer Perspektive gesehen, als jemand, der den eigenen Bedürfnissen entspricht (VALTIN 1993). Erst allmählich nehmen die Kinder eine kritischere Haltung gegenüber dem eigenen Handeln und dessen Wirkung auf andere ein. Sie werden sich ihrer Gruppenzugehörigkeit bewußt, und damit wächst der Wunsch nach Bewährung und Prestige in der Gruppe. Im Laufe des jüngeren Schulalters erfahren die sozialen Beziehungen eine qualitative Veränderung. Es kommt zu einer zunehmenden Strukturierung der Gruppe Gleichaltriger. Die Gruppe übt einen direkten und starken Einfluß auf die Persönlichkeitsentwicklung des Kindes aus und stellt eine wichtige Größe im Sozialisierungsprozeß dar (SCHENK-DANZINGER 1990, S. 110). Den Eltern und den Lehrern gegenüber nimmt das Kind nach und nach eine sachlichere und distanziertere Haltung ein. Neben die stark emotional gefärbte Identifikation mit Eltern und Lehrer tritt die Identifikation mit der Gruppe. Innerhalb der sich entwickelnden Rangordnung in der Gruppe hat das Kind nun seinen festen Platz.

Insgesamt ist im jüngeren Schulalter die Bereitschaft zur sozialen Kommunikation stark ausgeprägt. Emotionale Harmonie, Ausgeglichenheit und Aktivität hängen von der erlebten Qualität der interpersonalen Beziehungen ab. Im Zusammenleben mit anderen und im Erleben der eigenen Position werden in den ersten Schuljahren die Grundlagen zur Entwicklung bleibender Einstellungen der Kinder zu sich selbst gelegt: optimistische Einstellung, gesundes Selbstvertrauen, Selbstsicherheit oder pessimistische Einstellung, niedriges Selbstvertrauen, Unsicherheit und damit Angst vor Schwierigkeiten und vor Versagen (KOSSAKOWSKI 1987, S. 229 ff.).

Zur psychischen Entwicklung

Die psychische Entwicklung[2] des jüngeren Schulkindes ist in hohem Maße abhängig von biologischen Voraussetzungen, insbesondere von der funktionsgerechten Ausbildung und dem Reifungsstand des Zentralnervensystems, und von sozialen Faktoren. „Somit sind einerseits Reifungsprozesse notwendig, damit durch Lernprozesse Entwicklungsfortschritte erzielt werden können, andererseits sind vielfältige Umweltreize für eine normale Entwicklung unabdingbar. Die Reifungsvorgänge schaffen sozusagen die notwendige körperliche Basis, damit Lernprozesse überhaupt wirksam werden können. Aber ohne die Ausgestaltung

---

[2] In diesem Abschnitt erfolgt eine Konzentration auf charakteristische Besonderheiten psychischer Voraussetzungen des jüngeren Schulkindes zur Bewältigung von intellektuellen Anforderungen in der Schule.

2.1 Zu Entwicklungsbesonderheiten des jüngeren Schulkindes

durch die Einwirkung von Umweltreizen bliebe diese körperliche Basis ein totes Kapital, eine ungenutzte Möglichkeit für einen Entwicklungsfortschritt" (NICKEL, SCHMIDT 1978, S. 14). Auf diesen Zusammenhang wurde in vielen Untersuchungen hingewiesen. Durch Experimente wurde belegt, daß Spielräume und Veränderungsmöglichkeiten im Bereich des Psychischen weitaus größer sind als im Körperlichen (vgl. auch PIAGET, INHELDER 1986; PIAGET 1991). Durch eine günstige psychosoziale Entwicklung lassen sich viele biologische Risikofaktoren in ihren Auswirkungen beeinflussen und zu einem großen Teil kompensieren (vgl. MEYER-PROBST u. a. 1988).

Kennzeichnend für die psychische Entwicklung des jüngeren Schulkindes ist ein zunehmendes Interesse an der Erfassung und Durchdringung seiner Umwelt auf der Basis einer sachbezogenen, realitätsgerechten Auseinandersetzung. Dabei gewinnen Erfahrungen für die Entwicklung kognitiver Fähigkeiten eine überragende Bedeutung. Eine Auseinandersetzung mit der Umwelt erfolgt vor allem durch einen tätigen Umgang mit den Objekten selbst. Zusammenhänge und Beziehungen werden auf Basis dieser aktiv handelnden Tätigkeit erfaßt (NICKEL 1975, S.94). Nach PIAGET befindet sich ein Grundschulkind mit etwa sieben Jahren im Übergang vom Stadium des präoperativen Denkens zum konkret-operativen Denken. (PIAGET, INHELDER 1986; PIAGET 1991). Herausragendes Kennzeichen in diesem Stadium ist, daß das Denken des Kindes in allen Bereichen einen Dezentrierungsprozeß durchläuft. Während es im präoperationalen Stadium nur Ausschnitte der gesamten Informationsmenge berücksichtigen konnte, ist es nunmehr in der Lage, mehrere Dimensionen eines Problems gleichzeitig in Betracht zu ziehen und diese Dimensionen zueinander in Beziehung zu setzen. Dadurch kann es sowohl Transformationen erfassen als auch die Richtung seines Denkens reversieren.

Die neue Qualität des Denkens ermöglicht dem Kind, *im Umgang mit konkreten Objekten* Klassifikationen vorzunehmen, Relationen und Invarianzprobleme zu verstehen. Dadurch ist es kognitiv in der Lage, grundlegende Begriffe, wie den Zahlbegriff, zu erfassen. Dieser Übergang zum Stadium des konkret-operationalen Denkens ist fließend und vollzieht sich während eines längeren Zeitraums. Bei der Lösung von Problemen kann sich das Kind in Abhängigkeit von seinen subjektiven Erfahrungen mit dem jeweiligen Gegenstand zur gleichen Zeit noch in verschiedenen Entwicklungsstadien befinden. Denken und entsprechende Schlußfolgerungen bleiben an konkrete Situationen gebunden, ein unmittelbarer Transfer auf neue Situationen fällt noch schwer (PIAGET, SZEMINSKA 1975).

Mit fortschreitender kognitiver Entwicklung und Ausbildung einer realitätsbezogenen kritischen Grundhaltung wird eine analysierende Auffassung zum vorherrschenden Kennzeichen der Umweltwahrnehmung (vgl. auch RUBINSTEIN 1960). Wahrnehmungen sind dabei eng mit Handlungen verbunden und durch ausgeprägte Emotionalität gekennzeichnet. Jüngere Schulkinder zeichnen sich durch Klarheit und Schärfe im äußeren Beobachten aus, wobei zufällige Merkmale von den die Objekte kennzeichnenden Merkmalen nicht immer getrennt werden können. Zu Schulbeginn können noch Schwierigkeiten im teilinhaltlichen Erfassen von abstrakten Figuren bestehen. Zum Beispiel stören Lageanomalien bei bekannten Objekten, oder die räumliche Gerichtetheit abstrakter Figuren (Ziffern und Buchstaben) wird nicht erkannt bzw. bewußt erfahren und bereitet Probleme beim graphischen Reproduzieren (SCHENK-DANZINGER 1988, S. 252). Mit Entwicklung und Verbesserung von Wahrnehmungsleistungen stabilisieren sich auch Vorstellungen - im Sinne größerer Klarheit, Deutlichkeit und Beständigkeit (NICKEL 1975, S. 180). Gegenstandsbezogene Vorstellungen bedürfen zunächst noch der Stütze durch Wahrnehmungen.[3] Es fällt jüngeren Schülern oft schwer, sich zu konkreten Inhalten etwas vorzustellen, was sie nicht in der Natur oder auf einer Abbildung gesehen haben (KRUTEZKI 1989, S. 244). PIAGET konnte in seinen Untersuchungen nachweisen, daß in diesem Alter reproduktive Vorstellungen überwiegen und antizipatorische Vorstellungen sich erst allmählich entwickeln (PIAGET 1991, S. 59). Die Qualität der Vorstellungsbilder verändert sich im Stadium der konkreten Operationen (vgl. hierzu Abschnitt 3.3.2 dieser Arbeit).

Eine altersbedingte Besonderheit der Aufmerksamkeit jüngerer Schulkinder ist ihre noch relativ geringe Beständigkeit. Unwillkürliche Aufmerksamkeit ist besser entwickelt als willkürliche. Mit zunehmender Selbststeuerung des Verhaltens nehmen Konzentration und Aufmerksamkeit sowie die Bereitschaft zur Übernahme von außen gestellter Lernaufgaben zu. Eigenwillige Zielsetzungen treten bei fremdgestellten Aufgaben zurück, wenn diese der Leistungskapazität des Kindes entsprechen (KRUTEZKI 1989, S. 246; SCHENK-DANZINGER 1988, S. 254). Bei Kindern im jüngeren Schulalter ist das anschaulich-bildhafte Gedächtnis besser ausgebildet als das verbal-logische. Die Fähigkeit zum Wiedererkennen ist gut entwickelt, während sich die Fähigkeit zum Reproduzieren besonders stark in den ersten Schuljahren herausbildet (NICKEL 1975, S. 195; KRUTEZKI 1989, S. 243). Dabei hat es den Anschein, daß im Lernprozeß mechanisches Einprägen und Reproduzieren überwiegen. Das ist aber darauf zurückzuführen, daß noch nicht verschiedene Verfahren des Einprägens angewendet werden können bzw. der angebotene Lernstoff nicht der

---

3   Auf den Zusammenhang von Wahrnehmung und Vorstellung wird im Abschnitt 3.3.2 dieser Arbeit genauer eingegangen.

2.1 Zu Entwicklungsbesonderheiten des jüngeren Schulkindes

Denkstruktur des Kindes entspricht. Je mehr der Stoff komprimiert ist und die Fähigkeit zur einsichtigen Erfassung von Zusammenhängen überfordert, um so stärker wird die Neigung zum mechanischen Einprägen des Stoffes, wenn eine sichere Beherrschung gefordert wird (NICKEL 1975, S. 201). RUBINSTEIN (1960, S. 406) versteht die Veränderung der Lern- und Behaltensvorgänge im frühen Schulalter in erster Linie als eine unmittelbare Folge der fortschreitenden intellektuellen Entwicklung: „Es handelt sich weniger um einen Übergang vom mechanischen zum sinnhaften, als um eine Umwandlung des sinnhaften Gedächtnisses selbst, das einen mehr vermittelten und logischen Charakter annimmt ... Diese Umwandlung hängt mit der Entwicklung des Denkens zusammen. Sie bringt eine beträchtliche Steigerung des sinnhaften Gedächtnisses sowie eine Erhöhung der Produktivität des Gedächtnisses insgesamt mit sich." Die intellektuelle Leistungsfähigkeit wird dabei in starkem Maße von motivationalen Faktoren, insbesondere von der Leistungsmotivation und der Anstrengungsbereitschaft des Kindes beeinflußt (vgl. NICKEL 1975, S. 230).

Aus dem Dargestellten lassen sich folgende Grundgedanken hervorheben, die wichtig erscheinen, um mögliche Ursachen für Lernschwierigkeiten im jüngeren Schulalter aufzuzeigen:

1. Die Persönlichkeitsentwicklung des jüngeren Schulkindes wird von biologischen, sozialen und psychischen Komponenten beeinflußt. Biologische Komponenten - insbesondere Reifungsprozesse - sind dabei notwendige Grundlage für die psychische Entwicklung, aber nicht hinreichend.

2. Die psychische Entwicklung - insbesondere die Entwicklung kognitiver Fähigkeiten - wird durch Erfahrung stark beeinflußt. Dabei sind Spielräume und Veränderungsmöglichkeiten im Bereich des Psychischen weitaus größer als im Körperlichen, zum Beispiel durch pädagogische Einwirkung.

3. Kognitive Fähigkeiten können im jüngeren Schulalter gut entwickelt und gefördert werden. Sie sind stark vom allgemeinen kognitiven Entwicklungsstand und von Emotionen abhängig und deshalb auch in verschiedenen Bereichen unterschiedlich durch das Kind einsetzbar. Wichtigste Bedingung für Entwicklung und Förderung kognitiver Fähigkeiten ist eine aktive Auseinandersetzung des Kindes mit seiner Umwelt.

2.2 Zum Begriff Lernschwierigkeiten

Auf jeden Lernprozeß[4] wirken fördernde und hemmende Faktoren ein, die in der Persönlichkeit selbst oder in ihrem sozialen Umfeld liegen. In diesem und dem folgenden Abschnitt soll es um hemmende Faktoren gehen, die zu Lernschwierigkeiten führen oder diese verstärken und im ungünstigsten Fall zu Störungen in der Persönlichkeitsentwicklung beitragen können. In der Literatur wird dieses Phänomen mit unterschiedlichen Begriffen bezeichnet. Diese werden oft als Synonyme verwendet oder zur weiteren Abstufung, um den Schweregrad zu kennzeichnen, z. B. *Zurückbleiben, Leistungsversagen, Schulschwierigkeiten, Schulleistungsstörungen, zeitweilige Störung in der harmonischen Entwicklung der Schülerpersönlichkeit, Lernschwierigkeit, Lernstörung, Lernbehinderung, Lernschwächen*. Dabei geht es immer um Schwierigkeiten, die zeitweise oder dauerhaft auftreten und sich in einem oder mehreren schulischen Bereichen zeigen. Verglichen wird meist mit äußeren Bezugsnormen (Curriculum, Testnormen, Leistungen der Mitschüler ...), da schulisches Lernen in sozialen Gruppen erfolgt und sich der Betreffende als Mitglied einer Gruppe erlebt und in diesem sozialen Kontext auch von der Umwelt beurteilt wird.

In Untersuchungen der letzten 20 Jahre wurde dieser Problematik von verschiedenen Wissenschaftsdisziplinen und auf unterschiedlichen gesellschaftlichen Grundlagen beruhend wieder zunehmend Beachtung geschenkt. Anfangs wurde in jeder Wissenschaftsdisziplin mehr oder weniger eine Begriffsklärung aus Sicht des Fachgebietes versucht, was zur Überbetonung psychologischer, pädagogischer, fachdidaktischer oder soziologischer Aspekte führte. Im folgenden werden einige Begriffsklärungen, die auf unterschiedlichen Theorien basieren, gegenübergestellt und diskutiert. Dabei soll deutlich werden, welche Schwerpunkte zu dieser Problematik die Forschungen in der DDR und in der BRD bestimmten, wo Grenzen in den Betrachtungsweisen zu sehen sind und welche Überlegungen Ausgangspunkt dieser Arbeit sind.

WITZLACK (1973) bezeichnet Kinder als *zurückgeblieben*, wenn bei ihnen ein so großer Entwicklungsrückstand wesentlicher psychischer Seiten der Persönlichkeit gegenüber vorgegebenen Bildungs- und Erziehungszielen eingetreten ist, „daß das Erreichen des gegenwärtigen oder der nachfolgenden Klassenziele gefährdet ist und nur durch besondere unterrichtliche und außerunterrichtliche

---

4 Die Ausführungen beziehen sich hier und im folgenden immer auf den schulischen Lernprozeß. Er verläuft dem allgemeinen Lernprozeß gegenüber verkürzt und wird in der Regel stark von außen gelenkt. Damit unterliegt er einer ständigen Kontrolle und Bewertung oft an äußeren Bezugssystemen. Trotzdem lassen sich viele der in diesem Abschnitt dargestellten hemmenden Faktoren auch auf den allgemeinen Lernprozeß beziehen, allerdings zum Teil mit unterschiedlicher Schwerpunktsetzung.

individuelle Förderung gesichert werden kann" (WITZLACK, S. 13). Er unterscheidet zwei Hauptformen des Zurückbleibens im pädagogischen Prozeß:

a) Entwicklungsverzögerung der Gesamtpersönlichkeit,
b) große Disproportionen zwischen den einzelnen Eigenschaftsbereichen des Kindes, so daß die harmonische Gesamtentwicklung gefährdet ist (WITZLACK, S. 13 f.).

ZETLIN (1980) unterscheidet zwischen den Begriffen *Zurückbleiben* und *Leistungsversagen* und definiert beide Begriffe vorwiegend unter didaktischem Aspekt. Unter *Zurückbleiben* versteht sie „die Nichterfüllung von Forderungen (oder einer Forderung) in einer Etappe eines für die Bewertung der Leistungen festgelegten Zeitabschnitts. Der Begriff *Zurückbleiben* kennzeichnet sowohl den Prozeß der Zunahme nichterfüllter Forderungen wie auch jedes einzelne Moment der Nichterfüllung. Das Zurückbleiben stellt somit ein Moment des Prozesses als auch den Prozeß in seiner Kontinuität dar" (ZETLIN, S. 24). *Leistungsversagen* ist das Ergebnis des Zurückbleibens. Diese Sichtweise war Grundlage vieler sowjetischer Untersuchungen (vgl. MENTSCHINSKAJA 1974; BABANSKI 1979) und bestimmte auch weitgehend die Forschungsrichtung in der DDR.

MATTHES (1987) wählte als Ausgangspunkt seiner Untersuchungen den Begriff *zeitweilige Störung in der harmonischen Entwicklung der Schülerpersönlichkeit*, der sowohl pädagogischen als auch psychologischen Inhalt hat und gegenüber dem Begriff *Zurückbleiben* den dynamischen Aspekt stärker betont.
„Die Störung betrifft
- die Herausbildung und Veränderung der psychischen Inhalte, Strukturen und Prozesse unter den Bedingungen der zielgerichteten Bildungs- und Erziehungsarbeit (Aspekt der einzelnen pädagogischen Zielstellungen),
- den Aufbau des individuellen Tätigkeitssystems,
- die Persönlichkeitsentwicklung insgesamt" (MATTHES, S. 28).

Zur Koordinierung und konzeptionellen Abstimmung von Forschungsaktivitäten wurde in der DDR im April 1982 eine interdisziplinäre Arbeitsgruppe „Verhinderung des Zurückbleibens" unter Leitung von WALTER an der Akademie der Pädagogischen Wissenschaften gegründet. Zur Arbeitsgruppe gehörten u. a. Didaktiker, Spezialisten für die Vorschulerziehung, Erziehungstheoretiker, Soziologen, Psychologen, Sonderpädagogen, Mediziner, bewährte Praktiker. Ihrer Arbeit wurde der Begriff *Zurückbleiben* zugrunde gelegt und Ergebnisse der Forschung von WALTER (1989, S. 2) zu folgender Definition zusammengefaßt: „Wir bezeichnen Schüler dann als zurückgeblieben, wenn sie - gemessen an grundlegenden gesellschaftlich bestimmten Anforderungen des

Unterrichts für eine bestimmte Altersstufe - hinsichtlich wesentlicher Seiten ihrer Persönlichkeit solche Entwicklungsrückstände aufweisen, daß ihre optimale Entwicklung und speziell ihr erfolgreiches Weiterlernen gefährdet sind". *Zurückbleiben* bezeichnet dabei sowohl den Prozeß der Entstehung von Defiziten in Teilbereichen der Persönlichkeitsentwicklung als auch das Resultat des Prozesses. Dementsprechend wird zwischen *beginnendem Zurückbleiben*, sich *verfestigendem Zurückbleiben* und *extremem Zurückbleiben* unterschieden. Diese Begriffsbestimmungen gehen oft einher mit einer möglichen Typisierung von Schülern mit Lernschwierigkeiten.

WITZLACK (1973, S. 18) unterscheidet bei zurückbleibenden Schülern hinsichtlich der Lernfähigkeit und Lernhaltung drei Hauptgruppen:
„a) Lernwillige mit geringer Lernfähigkeit,
 b) Lernunwillige mit guter Lernfähigkeit,
 c) Lernunwillige mit geringer Lernfähigkeit".
Diese Unterscheidung wurde auch 16 Jahre später kritiklos wieder aufgegriffen (vgl. WALTER 1989, S. 5) und damit das Problem der Lernschwierigkeiten weiterhin dem Schüler zugeschrieben. Zu wenig Berücksichtigung fanden dabei die äußeren Umstände, die zu Schulproblemen führen, die Individualität der Betreffenden und die vielfältigen Beziehungen zwischen beiden Seiten.

Eine ähnliche Typisierung von Schülern mit Lernschwierigkeiten findet man auch in sowjetischer pädagogischer und psychologischer Literatur Ende der siebziger Jahre. Als Unterscheidungsmerkmal wurden scheinbar unveränderliche Persönlichkeitseigenschaften gewählt, um auf Grundlage einer solchen Einteilung pädagogische Konzepte zu entwickeln und zu erproben. So legte bereits MENTSCHINSKAJA (1974) ihrer Unterteilung zurückbleibender Schüler zwei Hauptkomplexe von Eigenschaften zugrunde, die unterschiedlich miteinander verbunden wurden:
- Besonderheiten des Denkens, die mit der Lernfähigkeit zusammenhängen,
- Gerichtetheit der Persönlichkeit, zu der auch das Verhältnis des Schülers zum Lernen gehört.

Daraus ergeben sich folgende Typen:
1. niedriges Denkniveau, verbunden mit positiver Lernhaltung;
2. hohes Denkniveau, verbunden mit teilweise oder völlig negativer Lernhaltung;
3. niedriges Denkniveau, verbunden mit negativer Lernhaltung (vgl. S. 134).

BABANSKI (1979) ging in seinen Untersuchungen davon aus, daß eine Typologie auf der Feststellung einer dominierenden Ursache für das Leistungsversagen basieren kann. Dementsprechend teilte er Schüler mit schlechten Leistungen in acht Grundtypen ein:

2.2 Zum Begriff Lernschwierigkeiten

1. Schüler mit Mängeln in der biologischen Entwicklung;
2. Schüler mit Mängeln in der psychischen Entwicklung;
3. Schüler ohne positive Einstellung zum Lernen;
4. Schüler, die ungenügend erzogen sind;
5. Schüler mit ungenügend entwickelten Fertigkeiten in der Lernarbeit;
6. Schüler mit großen Wissenslücken;
7. Schüler, die negativen außerschulischen Einflüssen unterliegen;
8. Schüler, bei denen sich Mängel in den pädagogischen Einflüssen auswirken (S. 54).[5] Solche Einteilungen können den Eindruck erwecken, daß der Hauptverursacher von Lernschwierigkeiten der Schüler selbst ist. Dabei werden aber u. E. Ursachen und Erscheinungsformen miteinander vermischt und komplizierte Verflechtungen zwischen individuellen und außerindividuellen Bedingungen unberücksichtigt gelassen.

In verschiedenen fachdidaktischen und zum Teil psychologischen Untersuchungen in der DDR in den achtziger Jahren wurden Konzepte zur Verhinderung und Überwindung des Zurückbleibens und Leistungsversagens in unterschiedlichen Unterrichtsfächern entwickelt und erprobt. Eine mögliche Typologie von Schülern mit Lernschwierigkeiten konnte nicht bestätigt werden. Sie würde eine oberflächliche Sichtweise auf Ursachen von Schwierigkeiten implizieren und zu wenig Ansatzpunkte für fachdidaktische oder pädagogisch-psychologische Fördermaßnahmen bieten. Eine Berücksichtigung individueller Besonderheiten und eine Untersuchung der Komplexität möglicher Ursachen für bestehende Schwierigkeiten waren dadurch eingeschränkt (vgl. u. a. HELBIG 1986; MIEHLKE 1986; UNGER 1986).

Sowohl die dargestellten Begriffe und Definitionen als auch anfangs versuchte Typisierungen von Schülern mit Lernschwierigkeiten machen deutlich, daß in der DDR und in der Sowjetunion das Problem der Lernschwierigkeiten häufig zu einseitig in der Person des Schülers gesehen wurde. Durchgeführte Untersuchungen waren stark einem Defizitmodell, das durch eine Zuweisung der Ursachen zum Individuum gekennzeichnet ist, verhaftet. Der Schüler weist Defizite in seiner Entwicklung auf und kann deshalb den (Lern-)Anforderungen nicht genügen. Schule als Mitverursacher von Lernschwierigkeiten kam kaum in Betracht. Hilfen für betroffene Schüler erfolgten vor allem durch organisatorische Veränderungen wie Binnendifferenzierung im Regelunterricht, Verlängerung der Lernzeit durch Klassenwiederholung oder Wechsel zur Hilfsschule. Fördermöglichkeiten durch besondere Stunden oder Stützkurse waren außerhalb des Regelunterrichts nicht festgeschrieben.

---

5 Weitere Typologien, die sich insbesondere auf Ursachen des Leistungsversagens stützen und von sowjetischen Autoren vorgeschlagen werden, sind in ZETLIN (1980) dargestellt. Darauf soll im einzelnen in dieser Arbeit nicht weiter eingegangen werden.

In der Literatur der BRD in den siebziger Jahren wurde der Begriff *Zurückbleiben* nicht verwendet. Hier fanden bevorzugt die Begriffe *Lern-* oder *Leistungsstörung* bzw. *Schulleistungsstörungen* Anwendung. Schulleistungsschwierigkeiten galten ebenfalls überwiegend als Schwierigkeiten des Schülers, wobei häufig dem Schüler selbst oder seinem Elternhaus die Verantwortung für ein Versagen zugeschrieben wurde (vgl. SCHWARZER 1980). Die Bedeutung der Schule bei der Entstehung und Verfestigung von Schwierigkeiten wurde lange Zeit unterschätzt. Erst in jüngerer Zeit werden individuelle, familiäre und schulische Determinanten von gestörten Lernprozessen unterschieden. Schulisches Lernen erfolgt im sozialen Kontext und dieser kann bei der Beschreibung und Beurteilung von Schwierigkeiten nicht außer acht gelassen werden. „Schwierig wird ein Schüler oft erst dadurch, daß auf geringe Abweichungen von den an ihn gestellten Erwartungen eine Fehlreaktion oder Überreaktion der Schule erfolgt" (SCHWARZER 1980, S. 10).

Schulleistungsstörungen werden als Diskrepanz zwischen normativen Anforderungen und tatsächlichen Leistungen definiert (vgl. u. a. LORENZ 1987; SANDER 1981; SCHWARZER 1980). Diese normativen Anforderungen können aber auch Veränderungen unterliegen und sind abhängig von dem Vergleichsmaßstab, der von Lehrern als gültig angesehen wird. Objektive und sachbezogene Normen zur Orientierung gibt es zum einen nicht für alle Fächer und Inhalte, zum anderen würden sie der Unterschiedlichkeit der Schüler einer Jahrgangsstufe pädagogisch zu wenig Rechnung tragen.

In letzter Zeit wird eine neue Sichtweise auf das Problem der Schulleistungsschwierigkeiten deutlich. In neueren Veröffentlichungen wird immer mehr von Lehr-Lern-Schwierigkeiten gesprochen. „Man könnte auch sagen: ein Schüler hat Lernschwierigkeiten, weil die Schule Lehrschwierigkeiten hat; d. h. sie ist noch nicht genügend darauf eingerichtet, für alle ihre 'Klienten' die Verantwortung zu übernehmen und auch sich selbst das Versagen ihrer Schüler zuzuschreiben. Diese Bemerkungen beziehen sich nur auf die mögliche schulische Bedingtheit von Leistungsschwächen. Sie sollen davor warnen, generelle oder partielle Schwierigkeiten als stabile Persönlichkeitsmerkmale anzusehen, weil eine Leistungsschwäche, die als generell diagnostiziert wird, bei einem Individuum ursprünglich nur partiell oder überhaupt nicht vorhanden gewesen sein kann und sich aufgrund situativer Einflüsse generalisiert haben könnte" (SCHWARZER 1980, S. 18). In dieser Betrachtungsweise wird deutlich, daß Schulleistungen in hohem Maße situationsabhängig sind und von vielen Faktoren beeinflußt werden. Familie, Schule und Schüler sind zumindest gleichberechtigte Variable, wenn es um Erfolg oder Mißerfolg beim Lernen geht.

2.2 Zum Begriff Lernschwierigkeiten

Relativ einheitlich wird in der Literatur der Begriff *Lernbehinderung* verwendet für Kinder, bei denen ein dauerhaftes und so schweres Leistungsversagen vorliegt, so daß eine Normalbeschulung in der Regelschule aussichtslos erscheint und nur eine sonderpädagogische Förderung erfolgreich sein kann. Eine ausführliche Darstellung von Problemen sowohl der Definition des Begriffs als auch seiner Abgrenzung zur Lernstörung finden wir z. B. bei KORNMANN (1977) und bei NEUMANN (1980). Da Kinder mit Lernbehinderungen nicht Untersuchungsgegenstand dieser Arbeit sind, wollen wir an dieser Stelle auf weitere Ausführungen verzichten.

In der vorliegenden Arbeit verwenden wir im folgenden den Begriff *Lernschwierigkeiten*. Darunter verstehen wir ein Fehlen bzw. einen ungenügenden Ausprägungsgrad subjektiver Leistungsvoraussetzungen zur Bewältigung gestellter (Lern-)Anforderungen, so daß der Lernende bestimmte Lerninhalte auch mit großer Anstrengung nur teilweise oder gar nicht bewältigt. Zu den subjektiven Leistungsvoraussetzungen zählen wir den aktuellen Entwicklungsstand von Kenntnissen, Fähigkeiten, Fertigkeiten, Einstellungen sowie sozialcharakterliche Besonderheiten wie Selbststeuerung, Werterleben, Leistungsmotivation u. ä. Wir wollen mit der Wahl des Begriffes *Lernschwierigkeiten* deutlich machen, daß es sich weder um eine Einschätzung der Gesamtpersönlichkeit handelt - wie mit dem Begriff *Zurückbleiben* ein Blick für die Stärken des Schülers verloren gehen kann - noch um eine Krankheit - wie der Begriff *Lernstörung* mißverstanden werden kann. Bei einer solchen Betrachtungsweise ist eingeschlossen, daß Lernschwierigkeiten ein kurzfristiges Problem darstellen können, das sich aus der aktuellen Lebens- und Entwicklungsphase des Schülers ergibt. Sie können aber auch ein langfristiges Problem darstellen, das mit Lernbedingungen innerhalb der Familie und der Schule oder mit Problemen in der Beziehung zu Lehrern ebenso zu tun haben kann wie mit Teilleistungsschwächen, mit Defiziten in früheren Lernprozessen u. a. (vgl. auch BERGER 1989).

2.3 Ursachen für Lernschwierigkeiten

Im vorigen Abschnitt wurde bereits deutlich, daß sich Lernschwierigkeiten nicht ausschließlich mit Blick auf den Schüler erklären lassen und in der Regel nicht auf eine einzige Ursache zurückzuführen sind. Lernschwierigkeiten sind immer Ergebnis eines komplexen Zusammenwirkens unterschiedlich gelagerter Ursachen, die sowohl in verschiedenen Persönlichkeitsbereichen des betroffenen Kindes wurzeln als auch in den durch die Umwelt gesetzten Bedingungen. Anlage- und milieubedingte Ursachen können sich dabei gegenseitig aufschaukeln. Erst durch eine ungenügende Passung der Lernvoraussetzungen und des Lernumfeldes einerseits und den zu erfüllenden Anforderungen im Lernprozeß andererseits treten Lernschwierigkeiten auf. „... Lernfähigkeit und Lernstörung sind keine Eigenschaften des Schülers, sondern Aussagen über den Gesamtzusammenhang des Lernprozesses. Sie umfassen somit den Schüler, seine Lebensgeschichte, sein familiäres Umfeld ebenso wie den Lehrer und das Schulsystem" (BERGER 1989, S. 37).

Aufgrund der Vielschichtigkeit des Problems ist es günstig, auf eine strenge Klassifikation von Ursachen zu verzichten und statt dessen charakteristische Schwerpunkte zu bilden (SANDER 1981; SCHENK-DANZINGER 1990; SPANDL 1982). Bei der Untersuchung von Ursachen für Lernschwierigkeiten werden heute die Bedingungsfaktoren von Schulleistung überhaupt - Schülerpersönlichkeit, Familie und Schule - betrachtet. Dabei wird davon ausgegangen, daß Erfolg oder Mißerfolg beim Lernen von gleichen Bedingungen abhängen können, die unterschiedlich aufeinander wirken und je nach Bedingungskonstellationen zu einer positiven oder negativen Lernstruktur führen (BETZ, BREUNINGER 1987; SANDER 1981; SCHWARZER 1980; ZIELINSKI 1980). Ursachen für Lernschwierigkeiten sind demnach im komplexen Zusammenwirken von psychischen, physischen und sozialen Faktoren des Schülers sowie in den im Bildungs- und Erziehungsprozeß gesetzten Bedingungen zu sehen. Eine solche Betrachtungsweise hat sich in fachdidaktischen und pädagogischen Untersuchungen bewährt (vgl. u. a. HELBIG 1986; JESKE 1987; MIEHLKE 1986) und soll mit der folgenden Übersicht verdeutlicht werden:

2.3 Ursachen für Lernschwierigkeiten

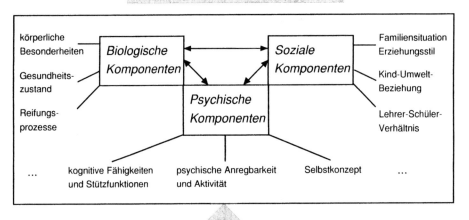

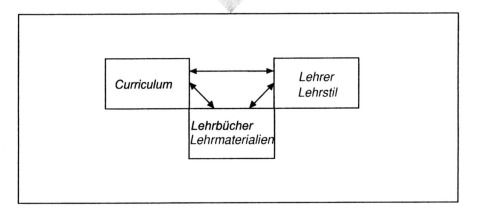

Abbildung 1: Ursachen für Lernschwierigkeiten (vgl. SCHULZ 1994b)

Auf den Zusammenhang von *biologischen Komponenten* und Entwicklungsfortschritten durch Lernprozesse wurde im Abschnitt 2.1 schon hingewiesen. Für einen optimalen Ablauf von psychischen Prozessen sind ein funktionsfähiges Zentralnervensystem (ZNS) und ein intaktes Sinnessystem erforderlich. Ursachen für Lernschwierigkeiten werden deshalb auch oft im Rahmen eines medizinischen Erklärungsansatzes in Störungen des ZNS, in Störungen der Wahrnehmungen oder in retardierten Entwicklungsverläufen gesehen. Diese vermeintlichen Ursachen werden ihrerseits auf Erbanlagen, Krankheiten oder andere Schädigungen in frühen Entwicklungsphasen (vor, während oder nach der Geburt) zurückgeführt. Welche Auswirkungen Störungen in biologischen Komponenten auf Entwicklung, Leistungsfähigkeit und Lernbereitschaft eines Kindes jedoch haben, hängt stark von den jeweiligen Erziehungseinflüssen ab (SANDER 1981; ZIELINSKI 1980). Für den Pädagogen ist die Kenntnis der körperlichen Voraussetzungen seiner Schüler insofern wichtig, als er Lernangebote und mögliche Förderungen auf diese Voraussetzungen abstimmen muß. Eine Aufzählung defizitärer Merkmalsbereiche als Ursachen für Lernschwierigkeiten reicht als Erklärung nicht aus und besitzt für pädagogische Interventionen wenig Relevanz.

Psychische Komponenten der Persönlichkeit lassen sich in kognitive und nichtkognitive Faktoren aufgliedern. Zu kognitiven Faktoren gehören Intelligenz, Fähigkeiten der Informationsaufnahme und -verarbeitung, Wissensstruktur und Strategien, Stützfunktionen wie Konzentration und Gedächtnis. Zu nicht-kognitiven Faktoren gehören Motivationen, Einstellungen, Werte, Haltungen, Arbeitsverhalten, Selbstkonzept (vgl. SANDER 1981; REISS-RÜTER 1992). In vielen Untersuchungen wurde der Frage nachgegangen, welchen Einfluß psychische Komponenten auf den Erfolg von Lernprozessen haben, welche Rolle ihnen als Ursachen für Lernschwierigkeiten zukommt und wie sie in pädagogischen Prozessen beeinflußbar sind. ZIELINSKI referiert dazu Untersuchungen der sechziger und siebziger Jahre und kommt zu dem Schluß, daß die Intelligenzentwicklung retardierter Kinder in bezug auf die Stufenfolge PIAGETS in qualitativ gleicher Weise verläuft wie bei Nichtretardierten, aber mit teilweise sehr großer zeitlicher Verzögerung, die bis zu drei Jahren betragen kann. Er stellte auf allen Gebieten Defizite fest, die besonders als *Strategiedefizite* in der kognitiven Verarbeitung wirksam werden (vgl. ZIELINSKI 1980, Kapitel 2.3). Diese Strategiedefizite lassen sich als Entwicklungsverzögerungen erklären. „Interpretiert man die Ergebnisse der Strategieexperimente anhand dieser Entwicklungssequenz, so sind die Lernschwierigkeiten durch einen Rückstand in der Strategieentwicklung gekennzeichnet und gleichen jüngeren Kindern ohne Lernschwierigkeiten" (ZIELINSKI 1980, S. 75). Auch SANDER (1981, S. 24) bemerkt dazu, daß aus der Intelligenzhöhe keine Schlüsse auf spezielle Lernprobleme gezogen werden können. Ein besserer Ansatz ist die Analyse kognitiver Fähigkeiten und Stützfunktionen, die an der Bewältigung von Aufgaben beteiligt sind: „Man kann unter diesem Gesichtspunkt davon ausgehen, daß es dann zu Lernschwierigkeiten kommt, wenn Schüler über zu wenig differenzierte Strategien verfügen (nicht alle relevanten Aspekte einer Situation beachten), oder wenn die Schemata (z. B. Begriffe), über die sie verfügen, für den Einsatz der angemessenen Strategie nicht komplex genug sind (wenn die Kodierungsebene zu niedrig ist)."

2.3 Ursachen für Lernschwierigkeiten

Untersuchungen zu nicht-kognitiven Faktoren als Ursachen für Lernschwierigkeiten haben besonders die Bedeutung von Schulangst, Selbstwertgefühl, Lernmotivation, Vertrauen in die eigene Leistungsfähigkeit und Arbeitshaltung nachweisen können und eine enge Wechselbeziehung zwischen diesen Faktoren belegt (vgl. BRUNSTING-MÜLLER 1989; SANDER 1981; ZIELINSKI 1980). BETZ, BREUNINGER (1987) sprechen in diesem Zusammenhang von einem „innerpsychischen Teufelskreis". Damit fassen sie die Vorgänge zwischen dem Selbstwertgefühl und den Leistungen zusammen. Sind Lernschwierigkeiten einmal entstanden, tragen nicht-kognitive Faktoren in besonderem Maße zu ihrer Verstärkung bei.

Als dritter Bereich der schülerbezogenen Ursachen für Lernschwierigkeiten sind die *sozialen Komponenten* zu sehen. Dazu gehören zum Beispiel die Lernumwelt sowie Gestaltung und Wirkung familiärer und schulischer Sozialisationsprozesse. Die sozialen Komponenten stehen ihrerseits in enger Wechselwirkung mit den individuellen Merkmalen (biologische und psychische Komponenten) der Schülerpersönlichkeit. In Untersuchungen wurden als verursachende Bedingungen von Lernschwierigkeiten die Familiensituation beschrieben - wie Leistungserwartung der Eltern, Lernanregungen, Hilfen im Elternhaus und Fragen der Akzeptanz des Kindes - und das Lehrerverhalten - wie Erwartungseffekte, Bewertungsverhalten u. ä. - sowie die daraus resultierende Lehrer-Schüler-Interaktion.[6]

Zu den *Ursachen für Lernschwierigkeiten, die sich nicht unmittelbar auf die Person des Schülers beziehen lassen,* gehören u. a. die fachliche und didaktische Kompetenz des Lehrers, die von ihm ausgewählten und benutzten Lehrbücher und anderen Lehrmaterialien, das Curriculum sowie schulorganisatorische Bedingungen wie Klassengröße, Lehrerwechsel, Anzahl der Stunden u. ä. All das sind nicht zu unterschätzende Einflußgrößen, die wesentlich zur Entstehung oder Verfestigung von Lernschwierigkeiten beitragen können. „Schulschwierigkeiten können durch didaktische Mängel verstärkt werden, da über die Ziele, Inhalte und Methoden des Unterrichts eine Vergrößerung der individuellen Unterschiede erfolgen kann. Die Lehrziele selbst und ihre Auswahl spielen dabei eine wichtige Rolle, da sich daraus ein spezifischer Leistungsdruck ergeben kann, z. B. dann, wenn Lehrer zu viele bzw. zu anspruchsvolle Ziele setzen, die von schwachen Schülern nicht im vorgegebenen Zeitrahmen erreicht werden können. Das ist besonders problematisch, wenn der Unterricht lehrgangsartig aufgebaut ist und

---

[6] Eine Zusammenstellung von Befunden aus Untersuchungen zu dieser Problematik findet man u. a. bei REISS-RÜTER 1992; SANDER 1981; SCHWARZER 1980; ZIELINSKI 1980. Im Rahmen dieser Arbeit wird auf Darstellung und Diskussion von Einzelbefunden verzichtet. Eine Zusammenfassung dient als Erläuterung der Übersicht zu Ursachen für Lernschwierigkeiten.

jedes folgende Lehrziel vom vorangehenden abhängig ist. Bei einem Teil der Schüler entstehen dann Vorkenntnislücken, aus denen sich im Laufe der Zeit kumulative Defizite bilden, wenn keine nachhelfenden pädagogischen Interventionen durchgeführt werden. Hinzu kommt, daß meist für alle Schüler dieselben Lehrziele ausgewählt werden und keine fähigkeits- und bedürfnisgerechte Anpassung der Intentionen von Lehrern und Schülern erfolgt" (SCHWARZER 1980, S. 116 f.).

Vorkenntnislücken, denen in Untersuchungen eine entscheidende Bedeutung als Ursache für Lernschwierigkeiten beigemessen wird, entstehen darüber hinaus vor allem durch eine Wechselwirkung ungünstiger biologischer, psychischer und sozialer Komponenten. Schüler, die aufgrund ihres Entwicklungsstandes noch nicht über effektive Strategien in der Informationsaufnahme und -verarbeitung und eine der Situation angemessene Arbeitshaltung verfügen, benötigen häufig bedeutend mehr Zeit für die Bewältigung von Lernaufgaben als ihre Mitschüler. Individuelle Unterschiede im Zeitbedarf werden oft zu wenig berücksichtigt. Vorkenntnislücken, ineffektive Strategien und eine unangemessene Arbeitshaltung tragen aber erst dann zur Entwicklung und Verfestigung von Lernschwierigkeiten bei, wenn die Lernsituation dem Kind nicht angepaßt ist und diese Voraussetzungen nur ungenügend berücksichtigt werden. Dadurch stellen sich beim Kind Mißerfolgserlebnisse ein, die zu einer Beeinträchtigung des Selbstwertgefühls mit allen negativen Folgen in emotionaler, motivationaler und sozialer Hinsicht führen können.

2.4 Zusammenfassung

1. Der allgemeine kognitive Entwicklungsstand als eine bedeutsame Variable für Schulerfolg unterliegt im jüngeren Schulalter durch systematisches Lernen und den Aufbau von Erfahrungen starken Veränderungen. Dabei ist mit Entwicklungsunterschieden von mehreren Jahren zwischen Kindern einer Jahrgangsstufe zu rechnen.

2. In vielen älteren Untersuchungen wurden Lernschwierigkeiten einseitig mit Blick auf den Schüler definiert. Ursachen für diese Schwierigkeiten wurden in Defiziten beim Schüler gesehen. Der Beachtung des Wechselverhältnisses im Lehr-Lern-Prozeß zwischen aktuellen Voraussetzungen des Schülers und den an ihn gestellten Anforderungen wurde zu wenig Rechnung getragen.

3. In dieser Arbeit wird davon ausgegangen, daß Lernschwierigkeiten keine Eigenschaften des Schülers sind, sondern sie treten in ganz konkreten Situationen und unter bestimmten Bedingungen auf und müssen in diesen Situationen auch analysiert und charakterisiert werden. Es gibt Faktoren, die sowohl für Lernerfolg als auch für Lernschwierigkeiten verantwortlich sind. Erfolg oder Mißerfolg hängen dabei von der Bedingungskonstellation in konkreten Situationen ab. Eine ungünstige Bedingungskonstellation kann sich zum „Teufelskreis" entwickeln und damit zur Verfestigung und Generalisierung von Lernschwierigkeiten beitragen. Erst durch ungenügende Berücksichtigung der Lernvoraussetzungen und des Lernumfeldes können bei unangemessenen Anforderungen Schwierigkeiten im Lernprozeß auftreten.

3 Lernschwierigkeiten im Mathematikunterricht der Grundschule

3.1 Besonderheiten des mathematischen Lehr- und Lernprozesses

Nachdem im zweiten Kapitel über Besonderheiten der Entwicklung des jüngeren Schulkindes und über mögliche Ursachen für Lernschwierigkeiten im allgemeinen reflektiert wurde, soll es in diesem Abschnitt darum gehen, Besonderheiten des Lernens im Fach Mathematik sowie mögliche Erschwernisse des Lehr- und Lernprozesses in diesem Fach zu untersuchen.

Mit Besonderheiten von Mathematik, mathematischem Denken und entsprechenden Auswirkungen auf Unterricht haben sich sowohl Philosophen und Mathematiker als auch Psychologen, Pädagogen und Fachdidaktiker befaßt. Viele der gewonnenen Erkenntnisse lassen sich nicht unmittelbar und direkt auf den Mathematikunterricht der Grundschule beziehen, da theoretisches Denken bei den Kindern im Grundschulalter erst in Ansätzen vorhanden ist und allmählich entwickelt wird (siehe Abschnitt 2.1). Jedoch zeichnet sich der Mathematikunterricht der Grundschule durch einige Besonderheiten gegenüber anderen Fächern aus, die bei Nichtbeachtung zu Verständnisschwierigkeiten beim Mathematiklernen führen können. Einige dieser Besonderheiten, die für die Thematik dieser Arbeit von Bedeutung sind, werden im folgenden dargestellt.

Mathematiklernen ist ein Entwicklungsprozeß. Jedes Kind muß seinen eigenen Weg zur Mathematik finden und sich ein eigenes Verständnis konstruieren. Das kann nicht erfolgen, wenn Mathematik als „Fertigprodukt" vermittelt wird. *Der Lernende muß Mathematik und ihre Strukturen zumindest partiell selbst „neu erfinden"* (vgl. RESNICK, FORD 1981, S. 249 ff.). Dazu werden verschiedene Stufen durchlaufen, die jeweils Aufschluß über den Entwicklungsstand in einem umgrenzten Bereich geben können. Solche Stufen verstehen sich als theoretische Konstruktionen, die den Entwicklungsverlauf für den Beobachter strukturieren und transparent machen. Sie dienen zur Kennzeichnung von Phasen, in denen bestimmte Strategien überwiegen, die später von anderen abgelöst werden. Der Übergang von einer Stufe zur anderen vollzieht sich dabei allmählich und hängt eng mit der kognitiven Entwicklung zusammen. An zwei Beispielen sollen solche Entwicklungsstufen verdeutlicht werden:

3.1 Besonderheiten des mathematischen Lehr- und Lernprozesses

1. Entwicklung der Zählkompetenz
Mit Zahlen kommen Kinder schon lange vor der Schule in Berührung. Die Entwicklung ihrer Zählkompetenz ist eine wesentliche Grundlage für späteres Rechnen und nach neueren Erkenntnissen auch ein Kernstück bei der Zahlbegriffsentwicklung. Ein Entwicklungsmodell wurde von FUSON u. a. in fünf Phasen beschrieben und soll hier verkürzt wiedergegeben werden (vgl. SCHMIDT, WEISER 1982; SCHMIDT 1983; LANGE, MEISSNER 1983).

(1) Phase der noch nicht differenzierten Ganzheitsauffassung der Zahlwortfolge
Einzelne Zahlwörter der jeweils beherrschten Zahlwortfolge werden nicht als abgrenzbare Einheiten derselben aufgefaßt. Über die Zahlwortfolge wird noch als undifferenzierte Ganzheit verfügt (als Lied, als Gedicht). Ein Auszählen einer Kollektion von Dingen entspricht eher einem „Als-ob-Zählen", wobei die Erfüllung von Eindeutigkeit zufällig ist.

(2) Phase der differenzierten Ganzheitsauffassung der Zahlwortfolge
Einzelne Zahlwörter der jeweils beherrschten Zahlwortfolge werden als abgrenzbare Teile unterscheidbar. Es muß aber immer die gesamte Zahlwortfolge von Anfang an reproduziert werden, wenn z. B. das unmittelbar folgende Zahlwort zu einem beliebig vorgegebenen ermittelt werden soll. Ein Weiterzählen von einer beliebigen Stelle an gelingt noch nicht. Es können richtig Anzahlen von Dingen bestimmt oder entsprechend hergestellt werden und der Platz eines Dinges in einer Reihe angegeben werden.

(3) Phase des Weiterzählen-Könnens
Es kann von einer beliebigen Stelle an weitergezählt werden. Hinzu kommt das Rückwärtszählen. Weiterzählen und Rückwärtszählen werden für Additions- und Subtraktionsaufgaben genutzt. Es besteht jedoch noch keine Sicherheit im Ermitteln der Anzahl der Schritte beim Weiter- bzw. Rückwärtszählen.

(4) Phase der Auffassung der Zahlwörter als zählbare Einheiten
Einzelne Zahlwörter werden jetzt auch als zählbare Einheiten betrachtet, so daß Teilstücke der beherrschten Zahlwortfolge ausgezählt werden können. Dadurch gelingt das Zählen von einer bestimmten Stelle aus um eine gegebene Anzahl von Schritten. Beim Addieren und Subtrahieren kommt es zur Sicherheit im Ermitteln der Anzahl der Schritte beim Zählen.

(5) Phase der „zweiseitigen Durchlaufbarkeit" der Zahlwortfolge
Die beherrschte Zahlwortfolge kann flexibel und schnell vorwärts und rückwärts durchlaufen werden. Vorwärts- und Rückwärtszählen werden flexibel gebraucht und beliebig kombiniert (SCHMIDT, WEISER 1982, S. 234 f.).

Die Entwicklung der Zählkompetenz beim Kind ist ein kleines Teilstück auf dem Weg zur Zahlbegriffsentwicklung und darf mit dieser nicht gleichgesetzt werden.

2. *Entwicklung von Kompetenzen zum Lösen von Additionsaufgaben*
Hier sollen nur die ersten drei Phasen dargestellt werden, die für Vorschulkinder und jüngere Schulkinder relevant sind (vgl. SCHIPPER 1982; SCHMIDT, WEISER 1982).

(1) Lösen von Additionsaufgaben durch Zählen
   a) Zusammenzählen, immer bei 1 beginnend oder
   b) Weiterzählen von einem Summanden an.

(2) Lösen von Additionsaufgaben durch Aufsagen von auswendig gelernten Zahlsätzen

(3) Lösen von Additionsaufgaben durch Zurückführen auf bekannte Aufgaben (z. B. $7 + 8$, $7 + 7 = 14$ *und* $14 + 1 = 15$, *also ist* $7 + 8 = 15$)

Solche Entwicklungsphasen lassen sich für viele Bereiche innerhalb der Mathematik finden. Oftmals existieren unterschiedliche Modelle in der Literatur, die im Rahmen dieser Arbeit nicht dargestellt und diskutiert werden können. Den Modellen liegt aber die gemeinsame Idee zugrunde, daß der Lernende seinen Lerngegenstand aktiv strukturiert und (re-)konstruiert. Wo sich der Lernende zum gegebenen Zeitpunkt in diesem Prozeß befindet und welche spezifischen Strategien er jeweils bevorzugt, hängt vom allgemeinen kognitiven Entwicklungsstand und von seinem bisherigen inhaltlichen Verständnis ab. „Lernen wird als aktive Aufbauleistung betrachtet, die der Schüler ausgehend von seinem bisherigen Wissen bei der 'Erforschung' neuer Problembereiche erbringt. Die Rolle des Lehrers besteht nunmehr darin, lehrreiche Situationen, Fragestellungen und Aufgaben anzuregen und die soziale Kommunikation zu fördern. Es geht um Wissens*entwicklung*, nicht Wissensvermittlung" (WITTMANN 1984, S. 378; Hervorhebung dort).

Eine *Besonderheit mathematischer Begriffe* (auch theoretische Begriffe genannt) besteht darin, daß sie sich *nicht notwendig und zwangsläufig aus der Natur ergeben und nicht aus Wahrnehmungen abgeleitet werden können, sondern durch Konstruktion im Denken entstehen*. Dabei handelt es sich oft um Idealisierungen, das heißt, viele mathematische Begriffe werden in anschauliche Gegebenheiten „hineingelesen" und ermöglichen dadurch überhaupt erst, daß das „Außenphänomen" als Beispiel für einen Begriff wahrgenommen wird (vgl. u. a.

3.1 Besonderheiten des mathematischen Lehr- und Lernprozesses 25

FISCHER, MALLE 1985; WINTER 1989). „Beim Erkennen durch empirische Begriffe erstattet der Verstand der Erfahrung zurück, was er von ihr genommen hat. Beim Erkennen durch mathematische Begriffe konstruiert der Verstand unter Zuhilfenahme weniger Konstruktionselemente das Bild dieses Begriffs" (BUSSMANN 1981, S. 28). Ein Grundschulkind befindet sich nach PIAGET im Übergang zur konkret-operationalen Phase. Das bedeutet, daß die Erarbeitung mathematischer Begriffe über Erfahrungen im handelnden Umgang mit konkreten Objekten erfolgen muß. Erst allmählich kann zum Inhalt eines mathematischen Begriffs vorgedrungen werden (vgl. Abschnitt 2.1). „Mathematische Begriffe basieren oftmals auf Handlungen bzw. Operationen - diese determinieren den Abstraktionsprozeß, wobei zwischen den Objekten bzw. Zuständen Bestimmungen konstruiert werden (für das Individuum psychische Realität gewinnen), die nicht unmittelbar am Gegenstand sinnlich wahrnehmbar waren. Diese Abstraktion führt also über das im Konkreten sinnlich Wahrnehmbare hinaus, ohne dabei willkürlich zu sein, sie ist eine gedankliche Neuschöpfung, eine Veränderung, die über das vorliegende Einzelne (Konkrete) hinausgeht" (PESCHEK 1986, S. 233). Dabei muß aber jeder Schüler die Konstruktion eines (seines) Begriffs aus eigenen Mitteln realisieren und kommt so zu einem ganz individuellen Begriff (vgl. auch AEBLI 1978).

Ein *Wesensmerkmal der Mathematik ist ihre eigene „Symbolsprache"* als Mittel zur Darstellung bzw. Beschreibung für abstrakte Sachverhalte. Von Anfang an lernen die Kinder auch diese Darstellungsform kennen. Dabei wird schon im Grundschulalter zwischen formalem und inhaltlichem Aspekt unterschieden. „Der formale (syntaktische) Aspekt umfaßt Beziehungen zwischen Zeichen bzw. Zeichenreihen sowie den Umgang mit diesen nach bestimmten Regeln. Der inhaltliche (semantische) Aspekt bezieht sich auf die Bedeutung bzw. Interpretation dieser Zeichen bzw. Zeichenreihen. Jeder dieser beiden Aspekte bereitet dem Lernenden spezifische Schwierigkeiten" (FISCHER, MALLE 1985, S. 33). Beide Aspekte haben im Unterricht ihre Berechtigung. Der Formalismus muß dabei allmählich aus inhaltlichen Überlegungen heraus entwickelt werden und darf für den Schüler nicht zum Selbstzweck werden, da sonst inhaltliche und formale Aspekte in „verschiedenen Schubladen" abgelegt sind (vgl. FISCHER, MALLE 1985).

Es muß großer Wert auf das Erfassen des Sinns formaler Darstellungen gelegt werden (vgl. GINSBURG 1982). Das unterstreicht die Notwendigkeit einer engen Verknüpfung der drei Repräsentationsebenen: enaktiv (Arbeit mit konkreten Materialien), ikonisch (Arbeit mit bildhaften Darstellungen) und symbolisch (Darstellung mit mathematischen Zeichen oder der Sprache)[7] Spezifische Arbeitsweisen, insbesondere beim Umgang mit Symbolen (z. B. Beachten einer Richtungsorientierung im symbolischen Bereich), müssen erst erlernt werden.

Begriffe, Regeln, Sätze und Verfahren der Mathematik verlangen abstraktes Denken. *Veranschaulichungen in der Grundschule* bilden die Basis dieser Abstraktionen, setzen aber auch Abstraktionen und Vorstellungen voraus. Sie repräsentieren nicht alle konkreten Merkmale der einzelnen Erscheinungen oder Situationen, sondern nur konstitutive, im gegebenen Kontext wesentliche Merkmale und Relationen. Diese erschließen sich dem Lernenden aber nicht von sich aus durch bloßes Anschauen, sondern müssen durch Handlungen aufgedeckt bzw. geschaffen werden (vgl. JANVIER 1987; LOMPSCHER 1985; LORENZ 1990; PIPPIG 1988). Das heißt, verwendete Veranschaulichungen im Mathematikunterricht *sind im allgemeinen nicht selbstsprechend oder eindeutig.* Sie sind Unterrichtsstoff wie jeder andere und müssen gelernt werden, um dann als Hilfen benutzt werden zu können. Das trifft sowohl auf Arbeitsmittel für Schüler, Demonstrationsmittel für Lehrer als auch auf gegebene ikonische Darstellungen zu. Es muß gelernt werden, in sie einzudringen, sie zu verstehen, den Umgang mit ihnen zu beherrschen und Übersetzungen zwischen verschiedenen Repräsentationen vorzunehmen. *Ihre Deutung ist situationsabhängig und wird von den individuellen Erfahrungen mitbestimmt* (RADATZ 1986; SCHIPPER 1982).

Der Lernende muß in der Lage sein, eine begründete Auswahl für sich vorzunehmen: „We expect that the learner should perceive these conventional representations as mathematical tools. We alse expect that he should be able, in a mathematical problem situation, to reject one representation to select another all the while knowing why he makes this choice. The representation rejected is not improper in itself but simply less effective in the given context. The learner should also be able to pass from one representation to another. All these expectations suppose that the learner has 'grasped' the representations; that he knows the possibilities, the limits, and the effectiveness of each" (DUFOUR-JANVIER, BEDNARZ, BELANGER 1987, S. 111).

---

[7] Wissen ist in drei verschiedenen Ebenen repräsentiert und das Denken des Menschen bedient sich dieser drei Darstellungsmethoden. „Jede dieser drei Darstellungsmethoden, die handlungsmäßige, die bildhafte und die symbolische, hat ihre eigene Art, Vorgänge zu repräsentieren. Jede prägt das geistige Leben des Menschen in verschiedenen Altersstufen, und die Wechselwirkung ihrer Anwendungen bleibt ein Hauptmerkmal des intellektuellen Lebens des Erwachsenen" (BRUNER u. a. 1971, S. 21).

BAUERSFELD (1983) wies darauf hin, daß das Arbeiten mit Veranschaulichungen vom Lernenden eine aktive Sinnkonstruktion erfordert. Dazu werden oft vertraute Erfahrungen zur Veranschaulichung eines mathematischen Sachverhaltes deformiert werden müssen. Eine Variation der Veranschaulichung kann eine Überforderung auslösen, da zusätzlich zur Interpretation auch noch ein Übersetzungsprozeß zwischen den unterschiedlichen Veranschaulichungen erfolgen muß.

Die *Hierarchie des Stoffes in Mathematik* wirkt stärker und nachhaltiger als in anderen Fächern. Vorkenntnislücken können sich verheerend auf folgende Inhalte auswirken und werden als Ursache für Lernschwierigkeiten mit an vorderer Stelle angegeben. Eine Nichtbeachtung von spezifischen Lernvoraussetzungen führt dazu, daß betreffende Kinder Lernangebote nicht mehr erfolgreich nutzen können und immer weiter zurückbleiben.

Besonderheiten von Lernen und Lehren ergeben sich aus dem Zusammenspiel entwicklungstypischer (insbesondere psychischer) Voraussetzungen der Schüler und fachspezifischer Charakteristika des Unterrichts. Wie beide Blickrichtungen in Einklang gebracht werden, hängt in starkem Maße von der didaktischen Kompetenz des Lehrers ab, von seinem Verständnis von Mathematik und seinem Verhältnis zur Mathematik. Er muß Mittler zwischen Stoff und Schüler sein (Organisator und Initiator von Lernprozessen) und nicht Vermittler von Unterrichtsstoff.

3.2 „Rechenschwäche" als extreme Form von Lernschwierigkeiten

Nachdem im vorangegangenen Abschnitt Besonderheiten des mathematischen Lehr- und Lernprozesses in der Grundschule dargestellt wurden, soll es in diesem Abschnitt um eine extreme Form von Lernschwierigkeiten im Mathematikunterricht gehen, um das Phänomen „Rechenschwäche". Gedacht wird dabei an jene Schüler, bei denen eine Entwicklung mathematischer Fähigkeiten mehr oder minder stark behindert ist und ein Aufbau des Verständnisses für Mathematik nicht gelingt. Zu dieser Problematik werden einige Kerngedanken vor allem neuerer Untersuchungen diskutiert, die das Vorgehen in unserer Untersuchung mitbestimmten, wie Ursachen, Erscheinungsformen und Möglichkeiten zur Diagnose und Therapie. Auf Grundlage der Darstellung dieser extremen Lernschwierigkeiten und der Ausführungen zu allgemeinen Ursachen für Lernschwierigkeiten lassen sich Probleme deutlicher aufzeigen und charakterisieren, die zu gehäuften Mißerfolgen im Mathematikunterricht führen können.[8]

Rechenschwäche als extreme Form von Lernschwierigkeiten im Mathematikunterricht fand in der Literatur bisher weniger Beachtung als Lese-Rechtschreib-Schwäche. Das liegt u. a. auch daran, daß sie zum einen bisher weniger gründlich untersucht wurde, zum anderen eine genaue diagnostische Erfassung Schwierigkeiten bereitet, weil sie in geringerem Maße abgrenzbar und isolierbar ist (vgl. LORENZ 1990b). Entsprechend vielfältig sind die Begriffe sowie die Erklärungen für Auftreten, Erscheinungsformen und Ursachen für dieses Phänomen. Die am häufigsten verwendeten Begriffe sind außer *Rechenschwäche* und *Rechenstörung* auch *Arithmasthenie* und *Dyskalkulie*. Sie werden zum Teil synonym verwendet bzw. unterschieden nach Schweregrad und Schwerpunkt der Störung. Zum Beispiel wird mit dem Begriff *Arithmasthenie* deutlich gemacht, daß die Störung im arithmetischen Bereich liegt (vgl. SCHÖNIGER 1989). Eine genaue Definition gibt es im deutschsprachigen Raum nicht. Sie wurde zugunsten der Erklärungen für Ursachen und Erscheinungsformen sowie für Möglichkeiten zum Erkennen und Überwinden von Rechenschwächen zurückgestellt (vgl. LORENZ 1990b). Damit will man vor allem erreichen, daß der Vielschichtigkeit des Problems Rechnung getragen werden kann und kein Schüler definitionsbedingt von einer Förderung ausgeklammert werden muß. „Alle bislang bekannten Forschungen zeigen jedoch, daß das Erscheinungsbild von Rechenschwäche äußerst vielfältig und uneinheitlich ist. Betrachtet man konkrete Fälle, so können

---

[8] LORENZ (1991a, b) beschreibt unterschiedliche Ansätze zur Erklärung und Behebung des Phänomens „Rechenschwäche" innerhalb der Forschung nahezu seit Beginn unseres Jahrhunderts. Diese ausführliche Zusammenschau kann im Rahmen dieser Arbeit nicht nachvollzogen werden, deshalb sei auf die entsprechende Literatur verwiesen.

diese ... durch verschiedenste persönliche und situative Merkmale gekennzeichnet werden. Es gibt jedoch nicht das eine Einheit stiftende Merkmal und auch nicht eine umschriebene Kombination von Merkmalen, die definitive Diagnosen zweifelsfrei zuließen. Die Suche nach definitiven Personenmerkmalen bzw. Merkmalskombinationen ist im Bereich des kindlichen Lern- und Leistungsverhaltens aussichtslos ..." (WEMBER 1991, S. 15).

In vielen Fällen wird Rechenschwäche als eine Teilleistungsschwäche oder -störung bei normaler Intelligenz beschrieben (LOBECK 1990; SCHÖNIGER 1989 u. 1991 u. a.). Andere Autoren sehen in Teilleistungsschwächen unter anderem eine Ursache für Rechenschwäche (BRUSCHEK 1980; GRISSEMANN, WEBER 1982; LORENZ 1984 u. 1991a, b). Das ist auf eine unterschiedliche Verwendung des Begriffs *Teilleistungsschwäche* zurückzuführen. Zum einen wird dieser Begriff beschreibend auf pädagogisch-didaktischer Ebene verwendet für besondere Schwächen, die in einzelnen Teilbereichen des Gesamtspektrums schulischer Leistungen wie Lesen, Rechnen etc. auftreten können. Zum anderen wird er erklärend auf psychologischer Ebene verwendet zur Kennzeichnung gestörter Elementarprozesse im Gehirn, die den komplexen Funktionen innerhalb schulischer Leistungen, wie Sprechen, Lesen, Schreiben, Rechnen etc., zugrunde liegen. Das zweite geht auf ein neuropsychologisches Konzept der Teilleistungsschwächen zurück und ermöglicht eine differenzierte, an der Funktionsweise des Gehirns orientierte Sichtweise (BERGER 1989; LANFRANCHI 1990; MILZ 1994; OCHSNER 1990; WIRTH 1990). Teilleistungsschwächen (bzw. auch -störungen genannt) werden in diesem Zusammenhang definiert „als Leistungsminderungen einzelner Faktoren oder Glieder innerhalb eines größeren funktionellen Systems, das zur Bewältigung einer bestimmten komplexen Anpassungsaufgabe erforderlich ist" (GRAICHEN 1979, S. 49; vgl. auch MILZ, STEIL 1982). Der Verwendung des Begriffs in diesem Sinne liegt die Auffassung zugrunde, daß kognitive Prozesse höherer Ordnung eine Koordination von vielen Teilen des Gehirns verlangen, daß es immer um organisierte funktionelle Systeme geht (WIRTH 1990).

Da dem Rechnen sehr komplexe Leistungen zugrunde liegen und nicht von einem Rechenzentrum im Gehirn ausgegangen werden kann, verwenden wir in dieser Arbeit den Begriff Teilleistungsschwächen ebenfalls nur im psychologischen Sinn zur Erklärung von gestörten Teilfunktionen auf der Ebene des Gehirns. Dazu gehören „Störungen der Wahrnehmung, der Motorik, bzw. der Integrationsprozesse in beiden Bereichen (intermodal und sensomotorisch), die oft nicht als solche, sondern in Form von Zustandsbildern scheinbarer geistiger Behinderung oder Verhaltensstörungen zutage treten. Es handelt sich um Erscheinungsformen einer minimalen cerebralen Dysfunktion, die sowohl auf einen primär organischen Defekt, als auch auf sensorischer Deprivation in der frühkindlichen Entwicklung beruhen kann" (BERGER 1977, zitiert in FRIEDRICH 1980, S. 16 f.).

Für eine Rechenschwäche werden in der Literatur folgende Teilleistungsschwächen als wesentlich herausgestellt (LORENZ 1984 u. 1991a; FRIEDRICH 1980; FROSTIG, MÜLLER 1981; GRISSEMANN, WEBER 1982):
- Störungen im taktil-kinästhetischen Bereich,
- Störungen der auditiven Wahrnehmung, Speicherung und Serialität,
- Störungen der visuellen Wahrnehmung, Speicherung und Serialität,
- Störungen der Intermodalität.

Bei betroffenen Kindern ist nicht die Reizaufnahme durch Auge, Ohr oder Tastsinn behindert, sondern Probleme zeigen sich bei *Auswahl, Verarbeitung* oder *Speicherung* von Reizen. Diese Prozesse können geringgradig oder auch stärker gestört und behindert sein (LEMPP 1973, S. 119). Erscheinungsbilder im mathematischen Bereich, die auf solche Störungen hinweisen können, sind zum Beispiel (vgl. LORENZ 1984, 1990a, 1991a):

Taktil-kinästhetischer Bereich

Störungen im taktil-kinästhetischen Bereich können sich u. a. in einer Störung des Körperschemas zeigen (JOHNSON, MYKLEBUST 1976). Daraus resultieren vermutlich Probleme in der Rechts-Links-Unterscheidung, die z. B. zu Richtungsvertauschungen beim Lesen und Schreiben von Zahlen führen können (71 statt 17; 25 + 4 = 92), zum Umkehren der Operationsrichtung beim Rechnen (25 - 7 = 25 - 5 + 2) und zu Problemen beim Ordnen und Vergleichen von Zahlen. Raumorientierungsstörungen sowie Probleme in der Raumvorstellungsfähigkeit führen dazu, daß durchgeführte Handlungen als raum-zeitlicher Prozeß nicht erinnert werden können. Dadurch gelingt ein Operieren mit visuell-vorgestellten Bildern nicht. Dies ist aber Voraussetzung zum Verinnerlichen arithmetischer Operationen. Im Zusammenhang mit Störungen im taktil-kinästhetischen Bereich wird oft die Frage nach funktionellen Hemisphärenasymmetrien als Ursachen für Rechenschwäche gestellt (vgl. u. a. VON ASTER 1990 u. 1991; SCHMASSMANN 1990). Danach sollen besonders Kinder Unsicherheiten in der Rechts-Links-Unterscheidung und damit Probleme im Rechnen zeigen, bei denen eine sogenannte gekreuzte Lateralität besteht (rechtshändig und rechtsfüßig, aber linksäugig). Der Zusammenhang dieses Phänomens mit der Rechenfähigkeit ist bis jetzt weder theoretisch noch empirisch bewiesen.

Die Fähigkeit, rechts und links im räumlichen Verhältnis zur Umwelt zu erfassen, hängt eng mit der Entwicklung des Körperschemas zusammen und muß nicht an organische Besonderheiten gebunden sein. Diese Fähigkeit ist aber erst mit etwa elf Jahren vollständig entwickelt (vgl. JOHNSON, MYKLEBUST 1976, S. 348). In Untersuchungen zur Legasthenie konnte VALTIN (1970, S. 97) keinen Zusammenhang zwischen Dominanzüberkreuzung und Lernschwierigkeiten feststellen. Sie wies darauf hin, daß amerikanischen Untersuchungen zufolge die Häufigkeit dieser Lateralitätsphänomene bei 30 bis 40 Prozent in der unausgelesenen Population liegen. GRISSEMANN (1986, S. 102) verweist darauf, daß Orientierungsschwäche (Rechts-Links-Unsicherheit) bei Legasthenikern häufiger vorkommt als bei Nichtlegasthenikern. Sie kommt aber nicht häufiger vor bei unausgeprägter Körperdominanz: „Es scheint, daß es sich um ein neuropsychologisches Symptom handelt, das verschieden, nicht nur durch mangelndes Dominanzerleben bedingt ist." Damit erscheint auch ein Zusammenhang von Dominanzüberkreuzung und Rechenschwäche eher fragwürdig. Daß Kinder mit Lernschwierigkeiten dennoch vermehrt Unsicherheiten in der Rechts-Links-Unterscheidung zeigen, muß nicht auf senso-motorische Schwächen zurückgeführt werden. Diese Unsicherheit kann auf eine allgemeine Entwicklungsverzögerung hinweisen oder Probleme deutlich machen, die auf der Ebene der sprachlichen Abstraktionsfähigkeit liegen. In diesem Zusammenhang spielen Lernerfahrungen eine große Rolle (vgl. VALTIN 1970). Rechenschwache Kinder haben oft die Richtungsorientiertheit im Zahlenraum noch nicht erfaßt bzw. fehlt ihnen die Einsicht, daß die Raumlage von Zeichen auf der symbolischen Ebene bedeutungsunterscheidend ist und auf dieser Ebene oft eine Arbeitsrichtung eingehalten werden muß (vgl. auch CORNELIUS 1984).

Auditive Wahrnehmung, Speicherung und Serialität

Störungen in der auditiven Wahrnehmung führen dazu, daß mündlich gestellte Aufgaben oder Erklärungen nicht erfaßt werden können. Speicherung und Serialität sind notwendige Voraussetzungen, um z. B. eine mehrstellige Zahl als solche zu erfassen und mit ihr zu rechnen bzw. sie als Ziffer aufzuschreiben. Bei mündlich gestellten Textaufgaben muß die gesamte Information behalten werden. Störungen in diesem Bereich können auch dazu führen, daß die Aufgaben des Einspluseins und Einmaleins nicht behalten werden können, da sie auditiv gespeichert werden müssen. Diese Aufgaben werden dann jedes Mal neu errechnet, was mehr Zeit in Anspruch nimmt und die Fehleranfälligkeit erhöht.

Visuelle Wahrnehmung, Speicherung und Serialität

Störungen im visuellen Bereich führen zu Problemen bei der Figur-Grund-Diskrimination der ikonischen Schulbuchdarstellungen. Des weiteren lassen sich

Verwechslungen bei gestaltähnlichen Ziffern (z. B. 6 und 9, 7 und 4) oder Ziffernspiegelungen beim Schreiben von Zahlen beobachten. Schwierigkeiten im „Übersetzen" grafischer Zeichnungen in räumliche Gebilde und im Interpretieren von zeichnerisch dargestellten mathematischen Sachverhalten können unter Umständen ebenfalls mit Problemen im visuellen Bereich zusammenhängen.

Intermodalität
Störungen der Intermodalität verhindern ein „Übersetzen" zwischen den einzelnen Sinnesbereichen. Zum Beispiel können zu gehörten Informationen keine visuellen Vorstellungsbilder aufgebaut werden, gesehene Sachverhalte können nicht sprachlich wiedergegeben werden u. ä. Das kann auch zu Problemen in der Zuordnung von Menge, Zahlwort und Ziffer führen (vgl. LOBECK 1990).

Die aufgeführten Beispiele machen deutlich, daß Teilleistungsschwächen zu erheblichen Problemen beim Mathematiklernen führen können. Welche Rolle ihnen jedoch als Ursachen für Rechenschwäche in der Praxis beigemessen werden muß, läßt sich nach Literaturdurchsicht kaum beantworten. Vielmehr scheint es so, daß Teilleistungsschwächen als theoretisches Konstrukt zur Ursachenbeschreibung herangezogen werden, aber ihr Auftreten prozentual eher als gering eingeschätzt wird. „Verallgemeinernd kann bestenfalls formuliert werden, daß Auffälligkeiten im Bereich der Körperwahrnehmung, im Bereich der Funktionslateralisierung und der Rechts-Links-Unterscheidung, sowie Schwierigkeiten in der visuell-räumlichen Informationsverarbeitung mit solchen kognitiven Entwicklungsbedingungen einhergehen, die speziell Schwierigkeiten beim Rechnenlernen begünstigen" (VON ASTER 1991, S. 50).

In den wenigen empirischen Untersuchungen, die zur Rechenschwäche durchgeführt wurden, findet man nur selten Hinweise auf isolierte Teilleistungsschwächen. Eher wird darauf verwiesen, daß die meisten rechenschwachen Kinder keine pathologisierbaren Defizite haben (ELLROTT 1993). Vereinzelt gibt es Hinweise auf eine Herabsetzung der visuellen Wahrnehmungsfähigkeit rechenschwacher Kinder (GRISSEMANN, WEBER 1982; VON ASTER 1991). In anderen Untersuchungen wird aber darauf aufmerksam gemacht, daß sich Unterschiede in der visuellen Wahrnehmung nicht auf isolierbare Störungen zurückführen lassen, sondern Hinweise auf eine strukturelle Entwicklungsverzögerung sein können (JETTER 1975). Ähnliche Ergebnisse sind auch der Legasthenieforschung zu entnehmen. Hier konnte in empirischen Untersuchungen kein Zusammenhang von visuellen Wahrnehmungsstörungen und Legasthenie nachgewiesen werden (VALTIN 1970, 1972). Visuelle Wahrnehmungsstörungen wurden nur in Verbindung mit hirnorganischen Schäden beobachtet. Zur Erklärung einer Rechenschwäche ist das Modell der Teilleistungsschwächen eher unbefriedigend, da damit nur ein kleiner Anteil der Probleme geklärt werden kann. Es ist

3.2 „Rechenschwäche" als extreme Form von Lernschwierigkeiten

vielmehr davon auszugehen, daß die Entwicklung oben genannter Teilleistungen im engen Zusammenhang mit dem allgemeinen kognitiven Entwicklungsstand des Kindes steht. Liegt eine Entwicklungsverzögerung vor, können Grundlagen für spezifische geistige Leistungen wie Rechnen oft noch nicht in ausreichendem Maße aufgebaut werden.

Ergebnisse der Forschungen zur Rechenschwäche lassen sich zum gegenwärtigen Zeitpunkt in *vier* unterschiedlichen, zum Teil gegensätzlichen Positionen zusammenfassen. Diese Positionen sollen im folgenden dargestellt und diskutiert werden[9]:

1. a) Rechenschwäche existiert als spezielle, spezifische oder isolierte Schwäche im Rahmen sonst guter (mindestens durchschnittlicher) Intelligenz und Schulleistungen, z. B. im Lesen und Rechtschreiben.
b) Diese Schwäche ist nicht so isoliert, daß sich nicht Beziehungen zur verminderten Intelligenz, Sprachschwäche, Legasthenie oder gestörtem Lernverhalten nachweisen lassen.

In der Literatur wird unterschieden zwischen einer Rechenschwäche im Rahmen einer vorhandenen allgemeinen Schulleistungsschwäche und einer „isolierten" bzw. speziellen Rechenschwäche (Dyskalkulie) bei sonst durchschnittlicher bis überdurchschnittlicher Begabung und entsprechenden Leistungen in anderen Fächern (GRISSEMANN, WEBER 1982; LOBECK 1990; ORTNER, A, u. ORTNER, R. 1991; SCHÖNIGER 1989 u. 1991; VON ASTER 1991 u. a.). Uneinigkeit herrscht im wesentlichen über die Auftretenshäufigkeit beider Arten von Rechenschwäche. Während z. B. GRISSEMANN, WEBER (1982) und LOBECK (1990) in ihren Untersuchungen auf eine relativ große Anzahl von Schülern mit Rechenschwäche bei guter Intelligenz und übrigen Schulleistungen verweisen konnten, finden sich bei BREUER, WEUFFEN (1988); FELLER (1983); KESSEL, GÖTH (1984); VON ASTER (1991) u. a. Aussagen darüber, daß eine isolierte Rechenschwäche die wesentlich seltenere ist. Aufklärung darüber könnte u. E. nur eine vergleichende Untersuchung in größerem Ausmaß bringen. Praktisch relevant wäre diese Unterscheidung der Rechenschwäche insbesondere dann, wenn grundsätzlich verschiedene Ursachen angenommen werden müßten und damit unterschiedliche Therapien notwendig wären. Solche Überlegungen spielen in der Literatur bisher jedoch keine Rolle (vgl. KLAUER 1992).

---

[9] Die Darstellung erfolgt analog zu ANGERMAIER, der gleiches bereits 1970 für die Legasthenieforschung tat.

Bei der Darstellung von Ursachen und Erscheinungsformen erfolgt meist keine Trennung mehr, so daß es u. E. zumindest für pädagogische Zwecke fragwürdig erscheint, zwischen verschiedenen Arten unterscheiden zu wollen. GRISSEMANN (1984, S. 160) gibt zu bedenken, daß sich im Rahmen einer Folgestörung zur primären Rechenstörung sekundär emotionale Störungen einstellen können, die sich möglicherweise sowohl auf die testmäßig erfaßbare Intelligenz als auch auf andere Schulleistungen auswirken. Hinzu kommt das Problem der Leistungsbeurteilung durch die Schule. Nicht selten ziehen schlechte Zensuren in einem Hauptfach wie Mathematik auch strengere Bewertungen zum Beispiel in den Deutschdisziplinen nach sich (vgl. u. a. FELLER 1983; KLAUER 1992). Ständige Mißerfolge in einem Fach führen beim Schüler oft zu Motivationsverlust im schulischen Lernen insgesamt. Insbesondere werden in Einzelfalldarstellungen diese wechselseitigen Zusammenhänge deutlich gemacht (vgl. LORENZ 1987; VON ASTER 1991). „Die Erfahrungen eines Kindes im Umgang mit den sich stellenden Lernanforderungen, die wesentlich von den Erwartungen und Reaktionen der Umwelt abhängen, prägen seine Leistungsbereitschaft, sein Selbstwertgefühl und sein Wissen über die eigenen Möglichkeiten. Dies wiederum wirkt sich unmittelbar auf die aktuellen Leistungen des Kindes aus. Aus einer solchen, auf das einzelne Kind gerichteten Perspektive gibt es sicher ebenso viele Dyskalkulieformen wie rechengestörte Kinder" (VON ASTER 1991, S. 50).

Zusammenfassend läßt sich damit zur Zeit für keine Position eine Überlegenheit nachweisen. Das liegt nicht zuletzt an einer unzureichenden begrifflichen Klärung und diagnostischen Erfassung von *Rechenschwäche*. Es kann aber davon ausgegangen werden, „daß das, was als Syndrom 'Rechenstörung' im Schulalltag auffällig wird, nicht derart isoliert und von der übrigen Lebenswelt des Schülers abgehoben ist, als es nicht dort auch wirksam und bemerkbar wäre, wenn auch aktuell als weniger gravierende Beeinträchtigung, zumindest aus der Sicht der Eltern" (LORENZ 1987a, S. 17). Da eine qualitative Unterscheidung von Arten der Rechenschwäche weder in diagnostischer noch in therapeutischer Hinsicht von Bedeutung ist, kann u. E. für pädagogische Fragestellungen auf eine Bindung der Probleme an die Intelligenzhöhe des Schülers verzichtet werden.

2. *a) Rechenschwäche äußert sich in speziellen oder typischen Fehlern im Rechnen, u. a. Reversionen und Inversionen, Klappfehler, Schwierigkeiten beim Zählen.*
   b) Beim Rechnen treten die gleichen Fehler auf, die auch sonst als typische „Anfängerfehler" beim Rechnenlernen beobachtet werden, allerdings gehäuft.

Zum Erkennen von Rechenschwächen werden vor allem schriftliche Arbeiten der Kinder herangezogen und analysiert. Dabei geht man davon aus, daß Fehler nicht zufällig zustande kommen. Sie sind vielmehr ein Ergebnis bzw. Produkt vorheriger Erfahrungen im Unterricht (RADATZ 1980). Wenn man Leistungen der Kinder in hohem Maße als bereichsspezifisch ansieht (vgl. BAUERSFELD 1983), so können Fehler Aufschluß geben über subjektive Rechenstrategien, über Vermögen und Unvermögen eines Kindes in einem Bereich und über das Wissen vom jeweiligen Gegenstand. „Schülerfehler sind Bilder individueller Schwierigkeiten; sie zeigen, daß der Schüler bestimmte Begriffe, Techniken, Probleme usw. nicht 'wissenschaftlich' oder 'erwachsenengemäß' verstanden hat. Insofern sind Fehlstrategien Anzeichen für die Art, in der ein Schüler mathematische Probleme löst bzw. dafür, wie und was er denkt" (RADATZ 1980, S. 72). In diesem Sinne sind Fehler unvermeidlich und weisen auf den Entwicklungsstand des Schülers im komplexen Lernprozeß hin.

In der Literatur wird analog zur älteren Legasthenieforschung versucht, typische Fehler für rechenschwache Kinder zusammenzustellen. In diesem Zusammenhang häufig beschriebene Fehler sind u. a. Verwechseln der Rechenoperationen, Übertragsfehler, Nichtbeachten von Stellen, Verrechnen um Eins, Klappfehler bei Stellenüberschreitungen, Reversionen, Inversionen, Perseverationsfehler (vgl. KESSEL, GÖTH 1984; LOBECK 1990; PIPPIG 1975; SCHÖNIGER 1989 u. 1991). Solche Fehler treten aber auch immer wieder bei anderen Schülern auf, wenn neue mathematische Inhalte erlernt und von einzelnen noch nicht vollständig erfaßt wurden. Sie lassen sich auf curricularer Ebene nach verschiedenen inhaltlichen Schwerpunkten zusammenfassen.[10] Schüler mit Rechenschwäche zeichnen sich *nicht* dadurch aus, daß sie andere Fehler als ihre Mitschüler machen, vielmehr spielen Häufigkeit, Vielfalt der Fehlertypen und Hartnäckigkeit eine entscheidende Rolle. Dabei müssen das Alter des Schülers beim Lösen ausgewählter Aufgaben berücksichtigt werden, der aktuelle Stand der schulischen Wissensvermittlung in Mathematik und der Umfang zusätzlicher Fördermaßnahmen (SCHÖNIGER 1989). „Entscheidend ist nicht, daß solche Fehler einmal vorkommen, sondern die Stellung des Kindes dazu, die es in der Diskus-

---

10 An dieser Stelle soll auf die zahlreichen Forschungsarbeiten zu Fehleranalysen nur verwiesen werden. Eine zusammenfassende Darstellung findet man bei RADATZ (1980).

sion über die Aufgabe äußert. Merkt es, daß da irgendetwas nicht stimmen kann; ist es überzeugt, daß die Aufgabe so gerechnet werden muß; kann es mit überschlagsmäßigen Konfrontationen etwas anfangen usw.?" (SCHÖNIGER 1991, S. 140). RADATZ (1991, S. 74) bemerkte dazu, daß gerade Schüler mit Lernschwierigkeiten im Mathematikunterricht keine „Kontrollinstrumente" bzw. realistische Vorstellungen zu haben scheinen, um ihre Verfahren und Aufgabenergebnisse einschätzen zu können. Falsche Lösungswege und unrealistische Ergebnisse scheinen gerade diese Schüler selten zu stören, sie sind von der Richtigkeit in den meisten Fällen überzeugt. VON ASTER (1992, S. 46) konnte in einer Studie nachweisen, daß Kinder mit Rechenschwäche unterschiedlicher Verursachung solche Schwierigkeiten beim Rechnen zeigen, die mit einer unzureichenden oder fehlerhaften Anwendung mentaler Rechenstrategien einhergehen und oft dem Niveau jüngerer Schüler entsprechen.

Zusammenfassend läßt sich feststellen, daß es keine „typischen" Fehler für Kinder mit Rechenschwäche gibt, mit denen sie sich leicht klassifizieren lassen. Vielmehr weisen Fehler auf subjektive Strategien hin, die die Stellung des Kindes im Lernprozeß verdeutlichen. Sie sollten demzufolge als unvermeidliche Bestandteile des Lernprozesses anerkannt werden (vgl. FLOER 1993; LÖRCHER 1984). Bei Kindern mit Lernschwierigkeiten findet man häufig die gleichen Fehler beim Aufgabenlösen im Mathematikunterricht, wie bei jüngeren Kindern (vgl. u. a. LORENZ, RADATZ 1993; RADATZ 1993; VON SCHWERIN 1993). Gleiche Beobachtungen wurden auch an Kindern mit Lese-Rechtschreibschwierigkeiten gemacht (vgl. KOCHAN 1986; SCHEERER-NEUMANN 1989; VALTIN 1986 u. 1993). „Fehler werden nicht (mehr) als Defizite des Kindes angesehen, sondern als durchaus sinnvolle Anzeichen für die Annäherung an einen schwierigen Lerngegenstand" (VALTIN 1993, S. 76).

3. a) Rechenschwäche ist erblich, wobei der Erbmodus umstritten ist.
b) Rechenschwäche ist nicht erblich. Sie wird häufig von Umwelt- und Persönlichkeitsfaktoren mitbestimmt.

Die Frage der Vererbung einer Rechenschwäche (kongenitale Ursachen) geht insbesondere auf ältere Untersuchungen zurück (z. B. WEINSCHENK 1970) und spielt vereinzelt in neuerer Literatur immer wieder eine (untergeordnete) Rolle (vgl. SCHILLING, PROCHINIG 1988; SCHMASSMANN 1990). Da die Suche nach einem „Rechenzentrum" im Gehirn schon bei früheren Untersuchungen als gescheitert betrachtet werden mußte und das Rechnen als ein komplexer Denkakt aufgefaßt wurde, der an viele Funktionen im Gehirn angebunden ist, war die Frage der Vererbung doch zumindest sehr umstritten. „In der Pionierphase der

3.2 „Rechenschwäche" als extreme Form von Lernschwierigkeiten

neuropsychologischen Dyskalkulieforschung gelang es also Henschen[11], bei Hirngeschädigten *Teilausfälle im Kodier- und Dekodierbereich* mit spezifischen *Hirnfunktionssystemen* in Zusammenhang zu bringen. Diese wurden in der linken dominanten Hirnhemisphäre lokalisiert. Daneben vermutete er Substrate der Speicherungsprozesse und der Automatismen in der rechten Hemisphäre. Schon aus seinen Einsichten dürfte hervorgehen, daß für die komplexen Rechenvorgänge nicht ein eng umschriebenes Rechenzentrum verantwortlich sein dürfte, sondern daß verschiedenartige Rechenleistungen in der *Zusammenarbeit verschiedener Hirnfunktionssysteme* verstanden werden müßten" (GRISSEMANN 1989, S. 77, Hervorhebung dort).

Damit wird nicht bestritten, daß Vererbung und/oder hirnorganische Dysfunktionen eine Rechenschwäche mitverursachen können, jedoch ist eine Monokausalität der Ursachen abzulehnen. Es muß davon ausgegangen werden, daß auch psycho- und soziogene Faktoren ätiologisch bedeutsam sind (SCHÖNIGER 1989, S. 94; SCHMASSMANN 1990). Erblichkeit wird in diesem Zusammenhang also die gleiche Rolle spielen wie auch sonst für Begabungsdispositionen. Eine Wichtung zwischen biologischen und sozialen Faktoren wird dabei u. E. immer problematisch sein. Bedenkt man, daß Kinder, deren Eltern Schwierigkeiten im Umgang mit Mathematik haben, in ihrer häuslichen Umgebung auch weniger Anregungen und Hilfe zumindest im mathematischen Bereich erhalten, so lassen sich schwerlich im nachhinein Aussagen darüber treffen, ob die Schwierigkeiten der Kinder auf biologische Faktoren oder auf Anregungsmängel in der Umwelt zurückzuführen sind oder beides in gleichem Maße als Ursache für schwache Rechenleistungen angesehen werden muß. Für die Legasthenie wurde diese Problematik ebenfalls diskutiert (ANGERMAIER 1970 u. 1977). Gestützt werden diese Auffassungen dadurch, daß in vielen Untersuchungen eine starke Abhängigkeit der Entwicklung von ihrem Milieu schon im Kleinkindalter nachgewiesen werden konnte (vgl. z. B. GÖLLNITZ 1979).

Zusammenfassend läßt sich feststellen, daß erst eine Wechselwirkung zwischen den spezifischen Voraussetzungen in der Lernsituation des Kindes und den darauf nicht angemessenen mathematischen Lernanforderungen eine Rechenschwäche hervorrufen kann. Es kann nicht in erster Linie davon ausgegangen werden, daß bestimmte Erbfaktoren für Probleme im Rechnen verantwortlich sind.

---

11 Die Aussagen beziehen sich auf folgende Literatur: Henschen, S. E.: Über Sprach-, Musik- und Rechenmechanismen und ihre Lokalisation im Großhirn. - In: Zeitschrift für die gesamte Neurologie und Psychiatrie 52(1919), S. 273-298

4. a) *Rechenschwäche besteht als organische, zerebrale Dysfunktion verschiedener Ätiologie.*
   b) *Sie besteht ohne das Vorhandensein vergangener oder akuter organischer bzw. neurologischer Schwächen von Gewicht.*

Forschungen zu Lernschwierigkeiten allgemein und zu extremen Lernschwierigkeiten (z. B. Legasthenie oder Dyskalkulie) in den letzten Jahren belegen immer eindrucksvoller, daß sich diese Schwierigkeiten nicht (allein) auf individuelle „Schwächen" des Schülers zurückführen lassen, sondern ebenso mit einer fehlenden *Passung* des Lernangebotes auf den aktuellen Entwicklungsstand des Kindes zusammenhängen (vgl. z. B. BRÜGELMANN 1991; GRISSEMANN 1984; WEMBER 1991; WITTOCH 1991). Von einer fehlenden Passung des Lernangebotes kann zum Beispiel gesprochen werden, wenn der kognitive Entwicklungsstand des betreffenden Kindes ungenügend berücksichtigt wird. Das Kind bekommt dann nicht nur zu wenig Zeit zum Lernen eingeräumt, sondern soll Aufgaben auf einer Ebene lösen, die es für diese Aufgaben unter Umständen noch nicht beherrscht. So wird ein verständnisvolles Bearbeiten der Aufgaben behindert. Eine Beziehung zum bisherigen Wissen wird nicht hergestellt und Strukturen können nicht erkannt werden.

Das Krankheitsverständnis von Legasthenie und Dyskalkulie ist nicht haltbar und sollte aufgegeben werden. Sie können als Oberbegriffe für verschiedenartig verursachte - z. B. durch didaktische und lebensgeschichtliche Zwischenfälle, auch im Zusammenhang mit organischen Erschwerungen - und in Erscheinung tretende Lernerschwerungen im Bereich des Lesens und Schreibens bzw. der Mathematik verwendet werden (GRISSEMANN 1984). GRISSEMANN, WEBER (1982, S. 57 ff.) geben folgende Ursachen für Rechenschwäche an:
- kongenitale Ursachen[12],
- neuropsychologische Ursachen[13],
- soziokulturelle und familiäre Bedingungen,
- schulische Ursachen[14],
- neurotisch-psychogene Ursachen[15].

---

12 Diese Ursachen gehen u. a. auf Untersuchungen WEINSCHENKS (1970) zurück. Sie sind diagnostisch jedoch schwer nachweisbar und therapeutisch kaum relevant.
13 Zu diesen Ursachen zählen die oben beschriebenen Teilleistungsschwächen.
14 Hierunter sind die Ursachen zu verstehen, die erst durch die Schulsituation wirksam werden, z. B. mangelnde Beschulungskontinuität, Vorkenntnislücken, unterrichtliche Qualitätsmängel.
15 Bei neurotischen Entwicklungen können sich neben der Leistungsproblematik weitere Störfaktoren ausbilden, z. B. Ängstlichkeit, Angstabwehrmechanismen (GRISSEMANN, WEBER 1982).

3.2 „Rechenschwäche" als extreme Form von Lernschwierigkeiten

Oft wird eine Einteilung in primäre Ursachen (hirnorganische, genetische oder physiologische Schädigungen) und sekundäre Ursachen (Leistungsblockaden aufgrund psychischer und sozialer Konfliktsituationen) versucht und entsprechend des Schwerpunktes der Ursachen eine Unterscheidung in primäre, neurogene Rechenstörungen und sekundäre, psychogene Rechenstörungen vorgenommen (vgl. MILZ 1988; SCHÖNIGER 1989; SCHILLING, PROCHINIG 1988). Das erste geht auf einen neuropsychologischen Ansatz zurück. Eine Rechenschwäche dieser Art zeigt sich von Anfang der Beschulung an und wird auf neurologische Entwicklungsstörungen oder -verzögerungen in Form von Teilleistungsschwächen zurückgeführt. Eine psychogene Rechenschwäche geht auf einen tiefenpsychologischen Ansatz zurück und kann durch motivationale und soziale Aspekte sowie durch grobe didaktische Mängel sowohl von Anfang an sichtbar werden als auch im Laufe der Schulzeit „erworben" werden. Zusammenfassend kann bestenfalls formuliert werden, daß Hirnschäden eine Rechenschwäche durchaus mitverursachen können. Aber in den wenigen bisher durchgeführten empirischen Untersuchungen hatten die meisten Kinder mit Rechenschwäche keinen nachweisbaren Hirnschaden (vgl. LOBECK 1990). Da ähnliche Resultate auch in der Legasthenieforschung vorliegen (vgl. VALTIN 1970), hat die Frage der hirnorganischen Störungen für extreme Lernschwierigkeiten vermutlich nur eine untergeordnete Bedeutung.

Die Diskussion der Positionen soll folgendes deutlich machen:

Rechenschwäche kann umgangssprachlich als Bezeichnung für *extreme Lernschwierigkeiten im Mathematikunterricht* aufgefaßt werden, deren Ursachen nicht im Schüler allein zu sehen sind, sondern ebenso im Umfeld des Schülers liegen. Für eine Rechenschwäche kommen damit nicht besondere Ursachen in Frage, sondern diese liegen in gleichen Bereichen wie bereits beschriebene Ursachen für Lernschwierigkeiten (vgl. Kapitel 2). Das bedeutet, daß erst durch eine ungenügende Beachtung der Lernvoraussetzungen des Schülers in bezug auf fachspezifische Besonderheiten des Mathematikunterrichts und didaktischen Konzepten des Lehrers Schwierigkeiten beim Erwerb mathematischer Inhalte und Fähigkeiten auftreten

Rechnen ist im weiten Sinne als eine komplexe Leistung aufzufassen und nicht auf ein Operieren mit Zahlen einzuengen. Im Mathematikunterricht der Grundschule geht es insgesamt darum, daß - parallel zu Wissen und Fertigkeiten - Fähigkeiten und Verhaltensweisen ausgebildet werden, auf deren Grundlage der Schüler die Bedeutung und die Anwendbarkeit von Mathematik in Situationen des täglichen Lebens erfahren kann. Neben Schwierigkeiten im Rechnen können sich u. a. weitere massive Probleme zeigen im
- Erfassen des Zahlbegriffs in seinen unterschiedlichen Aspekten,

- Erfassen des Zahlenraumes bis 1000 und darüber hinaus,
- Erfassen und Nutzen von Zahlbeziehungen,
- Erfassen und Nutzen mathematischer Gesetzmäßigkeiten,
- sachgemäßen Umgang mit der mathematischen Symbolik,
- Anwenden mathematischer Erkenntnisse in Sachsituationen,
- Erfassen quantitativer und qualitativer Beziehungen,
- Wahrnehmen, Vorstellen und Darstellen geometrischer Sachverhalte.

Bei Rechenschwäche geht es nicht um Schwächen im engeren Sinne, sondern um Schwächen im mathematischen Bereich. Aufgrund (noch) fehlender Voraussetzungen ist der Schüler nicht in der Lage, grundlegende mathematische Begriffe, Operationen und Strukturen einerseits und spezifische Strategien andererseits zu (re-)konstruieren. Dadurch kann bei ihm ein Verständnis für Mathematik zeitweise (oder dauerhaft) massiv behindert sein. In diesem Fall ist es sinnvoll von einer *Mathematikschwäche* zu sprechen. MAGNE (1989) schlägt als umfassenderen Begriff für dieses Phänomen *dysmathematica* vor. „I suggest that *dysmathematica* is an appropriate modern term for the low achievement in mathematics of a person at a given occasion or during a defined period of his/her life manifesting itself as performance below the standard of the age group of this person or below his/her own abilities. The low achievement may be a consequence of inadequate cognitive, affective, volitional, motor or sensory etc. development" (MAGNE 1989, S. 85; Hervorhebung dort).

Ein solches Begriffsverständnis macht deutlich, daß für betroffene Schüler eine Hilfe auf eng begrenzter curricularer Ebene nicht ausreichend ist, um vorhandene Probleme zu verringern oder zu beseitigen. Mathematiklernen ist als ein Entwicklungsprozeß aufzufassen. Es müssen bestimmte Voraussetzungen vorhanden sein, um mit Erfolg Mathematik zu lernen, dann können entprechende Inhalte vom Schüler „aufgebaut" werden. Hilfen sind somit in zwei Richtungen notwendig - Arbeit an den Voraussetzungen *und* an den Inhalten.

Für Untersuchungen zum Verhindern bzw. Überwinden einer Mathematikschwäche halten wir im weiteren ein ähnliches Vorgehen für erfolgversprechend, wie es BRÜGELMANN (1991, S. 169) in seinem Beitrag zum Schriftspracherwerb vorschlägt und das zu einem neuen Verständnis von Legasthenie führen kann. „Verbunden mit dieser theoretischen Umorientierung sind auch inhaltlich andere Untersuchungsschwerpunkte, die sich mit zwei Stichworten auf einen knappen Nenner bringen lassen:
 *von der Forschung über Lehrmethoden zur Untersuchung von Lernprozessen;
 *von der Konzentration auf eine abgesonderte LRS- und Legasthenieforschung zu umfassenderen Untersuchungen des Erwerbs der Schriftsprache und ihrer sachlogischen Schwierigkeiten".

3.2 „Rechenschwäche" als extreme Form von Lernschwierigkeiten

Das Kind wird zunehmend mehr als aktiver Konstrukteur seines Wissens und seiner Erfahrung begriffen, dessen Lernprozeß in einen sozialen Kontext eingebettet ist. Eine Zunahme von Wissen und Erfahrungen vollzieht sich dabei nicht quantitativ im Sinne einer Anhäufung von Einzelerkenntnissen, sondern in qualitativen Veränderungen im Zugriff auf den jeweiligen Gegenstand (BRÜGELMANN 1991; VALTIN 1986). Dabei geht es nicht nur um größeres Wissen, sondern vor allem um einen höheren Verallgemeinerungsgrad.

Für unsere weiteren Untersuchungen bedeutet das, daß Lernschwierigkeiten des Kindes immer in enger Verbindung von Entwicklungsbesonderheiten des jüngeren Schulkindes in ihrer individuellen Ausprägung, fachspezifischen Besonderheiten des Mathematikunterrichts und didaktischen Konzepten analysiert werden. Dabei wenden wir uns in dieser Arbeit insbesondere den kognitiven Fähigkeiten bei der Aufnahme, Verarbeitung und Speicherung mathematischer Informationen zu. Eine Eingrenzung ist in dieser Arbeit notwendig und scheint uns für die theoretischen Untersuchungen insofern gerechtfertigt, da in vielen Untersuchungen zu Lernschwierigkeiten zum einen in diesen kognitiven Voraussetzungen der Schüler und der ungenügenden Passung des Unterrichts hauptsächliche Ursachen für Schwierigkeiten gesehen werden, zum anderen in der Entwicklung dieses Bereiches aber auch große Potenzen zum Verhindern bzw. Überwinden von Lernschwierigkeiten liegen (vgl. auch KRÜLL, 1994).

3.3 Kognitive Ursachen für Lernschwierigkeiten und Möglichkeiten ihres Erkennens

In den vorangegangenen Abschnitten dieser Arbeit wurde deutlich, daß wir Mathematiklernen als einen Entwicklungsprozeß auffassen, in dem jeder Lernende seinen Lerngegenstand aktiv strukturiert und rekonstruiert. In diesem Sinne lassen sich Lernschwierigkeiten nicht auf im Schüler liegende Defekte zurückführen, wie Funktionsschwächen, die ein erfolgreiches Lernen verhindern. Sie lassen sich vielmehr auf den gegenwärtigen Entwicklungsstand des Schülers im spezifischen Lernprozeß beziehen, dem die jeweiligen Lernanforderungen nicht angepaßt sind. Ein Auseinanderklaffen von Voraussetzungen und Lernanforderungen führt dazu, daß betreffende Schüler inadäquate Strategien einsetzen und Beziehungen zu ihrem bisherigen Wissen (deklarativer und prozeduraler Art)[16] nicht herstellen und nutzen können.

An anderer Stelle wurde schon auf einen Entwicklungsunterschied von bis zu vier Jahren innerhalb einer Jahrgangsklasse hingewiesen. Ausgehend von Entwicklungsbesonderheiten des jüngeren Schulkindes (Abschnitt 2.1) und Besonderheiten des mathematischen Lehr- und Lernprozesses (Abschnitt 3.1) lassen sich kognitive Voraussetzungen benennen, die maßgeblich über Erfolg und Mißerfolg beim Mathematiklernen mitentscheiden. Zu diesen Voraussetzungen zählen wir kognitive Leistungen hinsichtlich *Abstraktion, Vorstellung, Konzentration* und *Gedächtnis*. Welche Bedeutung ihnen im mathematischen Lehr- und Lernprozeß zukommt, läßt sich am Beispiel der vier Phasen des Aufbaus und des Verinnerlichungsprozesses mathematischer Operationen nach AEBLI darstellen (vgl. AEBLI 1978, S. 137 ff. u. S. 162 ff.; GRISSEMANN, WEBER 1982, S. 41 ff.; LORENZ 1990a, S. 134 ff.). Dieses didaktische Modell kann stellvertretend für Aufbau und Verinnerlichung mathematischer Begriffe im Grundschulunterricht stehen (vgl. auch LORENZ 1993).

1. Phase: Aufbau einer Operation über Handlungen an konkreten Materialien

In dieser Phase erfolgt der effektive Vollzug von Handlungen an konkreten Materialien. Die Handlungen werden so ausgewählt, daß die Operation in ihnen als „logisch-strukturelles" Skelett enthalten ist (GRISSEMANN, WEBER 1982, S. 42). Dabei wird zum Teil mit wirklichen Gegenständen, bei manchen Inhalten mit manipulierbaren Gegenstandssymbolen gearbeitet. Die Aufmerksamkeit der Schüler wird vom komplexen Handlungsgeschehen auf ein Handlungsschema gelenkt. Eine solche Fokussierung der Aufmerksamkeit erfolgt nicht automa-

---

[16] Deklaratives Wissen ist Wissen über Sachverhalte. Prozedurales Wissen ist Wissen, das der Ausführung von Fertigkeiten zugrunde liegt (WEIDEMANN 1986).

tisch. „Zurück bleibt eine abstrakte Handlung, die wir 'Operation' nennen. Dem Verlust an Konkretheit steht ein wesentlicher Gewinn gegenüber. Unter dem gewählten Gesichtspunkt ist die Handlung durchsichtig geworden" (AEBLI 1978, S. 136). Zu diesem Verständnis des *Kerns der Handlung* muß jeder Schüler kommen, will er die nächsten Phasen meistern. Einzelne Teilschritte der Handlungen müssen auch in dieser Phase schon vorgestellt werden können - zum einen, um die Handlungsschritte nacheinander zu planen und auszuführen (visuelle Antizipation), zum anderen, um sich an die gesamte Handlung visuell zu erinnern. „Auch nachdem die manipulierten Gegenstände aus der Hand gelegt sind, soll der Schüler auf seine Handlungen 'zurückblicken', das heißt, sie in seine visuelle Vorstellung zurückholen können" (LORENZ 1990a, S. 136).

2. Phase: Bildliche Darstellung einer Operation

In dieser Phase wird die Operation bildlich dargestellt. Die Schüler müssen entsprechende Bilder richtig interpretieren können. Dazu gehört u. a., daß sie sich zu einem zweidimensionalen, statischen Bild den gesamten Operationsablauf visuell vorstellen und sprachlich wiedergeben können. Ein Bild enthält nicht mehr alle Details, sondern vereinbarte Vereinfachungen. Auch der umgekehrte Weg ist in dieser Phase wichtig: Der Schüler stellt selbst die vorstellungsmäßig erinnerte Operation bildlich dar. „Zudem ist ein anschauungsmäßiges Korrelat abstrakter Natur auszubilden, denn die in verschiedenen Zeichnungen und Bildern eingefangene arithmetische Operation soll ja nicht nur konkret beschrieben und erinnerbar sein, sondern als visuelles Schema für sämtliche strukturgleichen Darstellungen verfügbar werden. Das Anschauungsbild muß damit keineswegs mehr die bezeichneten Objekte in irgendeiner Weise 'abzubilden' versuchen, sondern kann auch 'isomorph' dazu sein" (LORENZ 1990a, S. 152).

3. Phase: Symbolische Darstellung einer Operation

In dieser Phase erfolgt die Darstellung einer Operation mit vereinbarten Symbolen, zum Beispiel in Form von Zifferngleichungen ohne anschauliche Stützen. Das setzt voraus, daß Ziffern und Zeichen in ihrer Bedeutung erfaßt werden konnten, indem sie sowohl den Handlungen als auch den bildlichen Darstellungen richtig zugeordnet wurden. Die Bedeutung der Zeichen muß erlernt und verstanden sein. In Gleichungen werden entsprechende Zeichen dann zu Bedeutungsträgern. Die Leistung des Schülers besteht darin, sich die konkrete Bedeutung einer Operation zu vergegenwärtigen, auch wenn die anschauliche Stütze fehlt.

4. Phase: Automatisierung im Zeichenbereich

Auf der Grundlage von Verständnis erfolgt in dieser Phase eine Automatisierung im Zeichenbereich. Diese Automatisierung ist notwendig, um einen flüssigen Ablauf von Operationen bei Anwendungen zu gewährleisten und Konzentration und Kurzzeitgedächtnis zu entlasten. Eine Automatisierung kann zum Aufbau deklarativen Wissens (Einspluseins und Einmaleins) oder prozeduralen Wissens (Algorithmen für schriftliche Rechenverfahren) führen.

Immanenter Bestandteil eines solchen didaktischen Vorgehens sind vielfältige *Anwendungen*, bei denen eine Operation in verschiedenen Situationen vollzogen werden muß (zum Beispiel im Sachrechnen). Dazu müssen die Situationen richtig interpretiert werden, um zu entscheiden, welche Operation relevant ist. Ein wichtige Kontrolle für das Verständnis einer Operation ist das Hin- und Herübersetzen zwischen den Darstellungsformen. Selbst nach der Automatisierung ist es von Zeit zu Zeit notwendig, einen Rechenweg zu begründen, eine Operation bildlich oder gegenständlich darzustellen.

In den folgenden Abschnitten wollen wir die Bedeutung von Abstraktion, Vorstellung, Konzentration und Gedächtnis für erfolgreiches Mathematiklernen genauer umreißen und zugleich deutlich machen, wie sich Schüler mit Lernschwierigkeiten in diesen Bereichen von den erfolgreich Lernenden unterscheiden. Dabei handelt es sich nicht um angeborene oder einmal erworbene Eigenschaften, die in jeder Situation zur Verfügung stehen, sondern um ein *aktuelles Können in einer aktuellen Situation*. Dieses Können muß ständig weiterentwickelt, gefördert und abverlangt werden, da es sonst nicht zur Verfügung steht. Es sind keine einzelnen Fähigkeiten, sondern ein ganzer Komplex von Teilfähigkeiten. Zum Beispiel ist in den genannten Bereichen Wahrnehmung als eine wichtige Teilfähigkeit enthalten, ohne daß wir jedesmal explizite darauf hinweisen.

3.3.1 Abstraktion

Abstraktion ist ein Prozeß, in dem in einer besonderen Hinsicht bedeutsame Merkmale isoliert und herausgehoben (*positive Abstraktion: etwas abstrahieren*) und andere weggelassen (*negative Abstraktion: von etwas abstrahieren*) und damit als unwesentlich in dieser Hinsicht gekennzeichnet werden. Sie setzt immer eine Hinsicht voraus, in der sie erfolgt (MÜLLER, HALDER 1988, S. 8). Diese Hinsicht kann *individuell selbst bestimmt oder von außen vorgegeben* sein. In der kognitiven Psychologie wird der Abstraktion eine wesentliche Rolle bei der Informationsaufnahme, -verarbeitung und -speicherung beigemessen. „Von den Sinnesorganen aufgenommene Informationen können auf zumindest zwei verschiedene Weisen abstrahiert werden. Die eine besteht in der Auswahl von nur einem Teil der Information und der Vernachlässigung des Rests. Die andere benutzt das Klassifizieren der Eingabe in allgemeine Kategorien. Beide Möglichkeiten sind abstraktiv in dem Sinn, als die daraus entstehenden Repräsentanten Kodierungen darstellen, die das Eingabematerial in gedrängter oder verkürzter Form bewahren" (POSNER 1976, S. 155).

Abstraktionen sind notwendig, um mögliche Strukturierungen zu erkennen und aufzudecken oder vorzunehmen. Sie sind zum einen Grundlage für Begriffsbildungen, wenn es darum geht, „gemeinsame Züge in Dingen und Ereignissen zu entdecken und zu abstrahieren, obgleich es sich um ganz verschiedene Dinge und Ereignisse handelt" (POSNER 1976, S. 82; vgl. auch SKEMP 1991). Zum anderen sind sie wichtige Voraussetzungen zum Verarbeiten und Speichern von Informationen im Gedächtnis. ROST (1980) spricht in diesem Zusammenhang von *Wissenserweiterung durch Abstraktion*. Er versteht darunter das Zusammenfassen mehrerer kleinerer Bedeutungseinheiten (Propositionen) zu einer allgemeineren Bedeutungseinheit, die die anderen in sich aufhebt.[17]

Während über die Rolle von Abstraktion bei der Begriffsbildung in Philosophie, Psychologie und zum Teil auch in der Fachdidaktik oft kontroverse Diskussionen geführt wurden[18], wird ihre Bedeutung als Bestandteil analytischer Strategien in neuerer Literatur der Kognitionspsychologie wieder betont. Dabei geht es um Mustererkennung auf der Grundlage einer Merkmalsanalyse (vgl. ANDERSON 1989, S. 47 ff.; WESSELLS 1990, S. 60 ff. u. S. 233 ff.). „Da die Abstraktion gemeinsamer Merkmale uns oft die Regelhaftigkeiten in unserer Umwelt erken-

---

[17] Auf den Zusammenhang von Abstraktion und Gedächtnis wird an anderer Stelle der Arbeit noch eingegangen.
[18] Auf diese Diskussion kann im Rahmen der Arbeit nicht eingegangen werden. Einen interessanten Überblick über fachdidaktische Modelle zur Rolle von Abstraktionen im Mathematikunterricht findet man z. B. bei STEINER (1973).

nen läßt, ist es auch nicht weiter verwunderlich, daß man bei seinen Alltagsproblemen häufig analytische Strategien verwendet" (WESSELLS 1990, S. 233).

Unter *Abstraktion* fassen wir in dieser Arbeit sowohl *Abstrahierenkönnen* unter verschiedenen Gesichtspunkten als auch *Auswahl oder Annahme zu abstrahierender Merkmale*. Demzufolge sind immer zwei Seiten zu beachten:
- Ist das Kind in der Lage, *wesentliche Gesichtspunkte* in bezug auf eine Aufgabe oder Situation *zu bestimmen bzw. anzuerkennen?*
- Ist es in der Lage, *Abstraktionen* bezüglich dieser als wesentlich erachteten Gesichtspunkte *vorzunehmen?*

Die Notwendigkeit einer starken Beachtung von Abstraktionen im Mathematikunterricht der Grundschule ergibt sich aus der Besonderheit der Mathematik, oft in prononcierter Weise von allen Qualitätsmerkmalen abzusehen und sich den Quantitäten zuzuwenden, und aus der Entwicklungsbesonderheit des Grundschulkindes, da abstraktes Denken erst in Ansätzen entwickelt ist. „Mathematics is much more abstract than any of the other subjects which children are taught at the same age, and this leads to special difficulties of communication" (SKEMP 1991, S. 50). Die gängige Methodik des arithmetischen Anfangsunterrichts steigt deshalb „vom konkreten Handeln zur Abstraktion im Sinne von inneren Bildern auf ..." (LORENZ 1990c, S. 83).

Abstraktion spielt im Mathematikunterricht der Grundschule bei fast allen Inhalten eine Rolle, zum Beispiel beim Aufbau eines mathematischen Begriffssystems, beim Lösen von Aufgaben ohne und mit Anwendungsbezug, beim Erkennen und Ableiten von Regeln, beim Umrechnen von Größen, beim Erkennen geometrischer Figuren. Auf einige Beispiele soll im weiteren näher eingegangen werden.

Zur Begriffsbildung im Mathematikunterricht

Im Mathematikunterricht der Grundschule lernen die Kinder mehrere hundert Begriffe (auch im Sinne von Aussagen, Verfahren etc.) kennen (LORENZ 1982). Wir sehen Abstraktion als ein grundlegendes Moment der Begriffsbildung (oder besser der Begriffsentwicklung[19]). Sie ist immanenter Bestandteil des Konstruktionsprozesses zum kognitiven Aufbau von Begriffen aus (Teil-)Inhalten der Wahrnehmung oder des Denkens. Einzelne Bestimmungen (Merkmale, Elemente, Eigenschaften, Zustände, Abhängigkeiten) von objektiv existierenden

---

19 *Begriffsentwicklung* soll hier und im weiteren umfassender verstanden werden als *Begriffsbildung*. Sie schließt nicht nur den Bildungsprozeß ein, der mit einer ersten Konstruktion des Begriffs abgeschlossen sein könnte, sondern umfaßt auch den Prozeß der Verinnerlichung und des verständigen Anwendens.

oder auch nur gedachten Objekten, Situationen, Handlungen werden zum Aufbau eines kognitiven Konstrukts (Begriffs) herangezogen (PESCHEK 1989, S. 236; vgl. auch VOLLRATH 1984). „Abstraktion ist in dieser Sicht immer auch ein Prozeß selektiver Konstruktion insofern, als bestimmte Wahrnehmungs- oder Denkinhalte besonders hervorgehoben (zum Begriff erhoben) werden, andere Bestimmungen hingegen nicht zur Begriffsbildung herangezogen werden" (PESCHEK 1989, S. 236).

Dieser Gedanke bedarf in Lernprozessen besonderer Aufmerksamkeit, weil erstens alle Ausgangselemente im Wissen des Begriffsbildners vorhanden sein müssen, damit sie auch ausgewählt werden können, und zweitens die Aufmerksamkeit auf diese Ausgangselemente in irgendeiner Weise gelenkt werden muß (Aufmerksamkeitsfokussierung). Gerade dieser zweite Aspekt veranlaßt viele Psychologen und Fachdidaktiker zu Zweifeln an der Rolle von Abstraktion im Begriffsbildungsprozeß. Sie halten dagegen, daß man den Begriff schon besitzen muß, um zu wissen, was wesentlich ist (vgl. u. a. AEBLI 1981; BUSSMANN 1981). In schulischen Lernprozessen kann aber davon ausgegangen werden, daß in jedem Fall eine Aufmerksamkeitsfokussierung stattfindet. Diese ist in hohem Maße abhängig von Situationskontext und sozio-kulturellem Umfeld, von Vorerfahrungen, Erkenntnisinteressen und den aktuell verfügbaren kognitiven Mitteln des Lernenden (PESCHEK 1989). Der schulische Begriffsbildungsprozeß verläuft gegenüber dem allgemeinen Begriffsbildungsprozeß in der Regel verkürzt und gelenkt.

In Abhängigkeit vom zu bildenden Begriff und dem entsprechenden Vorgehen lassen sich empirische und theoretische Abstraktion unterscheiden. Diese Unterscheidung findet man bei mehreren Autoren. Sie trägt vorwiegend psychologischen, aber auch erkenntnistheoretischen Charakter. Eine Differenzierung dieser Art wählen zum Beispiel RUBINSTEIN (1972 u. 1977) und DAWYDOW (1977). PIAGET (1973) trifft eine Unterscheidung in einfache und reflektive Abstraktion. Eine Gegenüberstellung und Diskussion der Theorien unter fachdidaktischer Sicht findet man bei PESCHEK (1988 u. 1989). Wir wollen im folgenden nur eine kurze Begriffsklärung vornehmen, um anschließend Besonderheiten der Abstraktion bei jüngeren Schulkindern besser zu verdeutlichen.

Empirische Abstraktion bezieht sich auf Objekte und die an ihnen (sinnlich) wahrnehmbaren Merkmale. Sie ist darauf gerichtet, die Merkmale eines Objektes mit Hilfe der Sinne zu erfassen und kognitiv zu (re-)konstruieren. „Dieses kognitive Konstrukt, das sich sowohl grundsätzlich als auch in der Anzahl der Merkmalsausprägungen vom 'realen' Objekt unterscheidet, können wir als *Abstraktum* bezeichnen, denn es ist das Produkt eines Prozesses der Aufmerksamkeitsfokussierung, der Wahrnehmung und der kognitiven Konstruktion, eines Prozesses also, den ich *empirische Abstraktion* nenne" (PESCHEK 1989, S. 237; Hervorhebung dort). Empirische Abstraktion führt zu empirischen Begriffen und ermöglicht Klassifizierungen nach sinnlich wahrnehmbaren Merkmalsausprägungen.

Beispiel: Viereck

Den Begriff *Viereck* kann man empirisch gewinnen, indem viele Gegenstände betrachtet werden und die Aufmerksamkeit in irgendeiner Weise auf die Flächenformen gelenkt wird. Die Flächenformen werden verglichen, Gemeinsames herausgesucht (vier Ecken, vier Seiten). Solche viereckigen Flächen können dann in der Umwelt wiedererkannt werden. Gegenstände lassen sich nach der Form ihrer Begrenzungsflächen ordnen. Von anderen sinnlich wahrnehmbaren Merkmalen wie Farbe, Größe, Lage, Länge der Seiten u. ä. wird abstrahiert (negative Abstraktion). Besondere Probleme bereiten den Schülern zum Beispiel konkave Vierecke, wenn es ihnen nicht gelingt, von allen anderen Merkmalen zu abstrahieren.

Theoretische Abstraktion bezieht sich auf Handlungen, deren Durchführung und Ergebnisse, sowie auf die dadurch hergestellten Beziehungen. „Andere Aspekte, und hier gerade sinnlich wahrnehmbare besondere Eigenschaften der Handlungsteilnehmer, werden kognitiv nicht (re-)konstruiert. Was dadurch herausgearbeitet und besonders hervorgehoben wird, ist ein Konstrukt, das wir als Schema der Handlung oder deren Struktur wie auch als Schema und Struktur der durch Handlungen hergestellten Beziehungen ansehen können" (PESCHEK 1989, S. 248).

Beispiel: Kommutativität der Addition

Das *Kommutativgesetz der Addition* läßt sich anhand von Gegenständen konstruieren, die auf unterschiedliche Weise zusammengefaßt (zusammengezählt) werden. Die Aufmerksamkeit muß sich in diesem Falle auf die mit den Gegenständen durchgeführten Handlungen richten. Die Beziehung, die über diese Handlungen erfaßt werden muß, ist unabhängig von sinnlich wahrnehmbaren Eigenschaften der Gegenstände wie Größe, Farbe, Form. In jedem Falle geht es um ein unterschiedliches Zusammenfassen (Zusammenzählen) der Gegenstände bei gleichbleibendem Ergebnis.

In beiden Fällen *(empirische und theoretische Abstraktion)* handelt es sich um einen konstruktiven Reflexionsprozeß (auf eine Wahrnehmungstätigkeit bzw. auf eine Handlung) - abhängig vom augenblicklichen Erkenntnisinteresse und von den individuell entwickelten kognitiven Mitteln - und nicht bloß um ein Weglassen von Merkmalen und Bedingungen, wodurch andere besonders hervorgehoben werden (PESCHEK 1989, S. 260 ff.). Das erklärt auch, daß jeder am Ende seinen *eigenen* Begriff gebildet hat. Solche individuell gebildeten Begriffe können sich bei verschiedenen Schülern erheblich voneinander unterscheiden *(wer mehr weiß, mehr Erfahrung hat, sieht mehr)*. „Wenn ein Schüler einen mathematischen Begriff anwendet, so ist dies sein ganz persönlicher Begriff, der mit dem 'objektiven' (und das soll heißen: mit dem durch die mathematische Definition oder den Konsens der Fachleute festgelegten Begriffsinhalt) möglicherweise nur den Namen - oder gerade den nicht - gemeinsam hat. Der Beobachter stellt dann nur fest, daß der Schüler zum Beispiel in einer Serie von Aufgaben bei einigen zum richtigen und bei anderen zu einem falschen Ergebnis gelangt" (HASEMANN 1986, S. 7).

Sowohl empirische als auch theoretische Abstraktion haben im Mathematikunterricht der Grundschule ihre Berechtigung, wenn man spezifische Besonderheiten im Denken jüngerer Schulkinder berücksichtigt. Da sich mathematisches Erkenntnisinteresse jedoch weniger auf sinnlich wahrnehmbare Eigenschaften an einzelnen oder mehreren Objekten richtet, sondern vielmehr auf Beziehungen zwischen Objekten (die nicht unmittelbar sinnlich wahrnehmbar sind), kann bei empirischer Abstraktion nicht stehengeblieben werden. Sie kann nur erste Vermutungen und Anhaltspunkte für weiterführende Untersuchungen liefern. „Ganz allgemein kann man folglich die Begriffe der Intelligenz unmöglich als durch einfache Abstraktions- und Verallgemeinerungsprozesse direkt aus den Wahrnehmungen abgeleitet auffassen, denn außer perzeptiven Informationen enthalten sie immer zusätzlich auch spezifische Konstruktionen mehr oder weniger komplexer Natur. Im Falle der logisch-mathematischen Begriffe setzen sie eine ganze Reihe von Operationen voraus, die nicht von den wahrgenommenen Gegenständen, sondern von den auf die Gegenstände ausgeübten Aktionen abstrahiert werden, was nicht gleichbedeutend ist, denn jedes Tun kann extero- und propriozeptive Wahrnehmungen veranlassen, aber die Schemata dieser Aktionen sind nicht mehr wahrnehmbar" (PIAGET, INHELDER 1986, S. 56; vgl. auch GLASERSFELD 1987, S. 10 ff.).

Häufig ist es jedoch sinnvoll, zunächst Erfahrungen im Umgang mit einem Begriff zu sammeln, bevor er erneut zum Gegenstand des Denkens gemacht wird. WINTER (1983, S. 181 ff.) unterscheidet *vier* verschiedene Stufen der Begriffsentwicklung, die etwa durchlaufen werden, bevor ein Begriff sicher beherrscht wird: „Grundgedanke ist dabei, daß die Begriffsbildung, wenn sie erfolgreich sein soll, in (unstetigen) Stufen verläuft, wobei nicht nur eine quantitative Vermehrung, sondern auch qualitative Umwertung des Wissens geschieht und das Verständnis der Begriffe entsprechende Wandlungen durchläuft". Auf der *Phänomenstufe* entwickelt sich ein Vorverständnis für einen Begriff. Es erfolgt ein naiver Gebrauch von Begriffswörtern in Verwendungssituationen. Auf der *Stufe der Rekonstruktion* (oder Modellbildung) geht es um

Herstellungsverfahren in konkreten Situationen. Für einen Begriff werden Bilder, Wörter und Symbole geschaffen mit eigener Bedeutung, eine Beziehung zur konkreten Erfahrung darf dabei nicht verloren gehen. Auf der *Stufe der Systematisierung* erfolgt eine Einordnung in das vorhandene Wissen. Es wird eine genaue Begriffsbestimmung vorgenommen, in der Grundschule jedoch mittels Erläuterungen und nicht über Definitionen. AEBLI (1978, S. 206) spricht in diesem Zusammenhang vom Durcharbeiten eines Begriffes, damit die innere Struktur besser erkannt wird. Er darf nicht an den besonderen Bedingungen haften bleiben, in denen er eingeführt wurde: „Im Zuge eines solchen Durcharbeitens reinigen wir auch den Begriff von den Schlacken, die ihm von der ersten Erarbeitung her anhaften. Die wesentlichen Zusammenhänge treten in Klarheit hervor."

Auf der *Anwendungsstufe* geht es um den Aufbau einer kritischen Distanz zum gelernten neuen Begriff und um einen möglichen Transfer auf weitere Sachverhalte. Ein Begriff wird dadurch in seiner Bedeutung besser erfaßt. „Anwendungsaufgaben sind auch die besten Prüfungen für das Verständnis von Begriffen und Operationen. Ihre Anwendung gelingt dem Schüler nur dann, wenn ihm ihr inneres Wesen, ihre Struktur, ganz klar und durchsichtig ist" (AEBLI 1978, S. 207). In unserem Verständnis geht es hierbei um Anwendungen in neuen Zusammenhängen, denn auch auf den anderen Stufen wird ein neuer Begriff beim Lösen von Aufgaben angewendet und somit besser erfaßt und gefestigt.

Eine solche Stufung macht deutlich, daß Begriffsentwicklung immer abhängig ist von den *Vorerfahrungen* und den *kognitiven Aktivitäten* des einzelnen. Sie kann nicht durch einen einmaligen einfachen Abstraktionsprozeß geleistet werden. Abstraktion (relevante Merkmale bezüglich einer Aufgabe oder Situation zu bestimmen und entsprechend zu abstrahieren) ist damit sehr *bereichsspezifisch*. Die Kenntnis der Stufen erleichtert eine Einschätzung des Standes einzelner Schüler und ihrer Schwierigkeiten im Lernprozeß. Bei unzureichender Begriffsentwicklung können Begriffe zu eng gefaßt sein (zum Beispiel werden geometrische Begriffe nur in Abhängigkeit von einer bestimmten Lage des Objektes verwendet: In einer zweiten Klasse wurde ein Quadrat, deren Seiten nicht parallel zum Heftrand lagen, als solches nicht mehr identifiziert, sondern als „Karo" bezeichnet - vgl. LORENZ 1982) oder zu weit (zum Beispiel werden nach der Behandlung des Quadrates alle Vierecke als Quadrate bezeichnet oder der Begriff wird auch auf Würfel angewendet, ohne ihn nur auf eine Seitenfläche des Würfels zu beziehen).

Scheinbare Mängel in der Abstraktion, die sich zum Beispiel in einer unzureichenden Begriffskenntnis zeigen, lassen sich einerseits oft auf unzureichende

Vorkenntnisse über den Begriff zurückführen, so daß für diesen Schüler die Phänomenstufe zu schnell verlassen wurde. Andererseits lassen sie sich auch darauf zurückführen, daß die erwarteten kognitiven Aktivitäten, die zur Erarbeitung eines Begriffs notwendig waren, nicht dem Entwicklungsstand des Schülers entsprachen. BRUNER (1973, S. 44) formulierte dazu: „Ein Kind bestimmten Alters in einem Lehrgegenstand zu unterrichten bedeutet, die Struktur dieses Gegenstandes in der Art und Weise darzustellen, wie das Kind Dinge betrachtet. Man kann dies als eine Übersetzungsaufgabe ansehen". Ist ein Begriff nicht bzw. nur unvollständig erfaßt, kann eine Ablösung von der Anschauung nicht gelingen. Es erfolgen ständige Rückgriffe auf Gegenstandsmanipulationen. Beziehungen zu anderen Begriffen können nicht hergestellt werden bzw. es gelingt keine selbständige Anwendung des Begriffs in neuen Situationen. Es werden ihm Merkmale zugeschrieben, die für diesen Begriff nicht typisch sind, zum Beispiel eine bestimmte Lage, äußere Auffälligkeiten u. ä.

Kinder mit Lernschwierigkeiten neigen dazu - ähnlich wie jüngere Kinder - sich an äußeren, auffallenden Merkmalen zu orientieren. Es fällt ihnen schwer, gedanklich Eigenschaften und Bestandteile von Objekten oder Situationen hervorzuheben und Zusammenhänge zwischen ihnen zu erfassen. Das erklärt auch, warum Beziehungsbegriffe größere Probleme bereiten. Bei diesen Begriffen geht es nicht um Erfassen und Beschreiben einzelner Merkmale an einzelnen Objekten, sondern um ein Inbeziehungsetzen von Merkmalen an mehreren Objekten und Erkennen von Veränderungen (vgl. auch BRUNER 1971, S. 207 ff.). Kinder mit Lernschwierigkeiten unterscheiden sich von erfolgreich lernenden Schülern hinsichtlich der Menge von erfaßten Merkmalen. Es gelingt ihnen (noch) nicht, ihr Denken zu dezentrieren und mehrere Aspekte einer Situation gleichzeitig in Betracht zu ziehen. Darin ähneln sie jüngeren Kindern, die sich nach PIAGET noch nicht in der Stufe der konkreten Operationen befinden (vgl. Kapitel 2). Diese Unterschiede in der Begriffsentwicklung wurden in vielen Untersuchungen an Kindern mit Lernschwierigkeiten (und an Kindern mit Rechenschwäche) nachgewiesen (GRISSEMANN, WEBER 1982; JOHNSON, MYKLEBUST 1976; MENTSCHINSKAJA 1974; RUBINSTEIN 1988; ZIELINSKI 1980).

Zu diesen (entwicklungsbedingten) Schwierigkeiten in der Abstraktion kommen noch die Besonderheiten mathematischer Begriffe, die im Abschnitt 3.1 dargestellt wurden. „Ist bei Realbegriffen wie 'Hund' oder 'rot' nur eine Abstraktionsstufe nötig, um von den Exempla zum Begriff zu kommen, so ist bei mathematischen Begriffen darüber hinaus und vorgängig schon eine Abstraktion nötig, um überhaupt zu den für den Begriff konstitutiven Exempla selbst zu gelangen. Denn hier kann - anders wie bei Realbegriffen - enaktiv oder ikonisch Repräsentiertes nicht selbst schon konstitutives Exemplum sein" (MAIER 1983, S. 31).

Begriffsentwicklung im Mathematikunterricht der Grundschule ist nicht nur ein wesentliches Moment des Unterrichts, sondern auch notwendig, um Aufgaben zu erfassen und zu lösen und um über mathematische Sachverhalte zu reflektieren. Die Schüler müssen eine große Anzahl von Bezeichnungen und Symbolen lernen und dabei von den vielschichtigen Bedeutungen der Umgangssprache absehen. Mathematische Fachsprache bedient sich auch der Umgangssprache, aber in normierter Weise. Das kann zusätzliche Probleme bereiten, insbesondere dann, wenn der Begriff nicht richtig erfaßt wurde (vgl. u. a. BRINKMANN 1969; LORENZ, RADATZ 1980; MAIER 1983; WINTER 1978). Es ergeben sich somit viele Fehlerquellen bei der Aufnahme und Verarbeitung dargebotener Informationen durch mangelndes Sprach- und Textverständnis (vgl. RADATZ 1980b; GINSBURG 1982). „Die meisten Schülerfehler sind Bilder individueller Problemlösungen im Mathematikunterricht. Sie zeigen, daß der Schüler bestimmte mathematische Begriffe, Techniken oder Probleme nicht im 'wissenschaftlich'-rationalen Sinne aufgefaßt und verarbeitet hat. Insofern kann die Analyse von Schülerfehlern Hinweise geben auf die Art und Weise, in der ein Schüler mathematische Probleme löst, seine individuellen Lernschwierigkeiten und sein Begriffsverständnis in aktuellen Situationen" (RADATZ 1980b, S. 218).

Um den Entwicklungsstand eines Schülers bei seiner individuellen Begriffsbildung zu erfassen und mögliche Probleme zu erkennen, eignen sich verschiedene Methoden, die bereichsspezifisch angewendet werden können. LURIJA (1982, S. 71-89) referiert folgende *Methoden zur Untersuchung der Begriffsentwicklung,* die Unterschiede zwischen Schülern deutlich werden lassen:

Methode der Begriffsbestimmung

Die Bedeutung eines Wortes ist zu bestimmen. Dabei lassen sich zwei Typen von Antworten unterscheiden. Der erste besteht darin, daß irgendein Merkmal, irgendeine Funktion des betreffenden Gegenstandes angegeben wird oder daß der Gegenstand in eine konkrete Situation einbezogen wird. Der zweite führt diesen Gegenstand in ein bestimmtes Begriffssystem ein, nennt einen entsprechenden Oberbegriff. Die Antworten ermöglichen eine Einsicht, welcherart Beziehungen (praktisch-anschauliche oder verbal-logische) zu einem Wort hergestellt werden und überwiegen. Obwohl die Antworten zunächst stark vom Alter abhängig sind, geben sie immer auch Aufschluß über das geistige Entwicklungsniveau. Kinder mit Lernschwierigkeiten bleiben oft dem Konkreten und sinnlich Wahrnehmbaren verhaftet (vgl. auch JOHNSON, MYKLEBUST 1976, S. 63 ff.).

3.3 Kognitive Ursachen für Lernschwierigkeiten

Methode des Vergleichens und Unterscheidens

Bei zwei Gegenständen, die verbal und/oder bildhaft gegeben sind, sollen Gemeinsamkeiten festgestellt werden. Bei diesem Aufgabentyp zeigt sich, daß es Kindern bedeutend leichter fällt, Unterschiede als Gemeinsamkeiten anzugeben (vgl. auch BRUNER 1971, S. 199 f.). Während Unterschiede zunächst auf wahrnehmbare Eigenschaften zurückgeführt werden können (empirische Abstraktion), müssen zum Finden von Gemeinsamkeiten oft erst Beziehungen zwischen den Gegenständen aufgedeckt werden. Zum Beispiel können beide Gegenstände auf eine abstrakte Kategorie gebracht werden (Bestimmen eines Oberbegriffes). Bei dieser Methode lassen sich verschiedene Schwierigkeitsstufen unterscheiden:
a) Beide Objekte (Wörter) beziehen sich deutlich auf eine einzige Kategorie.
b) Beide Objekte unterscheiden sich stärker voneinander. Die gemeinsame Kategorie muß durch Abstraktion von jenen konkreten Merkmalen gefunden werden, die die Objekte unterscheiden.
c) Das Vergleichen und Unterscheiden erfolgt unter Konfliktbedingungen. Es werden Objekte genannt, bei denen die Unterschiede weitaus größer sind als die Ähnlichkeiten. Sie sind durch praktische Gegenüberstellung in einer konkreten Situation eher in Beziehung zu setzen als durch Beziehen auf eine abstrakte Kategorie.

Klassifizierungsmethode

Diese Methode ist eine Fortsetzung der Methode des Vergleichens und Unterscheidens und kann in verschiedenen Varianten angewendet werden:
a) Methode „vom ausgeschlossenen Vierten"
   Es werden vier Objekte vorgegeben. Davon sollen drei zu einem gemeinsamen Begriff zusammengefaßt und das vierte Objekt, das nicht in diese Kategorie paßt, benannt werden. Bei dieser Aufgabe ist eine ähnliche Schwierigkeitssteigerung möglich wie bei der Methode des Vergleichens und Unterscheidens. Auch hier geht es in erster Linie darum, ob eine Klassifizierung nur nach äußeren, sinnlich wahrnehmbaren Eigenschaften (Form, Farbe, Größe u. a.) erfolgt oder eine gemeinsame abstraktere Kategorie gefunden wird.
b) Freie Klassifizierung
   Mehrere Objekte sollen in Gruppen sortiert werden. Mögliche Lösungen, die Einblick in die Denkstruktur des Kindes geben, wären
   - Klassifizierung nach äußerlich wahrnehmbaren Merkmalen,
   - Klassifizierung nach praktisch-anschaulichen Situationen, in denen die Objekte „auftreten",
   - Klassifizierung nach bestimmten gemeinsamen Kategorien, indem ein Merkmal abstrahiert wird.

Eine weitere Methode zur Untersuchung des individuellen Begriffsverständnisses von Schülern wird als *concept mapping* bezeichnet (vgl. HASEMANN 1991). Dabei erhalten Schüler Kärtchen mit Begriffsnamen, die nach eigenem Ermessen einander zugeordnet werden sollen. Unterschiedlich große Abstände zwischen den Kärtchen sollen deutlich machen, welche gut zueinander passen und welche wenig miteinander zu tun haben. Beziehungen sind durch Linien zu kennzeichnen, für zusammengehörende Begriffe ist eine Bezeichnung (Oberbegriff) zu finden. Es geht um das Sichtbarmachen eines Beziehungsnetzes, das sich der betreffende Schüler aufgebaut hat. Bei der Lösung solcher Aufgaben lassen sich zwei unterschiedliche Tendenzen beobachten. Zum einen werden die Kärtchen eher *kontext-orientiert* geordnet, das heißt orientiert an Sachsituationen, in denen die Begriffe eine Rolle spielen (das können auch unmittelbar vorher gelöste Anwendungsaufgaben sein). Zum anderen werden die Kärtchen *begriffs-orientiert* geordnet, das heißt orientiert an den zugrunde liegenden mathematischen Begriffen. Die Art der Strukturierung der *concept maps* ist stark davon abhängig, wie vertraut der Schüler mit dem jeweiligen Inhalt ist. Das heißt, aus der Art der vorgenommenen Strukturierung kann man auf das Verständnis des Schülers zurückschließen. In Untersuchungen wurde deutlich, daß Schüler gerade in der Anfangsphase der Erarbeitung eines Stoffes sehr häufig Handlungen als das zentrale Mittel zur Strukturierung verwenden - z. B. Was kann man damit tun? Was kann dabei rauskommen? (HASEMANN 1991, S. 9).

Alle diese Aufgabentypen eignen sich dazu, bestimmte kognitive Besonderheiten des Kindes zu erfassen.[20] Sie finden deshalb häufig in diagnostischen Tests Berücksichtigung. In Ergänzung mit der Beobachtung des Kindes im Lösungsprozeß geben sie Aufschluß darüber, *bei welchen Inhalten und auf welchem Niveau* das Kind in der Lage ist, geistige Operationen zu vollziehen und inwieweit es abstrahieren kann. Hinweise darauf gibt auch die Fähigkeit, zwischen den drei Repräsentationsebenen für Wissen (enaktiv, ikonisch, symbolisch) hin und herüber zu setzen. Bei Kindern mit Lernschwierigkeiten können diese Ebenen relativ unverbunden und beziehungslos nebeneinander bestehen. Unterschiedliche Ergebnisse der gleichen Aufgabe auf verschiedenen Ebenen führen deshalb auch nicht zu kognitiven Konflikten.

Bei den vorgestellten Methoden zur Überprüfung der Begriffsentwicklung bestehen oft erhebliche Unterschiede darin, ob das zu untersuchende Material in Form von Gegenständen, Bildern oder Symbolen (Zeichen oder Wörter) zur Verfügung steht. Bei Wörtern sind im Gegensatz zu Gegenständen die für eine

---

20 Beispiele für diese Aufgabentypen mit außer- und innermathematischen Inhalten sind in einer Aufgabensammlung zusammengestellt (SCHULZ 1994b). Anwendungsmöglichkeiten werden im Kapitel 4 beschrieben und diskutiert.

3.3 Kognitive Ursachen für Lernschwierigkeiten

Unterscheidung relevanten Merkmale nicht sofort „ablesbar". Sie müssen zum Vergleich erst reproduziert werden.

Zum Lösen von Aufgaben im Mathematikunterricht

Neben einer Begriffsentwicklung nimmt das Rechnen mit natürlichen Zahlen einen zentralen Platz im Mathematikunterricht der Grundschule ein. Hauptbedingung für die Lösung einer Rechenaufgabe ist es, die entsprechenden Aufgabenmerkmale wahrzunehmen, zu analysieren und im Hinblick darauf eine geeignete Strategie auszuwählen durch Vergleich mit im Langzeitgedächtnis gespeicherten Musteraufgaben und dazu passenden Strategien. Eine exakte Aufgabenanalyse ist Voraussetzung für eine Strategienfindung. Erst muß die abstrakte Struktur einer Aufgabe erkannt, bevor Lösungsprozeduren ausgewählt und abgearbeitet werden können. Zum Beispiel ist bei Additions- und Subtraktionsaufgaben im Bereich bis 100 eine Unterscheidung von Aufgaben mit und ohne Überschreiten eines Zehners zur Auswahl eines geeigneten Lösungsverfahrens sinnvoll. Mängel im Abstrahieren können ein Erfassen der Aufgabenstruktur behindern, so daß entweder nicht alle Merkmale erfaßt und entsprechend berücksichtigt oder Unterschiede in den Bedingungen verschiedener Aufgaben nicht beachtet werden. Das führt dann zu einer ungerechtfertigten Gleichsetzung von Aufgaben verschiedenen Typs aufgrund oberflächlich wahrgenommener äußerer Ähnlichkeiten (vgl. z. B. ŠIF 1975; KRÜLL 1992; LORENZ 1982).

Schüler mit Lernschwierigkeiten fallen gegenüber ihren Mitschülern oft dadurch auf, daß sie bedeutend mehr Zeit für eine Aufgabenbearbeitung benötigen, mehr Unsicherheiten im Lösungsvollzug zeigen und eine höhere Fehleranzahl als andere Schüler haben. So können sie Ergebnisse oder bereits angeeignete Lösungsstrategien nicht auf inhaltlich ähnliche Aufgaben übertragen, da sie deren Relevanz in neuen Zusammenhängen nicht erkennen. Jede Aufgabe stellt sie vor ein neues Problem (z. B. können die Aufgaben 3 + 4, 13 + 4 und 30 + 40 nicht miteinander in Beziehung gesetzt werden). Oder es werden einmal erfolgreich angewendete Lösungsstrategien auf Aufgaben übertragen, bei denen sie nicht zum Erfolg führen (z. B. wird die Kommutativität der Addition auf Subtraktionsaufgaben übertragen, wenn der Minuend kleiner als der Subtrahend ist). Bei Anwendungsaufgaben fällt es insbesondere Kindern mit Lernschwierigkeiten sehr schwer, die inhaltliche Seite einer Aufgabe außer acht zu lassen und die mathematischen Beziehungen aufzudecken.

In Auswertung einer Reihe von Untersuchungen wird deutlich, daß Kinder häufig in der Lage sind, nur Aufgaben eines ihnen bekannten Typs zu lösen, wobei dessen Erkennen Hauptbedingung für das Reproduzieren eines früher angeeigneten Lösungsweges ist (DAWYDOW 1977, S. 113 ff.; vgl. auch

MENTSCHINSKAJA 1974; RUBINSTEIN 1988; ŠIF 1975). Schülerfehlern liegt fast immer eine Strategie zugrunde, die aber der Aufgabe nicht angemessen ist. Unangemessene Strategien lassen sich auf eine falsche bzw. unvollständige Aufgabenanalyse, auf unzureichende Kenntnisse deklarativer und prozeduraler Art oder auf eine falsche Generalisierung zurückführen.

Methoden zur Untersuchung von Aufgabenanalysen

Ordnen von Aufgaben nach ihren Merkmalen bzw. nach Schwierigkeitsgraden

Mit solchen Übungen kann das *Wissen um Aufgabenmerkmale* erfaßt werden. Die Schüler sollen strukturähnliche Aufgaben einander zuordnen. Dabei können unterschiedliche Merkmale im Mittelpunkt der Aufmerksamkeit stehen, zum Beispiel Größe oder Anzahl der Aufgabenglieder, auszuführende Rechenoperationen, Anzahl der auszuführenden Teilhandlungen u. ä.

Zuordnen von Strategien zu Aufgaben

Zur Lösung einer Rechenaufgabe sind immer verschiedene Vorgehensweisen möglich. Bei diesen Übungen kommt es darauf an, eine günstige, wenig aufwendige, „sparsame" Strategie auszuwählen. Zum Beispiel läßt sich die Aufgabe 73 - 69 in zwei Schritten lösen 73 - 60 = 13 und 13 - 9 = 4. Einige Schüler rechnen als einen ersten Schritt oft 70 - 60 = 10 und wissen dann nicht, ob sie die 3 von 73 jetzt addieren oder subtrahieren müssen. Eine andere Lösungsmöglichkeit für diese Aufgabe wäre die Ergänzungsmethode: von 69 bis 73 fehlen 4. „Es ist nämlich nicht nur das Beherrschen von Strategien erforderlich, sondern auch die Fähigkeit, den einzelnen Strategien die spezifischen Aufgaben zuzuordnen (und umgekehrt). Entscheiden soll geübt werden, nicht nur das Lösen von Aufgaben wie am Fließband" (KRÜLL 1992, S. 209).

Eine Möglichkeit, das Vorgehen eines Schülers zu verstehen, stellt die *Methode des lauten Denkens* dar, die sowohl zum Erfassen der Begriffsentwicklung als auch bei einer Aufgabenanalyse eingesetzt werden kann. Bei dieser Methode wird der Schüler aufgefordert, sämtliche Gedankengänge während einer versuchten Problemlösung zu verbalisieren. Dadurch erhält man Aufschluß über seine Vorgehensweisen und über seine individuellen Vorstellungen zu einer gegebenen konkreten Aufgabe und ihrer Lösung (vgl. KRÜLL 1992; LORENZ 1990a; vgl. auch RICHARDS 1984).

Aus den angeführten Beispielen wird deutlich:
„*A crucial aspect of learning mathematics is learning to perceive.* Children need to learn not only how to execute calculations. They must learn to see how num-

bers behave, and to detect underlying patterns and regularities" (GINSBURG 1982, S. 168; Hervorhebung dort). Abstraktion ist für den Grundschulmathematikunterricht ein fundamentaler Könnensbereich, der für Begriffsentwicklung, Aufbau und Verinnerlichen von Operationen und Erkennen von Strukturen beim Rechnen notwendig ist. Ein Grundschulkind bringt entsprechende Voraussetzungen zum Schuleintritt mit, aber Abstraktion entwickelt sich bereichsspezifisch während der gesamten Grundschulzeit weiter über konkrete Handlungen und Vorstellungen, indem immer wieder Gemeinsamkeiten und Unterschiede des Vorgehens (und der zu bearbeitenden Objekte) auf den verschiedenen Ebenen *bewußt gemacht und erfahren* werden. Mängel in der Abstraktion lassen sich oft auf Erfahrungsdefizite zurückführen, so daß betreffende Schüler in ihrem Denk- und Arbeitsverhalten mit jüngeren Kindern vergleichbar sind.

3.3.2 Vorstellung

Vorstellungen sind von konkreten aktuellen Sinnesreizen unabhängige, willentlich erzeugte Bewußtseinsinhalte. Sie können sich auf früher Wahrgenommenes oder auf mehrere verschiedene vergangene Sinneseindrücke in Bezug auf Objekte, Situationen oder Ereignisse beziehen. In jedem Fall sind sie Abstraktionen vom ursprünglichen Reiz und bewahren dessen Struktur nur zum Teil (ANDERSON 1989, S. 101; DECHÊNE 1989, S. 397; vgl. auch GINSBURG, OPPER 1991). Vorstellungen (in der kognitiven Psychologie auch als Vorstellungsbilder oder mentale Bilder bezeichnet) sind eine Form der Wissensrepräsentation im Gedächtnis. Sie stellen kein mentales Abbild eines Objekts dar und unterscheiden sich erheblich von realen Bildern. Im Unterschied zu Bildern können Vorstellungen kontinuierlich variierende Informationen repräsentieren. Sie sind formbarer und weniger präzise als Abbilder, das heißt, sie werden durch allgemeines Wissen über die Objekte verzerrt. Vorstellungsbilder von komplexen Objekten sind in einzelne Bestandteile (Einheiten) untergliedert, die in einer Hierarchie auftreten (können). An Vorstellungsbildern können Operationen in Form von Lage- und Strukturveränderungen durchgeführt werden, die analog den tatsächlichen Handlungen an realen Objekten sind (ANDERSON 1989, S. 80 ff.).

Der Zusammenhang zwischen Wahrnehmung und Vorstellung ist eher lose. Bestimmte Teile des Vorzustellenden müssen bekannt sein, nicht aber das Gesamtbild. Zusätzliches Wissen, welcher Art auch immer, geht in die Vorstellung mit ein. Im Unterschied zur unmittelbaren Wahrnehmung liefern Vorstellungen keine vollständige und detaillierte Reproduktion von Objekten, Situationen oder Ereignissen (GINSBURG, OPPER 1991, S. 203). Sie unterliegen nicht den Beschränkungen der Realität. Das macht auch ihre Stärke gegenüber Wahrnehmungen aus. „Die Vorstellung stellt eine Form geistiger *Handlung* dar, die in der Hauptsache eine (Re-)Konstruktion ist. Es kann eine nahe Repräsentation dessen darstellen, was vorher (irgendwann) einmal gesehen wurde, oder auch eine lose, unstrukturierte Form besitzen wie etwa bei Tagträumen und Fantasien. In jedem Fall ist es kein 'Duplikat' der Wirklichkeit, kein exaktes Abbild dessen, was wahrgenommen wurde" (LORENZ 1990a, S. 70; Hervorhebung dort).

Vorstellungen sind eine anschauliche Stütze des Denkens und stellen eine Zwischenstufe zwischen dem Repräsentierten und dem Begriff dar. Es besteht ein enger Zusammenhang zwischen Begriff und Vorstellungsbild, da sie gleichzeitig aufgebaut werden. Das Vorstellungsbild eines Begriffs setzt sich aus Wissenselementen um den Begriff zusammen, und der Begriff wird mit entsprechendem Vorstellungsbild wiederum besser erfaßt, da Operationen auf Vorstellungsebene möglich sind (vgl. LOMPSCHER 1985).

3.3 Kognitive Ursachen für Lernschwierigkeiten

In Untersuchungen wurde nachgewiesen, daß Vorstellungsbilder nicht an eine bestimmte Wahrnehmungsmodalität gebunden sind. Es können auch Eigenschaften assoziiert werden, die auf taktilen, auditiven oder anderen Empfindungen beruhen (vgl. ANDERSON 1989; POSNER 1976). „Whereas explicit attention is split between local and global detail, it is quite likely that there are accompanying images. These images can have aspects corresponding to any of the senses, though the most important for mathematics are probably the acoustic, pictorial, and kinesthetic" (MASON 1987, S. 75). Probleme im Verstehen mathematischer Begriffe und Prozesse werden oft auf fehlende Grundvorstellungen der Schüler zurückgeführt (vgl. VOM HOFE 1991; PEHKONEN 1993). „Im mathematischen Verständnis- und Abstraktionsprozeß muß man sich etwas als Repräsentation denken bzw. vorstellen können. Diese Vorstellungen sind Produkte bzw. Ergebnisse aktiver geistiger Handlungen, sie werden konstruiert auf dem Hintergrund des aktualisierbaren Wissens sowie der individuellen Erfahrungsbereiche. Derart konstruierte Vorstellungen unterstützen das Verständnis, sie sind im Grundschulalter das Bindeglied zwischen den Handlungserfahrungen und der Verinnerlichung etwa arithmetischer Operationen, und sie übernehmen mit ihrem symbolischen Charakter wichtige Funktionen eines Übersetzungsprozesses" (RADATZ 1989, S. 306).

In die Vorstellungen von mathematischen Begriffen oder Operationen gehen die vom Individuum als wesentlich angesehenen Aspekte des Wissens ein. Es werden nicht irgendwelche Vorstellungen konstruiert oder abgerufen, sondern sehr spezifische - in Form von Prototypen[21] (vgl. DÖRFLER 1988a, b; LORENZ 1990a; RADATZ 1989). Prototypen fungieren dabei als „Träger" der Beziehungen bzw. der mathematischen Objekte. An ihnen sind die relevanten Handlungen besonders einfach ausführbar und kontrollierbar (DÖRFLER 1988a, S. 73). „Die Entwicklung und Verankerung strukturell adäquater Vorstellungsbilder (Prototypen) ist eine wesentliche Voraussetzung für die mathematische Begriffsbildung. Dies vor allem deshalb, weil mit ihnen in der Vorstellung operiert werden kann, so daß Beziehungen entdeckt, Beziehungsnetze aufgebaut und durch das Evozieren des Vorstellungsbildes jederzeit reproduziert werden können" (LORENZ 1990a, S. 126). Verschiedene Schüler können verschiedene Prototypen zum gleichen Begriff ausgebildet haben. Diese können sich erheblich von denen unterscheiden, die im Unterricht angestrebt werden und sind deshalb

---

[21] Prototypen sind mentale Repräsentationen konkreter Gegenstände, nicht die Gegenstände selbst. Diese Prototypen charakterisieren einen Begriff in geeigneter Weise, so daß das Individuum glaubt, die Eigenschaften des abstrakten Begriffs ablesen zu können. Es wird davon ausgegangen, daß allgemeine Begriffe, die ja lediglich Abstraktionen darstellen und so nicht denkbar sind, in Form von Prototypen gespeichert und gedacht werden (LORENZ 1990a, S. 122 f.).

mehr oder weniger brauchbar für das mathematische Denken des Kindes (vgl. LORENZ 1990a).

In mathematikdidaktischer Literatur werden zum Teil unterschiedliche Vorstellungsarten beschrieben und Möglichkeiten zu ihrer Entwicklung aufgezeigt. VOLLRATH (1984) unterscheidet in seiner Methodik des Begriffslehrens zwischen Wahrnehmungsvorstellungen und Handlungsvorstellungen. Der Begriff der Wahrnehmungsvorstellung geht dabei auf die Gestaltpsychologie zurück. Es wird zum Beispiel eine Figur nicht über die sie bestimmenden Merkmale erfaßt, sondern als einprägsames Ganzes, als Gestalt. Die wahrgenommene Gestalt verkörpert die wesentlichen Merkmale des Begriffs. Die Vorstellung, die zu diesem Begriff aufgebaut wird, hängt insofern sehr eng mit der Wahrnehmung zusammen, als daß sie häufig nur unabhängig von der Größe des Wahrgenommenen ist, nicht aber von der Lage. Operationen in Form von Lage- und/oder Strukturveränderungen können an solchen Vorstellungsbildern kaum vorgenommen werden. Es sind in der Regel eher statische Vorstellungsbilder.

Handlungsvorstellungen sind im Gegensatz dazu Vorstellungen, die aus konkreten Handlungen erwachsen, wobei die Handlungen nicht auf die enaktive Ebene beschränkt sind. Auch der Umgang mit Bildern und Symbolen wird einbezogen. Begriffslernen in den unteren Klassen erfolgt meist durch Handeln an konkreten Objekten. Alle Erfahrungen, die mit den konkreten Objekten dabei gesammelt werden, führen zur Herausbildung von Handlungsvorstellungen, die mit dem Begriff verbunden sind. Handlungsvorstellungen gelten als verinnerlichte Handlungen. So erfolgt zum Beispiel der Aufbau einer arithmetischen Operation im Anfangsunterricht durch konkretes Handeln mit Materialien auf der enaktiven Ebene. Diese Handlungen sollen allmählich verinnerlicht werden und in Form von Bildern (ikonische Ebene) und mathematischen Symbolen (symbolische Ebene) weiterhin abrufbar sein. Aus den Handlungen werden so Handlungsvorstellungen gewonnen, auf die auch bei der Arbeit mit Symbolen ständig zurückgegriffen werden kann (und muß) (FLOER 1993, S. 210). Später werden im Unterricht konkrete Handlungen durch formales Operieren mit Symbolen und Zeichen abgelöst. Die drei Darstellungsformen (enaktiv, ikonisch, symbolisch) sind dabei nicht als zeitliche Abfolge zu verstehen. Vielmehr sollten sie nebeneinander bestehen und zur wechselseitigen Stützung eingesetzt werden (MÜLLER, WITTMANN 1977, S. 150; FLOER 1993, S. 210). „Mathematische Begriffe werden durch Handeln gelernt, wenn im Umgang mit dem Begriff die wesentlichen Eigenschaften als Regeln für das Operieren mit dem Begriff erfahren werden, wenn der Begriff bei der Lösung von Problemen als tragfähig erkannt wird und zur Entwicklung von Techniken dient, mit denen die Probleme gelöst werden können" (VOLLRATH 1984, S. 107). Handlungsvorstellungen zeichnen sich durch ihren Werkzeugcharakter und Wahrnehmungsvorstellungen

3.3 Kognitive Ursachen für Lernschwierigkeiten

durch ihren Objektcharakter aus. Dementsprechend sollen Begriffe sowohl mit Handlungsvorstellungen als auch mit Wahrnehmungsvorstellungen verbunden sein (VOLLRATH 1984, S. 98 ff.).

Manche Autoren verwenden den Begriff *Vorstellungsvermögen* und integrieren ihn mit dem Begriff *Wahrnehmungsvermögen* unter *Anschauungsvermögen* (vgl. CLAUS 1989; WINTER 1989). Anschauungsvermögen ist dabei die Fähigkeit, aus visuellen (gelegentlich auch taktilen) Wahrnehmungen und Vorstellungen Erkenntnisse zu gewinnen. Vorstellungsvermögen ist in diesem Verständnis eine Komponente des Anschauungsvermögens, was auch in folgenden Stufen des Anschauungsvermögens deutlich wird (CLAUS 1989, S. 108 ff.):

a) Der Schüler erfaßt geometrisch relevante Eigenschaften ebener Figuren und Körper und kann sie wiedererkennen.

b) Der Schüler kann ebene Figuren und Körper zeichnen und Modelle herstellen.

c) Der Schüler kann sich Abbildungen geometrischer Figuren vorstellen und zu einer Urbildfigur die Bildfigur konstruieren. (In diesem Zusammenhang wird auf die Bedeutung kinematischer Vorstellungen hingewiesen.)

d) Der Schüler kann sein visuelles Vorstellungsvermögen zur Lösung geometrischer Probleme verwenden.

Wahrnehmung und Vorstellung sollen dabei eng miteinander verbunden werden. Zum Beispiel stellt man sich an sichtbaren vorhandenen Figuren besondere Linien vor (Diagonalen, Höhen, Umkreise, Inkreise, Symmetrieachsen), an vorgelegten Körpern Flächen, Linien, Schnitte, Teilkörper usw. Die oben angegebenen Stufen beziehen sich auf Geometrie, werden aber im Verständnis der Autoren auch auf Arithmetik übertragen. „Das Anschauungsvermögen dient jedoch nicht nur der Präsentation, der Erkenntnisgewinnung und der Problemlösung innerhalb der Geometrie, Mathematiker arbeiten *auf allen Gebieten mit bildlichen Vorstellungen* und Darstellungen. Häufig liefern diese erste Einsichten über die einzuschlagende Richtung, über den Weg zur Lösung, und dann erst folgt die Arbeit auf der symbolischen Ebene und die logische Analyse, die eine präzisierende und kontrollierende Rolle spielen" (CLAUS 1989, S. 46; Hervorhebung dort).

Im Arithmetikunterricht der Grundschule werden über die enaktive und ikonische Ebene vorwiegend die Beziehungen zur Wirklichkeit vermittelt. Entwicklung von Anschauungsvermögen bedeutet in diesem Zusammenhang, daß der Schüler arithmetische Strukturen in Handlungen erfaßt, Bilder auf ihre mathematische Aussage hin interpretieren kann, selbst bildliche Darstellungen zur Lösung arithmetischer Aufgaben anfertigen und nutzen kann. Insgesamt wird der Entwicklung von Anschauungsvermögen im Mathematikunterricht als einem allgemeinen Lernziel eine große Bedeutung beigemessen. „Insofern ist die Förderung des Anschauungsvermögens, das Bestreben nach Verbesserung der Empfindlichkeit für immer differenziertere Wahrnehmungen, nicht nur für innermathematische Begriffsbildungen wichtig, sondern selbst ein hochrangiges Lernziel. Anschauen ist so nicht nur ein Ausgangspunkt, sondern auch ein Zielpunkt, und die Forderung nach Pflege der Anschauung stimmt weithin überein mit der Forderung nach Anwendungsbezogenheit des Lernens" (WINTER 1989, S. 141).

Von den in der Literatur sehr unterschiedlich gebrauchten Begriffen wird in dieser Arbeit unter *Vorstellung* allgemein die Fähigkeit verstanden, *Bilder bzw. Empfindungen zu (re-)konstruieren und mit ihnen zu operieren in Form von Lage- und Strukturveränderungen*. Dabei erfolgt keine Beschränkung auf visuelle Vorstellungen. Das ist aus zweierlei Gründen für diese Arbeit wichtig. Erstens wurde eingangs in Anlehnung an ANDERSON (1989) und POSNER (1976) dargestellt, daß auch Eigenschaften assoziiert werden können, die auf taktilen oder auditiven Wahrnehmungen beruhen (vgl. auch CLAUS 1989). Diese Vorstellungen spielen im Mathematikunterricht der Grundschule ebenfalls eine Rolle, zum Beispiel bei der Arbeit mit Größen (Vorstellungen von Zeit und Masse) und in der Geometrie. Zweitens sehen wir in der Entwicklung solcher Vorstellungen eine wichtige Möglichkeit zur Kompensation gerade für die Schüler, die Probleme im visuellen Vorstellen haben. Ansprechen mehrerer Sinne beim Lernen und Fördern entsprechender Vorstellungen kommt dabei allen Schülern zugute, denn sie lernen einen Gegenstand unter unterschiedlichen Gesichtspunkten kennen und erhalten damit ein reicheres Bild von ihm (vgl. STRUNZ 1968; VOLLRATH 1984).

Des weiteren werden wir keine Unterscheidung in Wahrnehmungsvorstellungen und Handlungsvorstellungen vornehmen. Der Begriff *Wahrnehmungsvorstellung* impliziert u. E. eine sehr enge Verbindung zur Wahrnehmung und scheint eher ein Abbild des Wahrgenommenen zu bezeichnen. Wir gehen aber davon aus, daß der Zusammenhang zwischen Wahrnehmung und Vorstellung lose ist. Die Entwicklung eines Vorstellungsbildes ist immer ein selektiver und konstruktiver Prozeß, da nicht alle konkreten Details aufgenommen werden können (LORENZ 1990a). Es werden keine Abbilder einer externen Wirklichkeit vorgestellt, sondern das Wissen des Schülers um den Sachverhalt geht darin ein. Dieser Zusammenhang besteht auch bei Handlungsvorstellungen. In der Praxis scheint uns eine Unterscheidung zwischen Wahrnehmungsvorstellung und Handlungsvorstellung (wird das Aussehen eines Objektes oder seine Entstehung vorgestellt?) schwer möglich zu sein. Wohl aber werden wir an Beispielen zeigen, daß sich Kinder darin unterscheiden, ob sie nur in der Lage sind, mehr oder weniger statische Vorstellungsbilder zu (re-)konstruieren, oder ob sie auch Operationen an diesen vornehmen können. Eine solche Unterscheidung geht auf PIAGET zurück, der die Entwicklung statischer und dynamischer Vorstellungsbilder in der Ontogenese beschreibt. Statische Vorstellungsbilder entwickeln sich zuerst. Das Kind ist dabei in der Lage, sich Objekte oder Ereignisse vorzustellen, dessen Elemente sich weder hinsichtlich der Form noch der Lage verändern. Das Kind kann sich nur auf den Anfangs- und Endzustand einer Situation konzentrieren. Vermittelnde Ereignisse, die Veränderungen verursachen, werden vernachlässigt. Erst im Alter von etwa sieben bis acht Jahren an (mit Beginn der Stufe der konkreten Operationen) ist es in der Lage, auch kinetische Vorstellungen (Vorstellungen von Bewegungen eines Objektes) und transformatorische Vorstellungen (Vorstellungen von Strukturveränderungen eines Objektes) zu produzieren, die sowohl reproduktiven als auch antizipatorischen Charakter haben können (PIAGET 1991; PIAGET, INHELDER 1986; GINSBURG, OPPER 1991). Schwierigkeiten in der Vorstellung sind unter diesem Gesichtspunkt vor allem hinsichtlich der kognitiven Entwicklung des betreffenden Kindes zu analysieren.

Für unsere Arbeit ist es zweckmäßig, Vorstellungen an einzelne Inhaltsbereiche des Mathematikunterrichts zu binden und dementsprechend im Grundschulunterricht zwischen Zahlvorstellungen, Größenvorstellungen und geometrischen Vorstellungen zu unterscheiden. Das ist deshalb sinnvoll, weil es um das Wissen der Kinder in bezug auf bestimmte Inhalte geht, und wir von der Bereichsspezifität des Wissens ausgegangen sind. In fachdidaktischen Untersuchungen zur Leistungsproblematik in verschiedenen Inhaltsbereichen des Mathematikunterrichts finden sich immer Aussagen zur Entwicklung entsprechender Vorstellungen der Kinder. Gemeint ist damit im oben beschriebenen Sinn, was sich Kinder als Repräsentation denken bzw. vorstellen können und wie sie in der Lage sind, damit zu operieren.

Im folgenden wird dargestellt, welche Probleme in der Entwicklung von Zahlvorstellungen, Größenvorstellungen und geometrischen Vorstellungen auftreten und zu Lernschwierigkeiten führen können.

Zahlvorstellungen

Der Zahlbegriff ist ein grundlegender und zentraler Begriff im Mathematikunterricht, auf dem vieles weitere aufbaut. Gerade hier ist eine Reichhaltigkeit inhaltlicher Vorstellungen notwendig. Was in Untersuchungen und Darstellungen zum arithmetischen Bereich als Zahlvorstellungen bezeichnet wird, sind im wesentlichen Zahlbeziehungen, die bildhaft als räumliche Beziehungen darstellbar und vorstellbar sind (vgl. LORENZ 1990a). Der Auf- und Ausbau dieser Zahlbeziehungen erfolgt sukzessive mit unterschiedlichen Mitteln und in unterschiedlichen Kontexten. Zahlen sind dabei mit verschiedenartigen Vorstellungen zu verbinden. Sie treten auf als Kardinalzahlen, als Zählzahlen, als Rechenzahlen, als Maßzahlen, als Ordnungszahlen, als Nummern, als Namen usw. (vgl. PADBERG 1986). Die eigentliche Leistung des Kindes besteht darin, mit den erlernten Zahlen sinnvoll und verständig umzugehen, zum Beispiel sie nach der Größe zu vergleichen, mit ihnen zu operieren, sie als Zählzahlen oder Maßzahlen in unterschiedlichen Situationen zu verwenden u. ä. Es werden Regeln im Umgang mit Zahlen erlernt, und diese Regeln werden immer deutlicher bewußt, je mehr logische Abhängigkeiten zwischen den Regeln erkannt werden. Dazu müssen Vorstellungen über Zahlen aktiv konstruiert werden. Das Vorstellungsbild muß von allen mathematisch irrelevanten Details entkoppelt sein, wie Aussehen verwendeter Veranschaulichungsmittel, sozialer Kontext, in dem die Handlung mit Veranschaulichungsmitteln erfolgte, u. ä. Gelingt eine solche Entkopplung nicht, treten Probleme auf in der Übertragbarkeit der Vorstellungsbilder auf andere Situationen, so daß auch innerhalb eines Bereiches die Denkoperationen keinen Bezug zueinander haben. Bei einem sechsjährigen Kind können verschiedene Rechenoperationen und -fertigkeiten für den Umgang mit natürlichen Zahlen oder mit Größen (zum Beispiel Geld) entwickelt sein, die noch nicht aufeinander bezogen sind (LAWLER, nach BAUERSFELD 1983). Diese Probleme sollen mit der Entwicklung von Zahlvorstellungen überwunden werden. Die Kinder sollen mit Zahlen umgehen und operieren können, unabhängig davon, ob es um eine Anzahl von Objekten, um Größen oder um eine richtige Anwendung der Symbolschreibweise geht. Unterstützt wird dieser Prozeß durch eine Variation der Veranschaulichung als ein mathematikdidaktisches Prinzip (vgl. u. a. LAUTER 1991). Zahlvorstellungen versetzen den Lernenden in die Lage, sich einen Zahlenraum aufzubauen, seine Strukturen zu erkennen und diese beim Rechnen zu nutzen. Ohne diese Grundlagen können effektive Rechenstrategien nicht verstanden und erlernt werden.

Bei Kindern mit Problemen in Zahlvorstellungen lassen sich oft zwei Extreme unterscheiden. Entweder sie haben Zahlvorstellungen entwickelt, aber diese sind sehr eng an bestimmte Materialien gebunden, von denen eine Loslösung nur schwer möglich ist (das können in einem Fall die Finger sein, in einem anderen Fall die Rechenmaschine), oder es gelingt ihnen nicht, Zahlvorstellungen aufzubauen. Dann bleiben Zahlen unverständliche Symbole, mit denen manipuliert wird. In beiden Fällen werden diese Kinder zählende Rechner und erfinden eigene Regeln, um „schwierige" Aufgaben zu lösen (vgl. GINSBURG 1982). Wird in Klasse 3 der Zahlenraum bis 1 000 erweitert, versagen solche Strategien oft völlig. Beim Aufbau des Zahlenraums können keine Analogien zum Zahlenraum bis 100 genutzt werden. Die neuen Zahlen werden so nicht in bisheriges Wissen eingeordnet, sondern isoliert gelernt. Aufbau und Struktur des Zahlenraums bleiben unverstanden. Das bereitet Probleme im Bilden der neuen Zahlen, im Bilden richtiger Symbole und Zahlwörter (statt 345 wird zum Beispiel 30045 geschrieben). Vorgänger und Nachfolger von Zahlen können nicht bestimmt werden, Zahlbeziehungen können nicht hergestellt werden (zum Beispiel gibt es Probleme beim Bestimmen der Hälfte oder des Doppelten einer Zahl bzw. beim Angeben, zwischen welchen Zehner- oder Hunderterzahlen eine gegebene Zahl liegt). Beim Zählen fallen die Übergänge zum nächsten Zehner oder Hunderter schwer. Beim Operieren mit Zahlen in diesem Bereich versagen meist die bisherigen Strategien (Fingerrechnen, Weiterzählen u. ä.), sie sind fehleranfällig und zu langsam. Sind entsprechende Zahlvorstellungen nicht ausgebildet, können auch Ergebnisse von Rechenoperationen nicht richtig eingeschätzt werden. Die Ergebniszahlen werden zu den Ausgangszahlen nicht in Beziehung gesetzt, so daß durchaus das Ergebnis einer Subtraktionsaufgabe größer als die Ausgangszahl werden kann.

RADATZ (1989, 1991) konnte in Untersuchungen nachweisen, daß Schüler sehr unterschiedliche Vorstellungsbilder zu Zahlen und einfachen Rechenoperationen entwickeln. Er ließ ca. 800 Schüler aus Grundschulen und Orientierungsstufen ihre Vorstellungen zu vorgegebenen Zahlen, Termen und Gleichungen zeichnen. Dabei ergaben sich keine signifikanten Unterschiede zwischen Jungen und Mädchen oder bezüglich des Alters (Erstkläßler waren ausgeklammert), wohl aber deutliche Unterschiede zwischen leistungsstarken und leistungsschwächeren Schülern im Mathematikunterricht. „Leistungsstarke Rechner zeichnen in allen Schulstufen signifikant häufiger Bildgeschichten und adäquate Mengenoperationen als die rechenschwachen Schüler. Diese übertragen Gleichungen oft nur in ein anderes Symbolsystem, ohne daß eine Operationsvorstellung erkennbar wird ... Für sie ist eine Gleichung mit Ziffern und Symbolen eine Art Geheimcode, in dem man vorstellungsfrei nach bestimmten Regeln manipulieren muß. Sollen diese Schüler ... diesen Geheimcode konkretisieren bzw. dazu Vorstellungen konstruieren, dann erfolgt i. d. R. die Übersetzung in einen anderen, von der Struktur her sehr ähnlichen Geheimcode" (RADATZ 1989, S. 308 f., vgl. auch BÖNIG 1991).

Größenvorstellungen

Für die Entwicklung von Größenvorstellungen im Mathematikunterricht der Grundschule gibt es mindestens drei gewichtige Gründe.

Erstens stellt die Arbeit mit Größen einen wichtigen Anwendungsbezug des Mathematikunterrichts zur Umwelt der Schüler dar und leistet somit einen Beitrag zur Lebensbewältigung. „Zahlen und Operationen mit ihnen begegnen uns in Anwendungssituationen der Umwelt nur selten unter den Aspekten der Kardinalzahl, Ordnungszahl oder Operatorzahl, sehr viel häufiger als Maßzahlen ... Dabei handelt es sich um Namen für Größen aus bestimmten Größenbereichen ..." (RADATZ, SCHIPPER 1983, S. 124; vgl. auch LAUTER 1986). Die Schüler sollen viele Gelegenheiten haben, selbst zu messen und Größen zu schätzen, diese Schätzungen mit Messungen zu vergleichen und ihre Umwelt bewußt quantitativ zu erfassen.

Zweitens erfolgt bei der Behandlung von Größen in besonderem Maße eine Koordinierung zwischen unterschiedlichen Inhaltsbereichen des Mathematikunterrichts. Beim Arbeiten mit Größen benötigt der Schüler Kenntnisse über den Aufbau der natürlichen Zahlen und Können im Ausführen von Rechenoperationen. Weiterhin besteht eine enge Verbindung zu geometrischen Inhalten, wenn es zum Beispiel um das Erfassen von Größenbeziehungen an Figuren geht. Nicht zuletzt besteht eine enge Verbindung zum Sachrechnen, da in Aufgaben aus der Lebensumwelt der Schüler Größen eine bedeutende Rolle spielen. Eine Koordinierung einzelner Inhaltsbereiche ermöglicht eine wechselseitige Stützung von Zahl-, Größen- und geometrischen Vorstellungen (vgl. RADATZ, SCHIPPER 1983; HOFMANN 1982).

Drittens dient die Entwicklung von Größenvorstellungen sowohl dem besseren Erfassen des Aufbaus der natürlichen Zahlen und ihres Stellenwertcharakters als auch der Vorbereitung auf neue Zahlenbereiche, zum Beispiel der gebrochenen Zahlen. Für die Entwicklung des Bruchbegriffs und des Begriffs der gebrochenen Zahl (erste Repräsentanten lernen die Schüler in der Grundschule bei der Arbeit mit Größen kennen) besitzt die Vertrautheit mit Größen und der konkrete Umgang mit ihnen eine zentrale Bedeutung (vgl. GRASSMANN 1986).

Das Arbeiten mit Größen gehört jedoch zu den Themen der Grundschulmathematik, die mit den größten Lehr- und Lernschwierigkeiten verbunden sind und mit den negativsten Erfahrungen und Assoziationen auf seiten der Schüler (RADATZ, SCHIPPER 1983). Zahlreiche Praxisanalysen zeigen immer wieder deutlich, daß Größenvorstellungen bei Schülern nur ungenügend entwickelt sind und sich daraus Probleme im Umgang und im Rechnen mit Größen ergeben. FRENZEL, GRUND (1991) stellen zum Beispiel Ergebnisse einer Befragung von Schülern der sechsten Klasse vor, in denen einzelnen Größen Repräsentanten zugeordnet werden mußten. Bei den Ergebnissen ließen sich große Abweichungen nach oben und nach unten feststellen, die auf völlig unzureichende Größenvorstellungen hinwiesen (Beispiele: Welche Gegenstände haben etwa eine Länge von 1 dm? Antworten: Zuckerwürfel, zwei Runden auf dem Sportplatz ...; Welche Gegenstände haben eine Masse von 1 kg? Antworten: Ei, Rennfahrer ...). Diese Beobachtungen können durch Befunde der eigenen Untersuchungen zu

Vorstellungen im Mathematikunterricht bestätigt werden (Beispiele: für die Höhe der Klassenraumtür ergaben sich Schätzwerte von 40 cm bis zu 9 m; die Höhe des Klassenraumes wurde von 3 cm bis zu 18 m geschätzt).

Größenvorstellungen der Schüler lassen sich über das Vergleichen von Repräsentanten erkennen und entwickeln, wobei unterschiedliche Stufen unterschieden werden: direkter Vergleich von Repräsentanten einer Größe, indirekter Vergleich mit Hilfe willkürlicher Maßeinheiten, indirekter Vergleich mit Hilfe standardisierter Maßeinheiten. Beim Schätzen von Größen stehen je nach Anforderung die zu schätzenden Repräsentanten oder die Repräsentanten für willkürliche bzw. standardisierte Einheitsgrößen nicht zur Verfügung, so daß ein Vergleichen nur in der Vorstellung erfolgt. Dazu muß ein Vorstellungsbild (re-)rekonstruiert werden, und nicht selten müssen daran Operationen durchgeführt werden. Zum Beispiel wird beim Schätzen der Höhe des Klassenraumes ein Repräsentant für eine Einheitsgröße vorgestellt (etwa ein Meterstab) und überprüft, wie oft dieser angelegt werden kann. Fragt man dasselbe Kind zu Hause nach der Höhe des Klassenraumes, müssen sowohl der Klassenraum als auch ein geeigneter Vergleich vorgestellt werden und, wenn nötig, daran Operationen vollzogen werden (dabei kann das Vergleichsmaß die eigene Körperhöhe, die Höhe des Kinderzimmers oder ähnliches sein, das in der Vorstellung mit der Höhe des Klassenraumes in Beziehung gesetzt wird). Grundlage für die Lösung solcher Aufgaben ist, daß die Schüler klare inhaltliche Vorstellungen zu Repräsentanten wichtiger Größen (etwa standardisierte Größen) haben und damit operieren können. Probleme in Größenvorstellungen können demnach auf fehlende Erfahrungen im Umgang mit Einheitsgrößen zurückgeführt werden oder auf das Unvermögen, mit Vorstellungsbildern zu operieren. Erschwerend bei der Arbeit mit Größen kommt hinzu, daß die Vorstellungen unterschiedlicher Qualität sind. Während zum Beispiel für Längen, Flächen und Volumen visuelle Vorstellungsbilder von Repräsentanten konstruiert werden können, ist das für Massen und Zeiten nicht ausreichend. Hier müssen andere Körpererfahrungen gewonnen werden, wie zum Beispiel taktil-kinästhetische Erfahrungen (aber auch das ist nicht für alle Größen möglich, die die Kinder in der Grundschule kennenlernen - Beispiel eine Tonne).

Geometrische Vorstellungen

Mit geometrischen Vorstellungen werden in dieser Arbeit Vorstellungen von ebenen und räumlichen Strukturen bezeichnet (vgl. MADER 1989, S. 124 ff.). Im Geometrieunterricht werden Erkenntnisse über den uns umgebenden Raum gewonnen. Demzufolge braucht man Vorstellungen zu grundlegenden Begriffen und ihren Zusammenhängen, um davon ausgehend Schlußfolgerungen ableiten zu können. Dazu gehören vor allem Vorstellungen von den wichtigsten geometrischen Figuren in Ebene und Raum (vgl. ILGNER 1982). Die Leistungen der Schüler unterscheiden sich erheblich darin, ob es ihnen zum einen gelingt, ein Vorstellungsbild zu einem Begriff zu (re-)konstruieren, und zum anderen auch Operationen in Form von Lage- und Strukturveränderungen an diesem Bild vorzunehmen, zum Beispiel Lage, Größe und Form zu variieren, verschiedene Gebilde zu kombinieren und dabei das Wissen über entsprechende Begriffe anzuwenden (vgl. auch YACKEL, WHEATLEY 1989).

In Untersuchungen wird immer wieder deutlich, daß es einigen Schülern schwerfällt, Figuren zu erkennen, wenn sie nicht in „gewohnter" Lage bzw. Form auftreten. Diese Schüler (re-)konstruieren in der Regel statische Vorstellungsbilder und sind dann nicht in der Lage, sie durch gedankliche Veränderungen mit einem vorgegebenen Objekt in Übereinstimmung zu bringen bzw. an vorgegebenen Objekten vorstellungsmäßig Veränderungen vorzunehmen. Bei anderen Schülern „verschwimmen" die Vorstellungsbilder schnell wieder, „gehen verloren", so daß ebenfalls keine Operationen möglich sind (vgl. ILGNER 1982; KIMEL 1991). Auch gibt es Schüler, denen es schwerfällt, zu graphischen Darstellungen oder Zeichnungen Vorstellungsbilder zu konstruieren und dabei vor allem räumliche Beziehungen zu erkennen. Ein Beispiel aus unseren Untersuchungen soll das verdeutlichen. Im Einzeltest hatten die Schüler die Würfel zu zählen, die zum Bauen jeder der folgenden Figuren verwendet wurden.

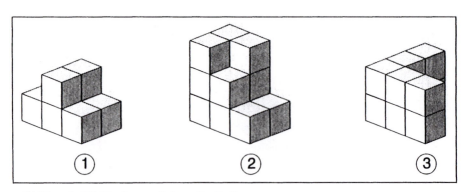

Abbildung 2: Würfel erkennen (informeller Test)

Anschließend sollten sie bei jeder Figur in der Vorstellung so viele Würfel ergänzen, daß ein Quader entsteht. Der Begriff Quader wurde dabei mit ihnen im Gespräch noch einmal geklärt, damit keine begriffliche Unklarheit herrschte. Bei der Bearbeitung dieser Aufgabe zeigten sich Auffälligkeiten. Manche Kinder konnten sich gut die sichtbaren Würfel vorstellen, hatten aber Schwierigkeiten beim Zählen, da sie verdeckte Würfel nicht „sahen". Beim Ergänzen zum Quader

3.3 Kognitive Ursachen für Lernschwierigkeiten

legten sie in ihrer Vorstellung auch nur „gut sichtbare" Würfel an. Andere Kinder hatten schon Probleme beim räumlichen Vorstellen der Figuren. Sie waren nicht in der Lage, die Würfel zu zählen, und zählten immer wieder sichtbare Flächen (Vierecke). Einige Kinder zählten richtig die Würfel, konnten aber die Figuren in der Vorstellung nicht weiterbauen. Und schließlich gab es auch Kinder, die keine Probleme im Vorstellen hatten, aber immer wieder mit ihrer Zählstrategie durcheinanderkamen.

Schwierigkeiten bei geometrischen Vorstellungen zeigen sich beim Erkennen oder beim Darstellen geometrischer Objekte und Beziehungen. Dabei kann die Darstellung auf gegenständliche Weise (Legen mit Stäbchen, Formen mit Knetmasse, Falten aus Papier u. ä.), auf zeichnerisch-graphische Weise (Skizze oder Konstruktion) oder auf verbale Weise (Beschreibung) erfolgen. Auf einen engen Zusammenhang geometrischer Vorstellungs- und Darstellungsfähigkeit hat u. a. MADER (1989, S. 124 ff.) hingewiesen. Bei der Beurteilung der Vorstellungsfähigkeit aus Darstellungsleistungen der Schüler ist zu beachten, daß die Darstellungsfähigkeit einfließt. Es kommt darauf an, für das Alter der Schüler und ihren Fähigkeiten angemessene Formen der Darstellung auszuwählen. Das wird in einer Untersuchung von ILGNER (1974) deutlich. 138 Schüler aus vier fünften Klassen sollten einen vorgelegten Würfel skizzieren. 63 Prozent der Schüler zeichneten nur Flächen in einer Ebene aneinander. 15,3 Prozent der Schüler bemühten sich vergeblich um eine Tiefenwirkung. 21,7 Prozent der Schüler ließen Ansätze für eine kavalierperspektivische Darstellung erkennen. Die Ursache für diese Ergebnisse bestand nicht darin, daß die Schüler nie das Bild eines Würfels in Kavalierperspektive[22] gesehen haben oder daß sie das Bild eines Würfels in Kavalierperspektive nicht erkennen oder interpretieren konnten. Sie wurde vielmehr darin gesehen, daß die Schüler verschiedene Gesichtspunkte, die beim Erkennen und Zeichnen in dieser Form eine Rolle spielen, noch nicht zu koordinieren verstanden (ILGNER 1974, S. 698 f.). An diesem Beispiel wird deutlich, daß auch die Darstellungsfähigkeit von Entwicklungsstand und Erfahrungen des Lernenden abhängt und deshalb nur bedingt zur Beurteilung von geometrischen Vorstellungen herangezogen werden kann.

Das hebt die Notwendigkeit hervor, verschiedene Methoden zu kombinieren, die den Fähigkeiten der Kinder angepaßt sind und Aufschluß über die Entwicklung von Vorstellungsbildern geben können. Für Grundschulkinder werden zum Beispiel solche Methoden beschrieben wie Auswählen entsprechender Darstellungen (Selektion aus Zeichnungen), Zeichnen oder sprachliche Darstellung (vgl. GINSBURG, OPPER 1991).

---

[22] Kavalierperspektive ist eine Parallelprojektion mit folgenden Bedingungen: $\alpha = 45°$, $q = \frac{1}{2}$.

Zur Einschätzung geometrischer Vorstellungen sind unterschiedliche Fähigkeiten zu beachten:
- Die Schüler sollen sich beliebige im Unterricht behandelte geometrische Objekte vorstellen können.
- Sie sollen diese Objekte in *angemessener* Weise darstellen können.
- Sie sollen aufgrund von Darstellungen in der Lage sein, sich diese Objekte vorzustellen und Operationen daran zu vollziehen in Form von Lage- oder/und Strukturveränderungen.
- Sie sollen aufgrund von verbalen Hinweisen neue Vorstellungen erzeugen können, zum Beispiel bei Kopfgeometrie
  (vgl. ILGNER 1982, S. 36; JAKIMANSKAJA, nach KIMEL 1991, S. 291).

Abschließend sei hervorgehoben, daß im Mathematikunterricht in nahezu allen Inhaltsbereichen hohe Anforderungen an die Vorstellungen der Schüler gestellt werden, aber auch große Potenzen zu ihrer Entwicklung liegen. Fehlende Vorstellungen in einzelnen Inhaltsbereichen führen zu Lernschwierigkeiten, da in diesem Bereich Begriffe unverstanden bleiben, diese dann nicht richtig angewendet werden und mit ihnen nicht operiert werden kann. Ursachen für Schwierigkeiten im Vorstellen sind sehr komplex. An dieser Stelle sollen einige Fragen mögliche Ursachen andeuten. Eine tiefergehende Analyse ist im Rahmen dieser Arbeit nicht möglich.

- Sind Begriffe unzureichend erfaßt, so daß beim Operieren mit diesen inhaltliche Vorstellungen nur fehlerhaft oder gar nicht aufgebaut werden können?
- Wurde die Entwicklung von Vorstellungen im entsprechenden Inhaltsbereich zu wenig gefördert, so daß der Schüler noch keinen Zugang zu dem Inhalt hat (Bereichsspezifität des Wissens)? Wurde die enaktive Ebene im Unterricht zu schnell verlassen und zum formalen Arbeiten übergegangen? (vgl. hierzu Untersuchungen u. a. von BÖNIG 1991; HOFMANN 1982; ILGNER 1982).
- Ist der Schüler aufgrund seines kognitiven Entwicklungsstandes noch nicht in der Lage, neben statischen Vorstellungen auch kinetische und transformatorische Vorstellungen zu (re-)konstruieren?
- Liegen insgesamt Probleme im Vorstellen zugrunde - im Sinne einer Teilleistungsschwäche? (Diese Möglichkeit darf von vornherein nicht ausgeklammert werden, obwohl Lehrer eine entsprechende Diagnose im allgemeinen nicht allein stellen sollten - vgl. hierzu Ausführungen in Abschnitt 3.2).

3.3.3 Konzentration

Für das Erbringen von kognitiven Leistungen im engeren Sinne sind nicht nur kognitive Fähigkeiten und das Beherrschen von spezifischen kognitiven Strategien ausschlaggebend, sondern ist ein ganzer Komplex von Bedingungen und Persönlichkeitsmerkmalen mitverantwortlich. In diesem und dem nächsten Abschnitt geht es um zwei Grundvoraussetzungen kognitiver Leistungen, Konzentration und Gedächtnis, die oft als kognitive Stützfunktionen bezeichnet werden, da sie für jegliches Lernen von Bedeutung sind. Auf der Basis einer Begriffsklärung soll an Beispielen ihre Relevanz für Mathematikleistungen aufgezeigt werden. Befunde aus anderen und eigenen Untersuchungen sollen belegen, welche Probleme in der Entwicklung der dargestellten kognitiven Stützfunktionen zu Lernschwierigkeiten führen können.

Sowohl im allgemeinen Sprachgebrauch als auch in der wissenschaftlichen Verwendung werden die Begriffe Aufmerksamkeit und Konzentration häufig synonym verwendet. Eine Unterscheidung erfolgt eher hinsichtlich des Intensitätsgrades als hinsichtlich einer grundlegenden Qualität. Konzentration wird als besondere Intensitätsform der Aufmerksamkeit betrachtet (vgl. SONNTAG 1991).

In dieser Arbeit verstehen wir unter *Konzentration eine besonders intensive willkürliche Aufmerksamkeit*. Das Bewußtsein ist dabei willentlich auf eine bestimmte Sache gerichtet, so daß Nebensächliches in bezug darauf außer Betracht bleibt (KUNZE 1991, S. 13). Konzentration ist demnach die Fähigkeit zu aufmerksamem Verhalten, das die bewußte, willkürliche Regulation der geistigen und praktischen Tätigkeit ermöglicht (CLAUSS 1987, S. 39). Dabei handelt es sich nicht um eine einmal erworbene und damit dauerhaft verfügbare Fähigkeit. Konzentration ist immer abhängig vom Alter des Schülers, vom Inhalt der zu bewältigenden Aufgabe, von der subjektiv empfundenen Aufgabenschwierigkeit, vom Grad der Beherrschung von Teilprozessen zur Lösung der Aufgabe und nicht zuletzt von Interesse, Motivation und aktueller Befindlichkeit des einzelnen.

Mängel in der Konzentrationsfähigkeit werden je nach Intensität und Entstehungsbedingungen in *Konzentrationsschwäche* und *Konzentrationsstörung* unterschieden. Eine Konzentrationsschwäche liegt dann vor, wenn aufgrund anlagebedingter oder frühzeitig erworbener Schäden bzw. aufgrund neurotischer Probleme die Aufmerksamkeitsleistungen eines Menschen unter zumutbaren Bedingungen ständig unter einer Mindestgrenze liegen. Ursachen dafür können sein: erheblicher Schwachsinn, Schädigung infolge Hirnerkrankung, abnorme psychische Entwicklungen. Konzentrationsschwäche, die eine krankhafte und schwer beeinflußbare Form der Konzentrationsmängel darstellt, liegt nur in Ausnahmefällen vor und bedarf einer genauen medizinischen und psychologischen Diagnose (KUNZE 1989; FISCHER, LESSER 1985).[23]

Im Unterschied zur Konzentrationsschwäche bezeichnen Konzentrationsstörungen partielle, das heißt teil- und zeitweise wirksame Beeinträchtigungen der Konzentrationsfähigkeit. Hierbei handelt es sich um korrigierbare Unzulänglichkeiten, um Erscheinungsformen der Konzentrationsunlust oder -unbeständigkeit. Konzentrationsstörungen treten nicht immer und überall auf, sondern meist nur auf bestimmten Gebieten oder unter besonderen Anforderungen (KUNZE 1989). Ursachen für Konzentrationsstörungen werden in vier Bereichen gesehen, die sich auch überlagern können:
- leichte frühkindliche Hirnschädigung,
- genetisch-konstitutionelle Einflüsse,
- neurotische Entwicklungen,
- mangelnde Umwelt- und Lernbedingungen (BARCHMANN u. a. 1988, S. 8).

Mangelnde Umwelt- und Lernbedingungen können immer situativ auftreten und sich sowohl in Form von körperlicher Überlastung und Übermüdung als auch in Form von geistiger Überforderung durch mangelnde Verfügbarkeit von Teiloperationen zeigen. Da der Schulerfolg von Kindern in hohem Maße von Konzentrationsleistungen abhängig ist und Konzentrationsstörungen je nach Untersuchungsschwerpunkt und Methodik bei 10 bis 40 Prozent aller Normalschüler (bei verhaltensauffälligen Schülern liegen die Angaben bei 70 bis 80 Prozent) gefunden werden (BARCHMANN u. a. 1988), ist es auch nicht verwunderlich, daß in den meisten Untersuchungen zu Lernschwierigkeiten Mängel in der Konzentration als eine Ursache angegeben werden (BRUNSTING-MÜLLER 1989; GRISSEMANN 1986; HÜMME 1978; JOHNSON, MYKLEBUST 1976; MATTHES 1987; SANDER 1981; SCHWARZER 1980; UNGER 1986). „Obwohl das allgemeine Leistungsniveau der Kinder vorrangig vom intellektuellen Potential bestimmt wird, hat auf dessen Umsetzung in praktische Leistungen die Konzentrationsfähigkeit einen bedeutsamen Einfluß ... Durch gute Konzentrationsleistungen können intellektuelle Schwächen im Schulunterricht zum Teil kompensiert werden. Besonders beim durchschnittlich intelligenten Kind beeinflussen die Konzentrationsleistungen den Schulerfolg wesentlich" (BARCHMANN u. a. 1988, S. 7).

---

[23] Im Rahmen dieser Arbeit wird diese Form der Konzentrationsmängel nicht weiter verfolgt.

3.3 Kognitive Ursachen für Lernschwierigkeiten

Erscheinungsformen für Konzentrationsmängel, wie sie im Unterricht beobachtet werden können, sind:
- Tagträumen,
- motorische oder verbale Hyperaktivität,
- rasche Ermüdbarkeit (Diese kann sich äußern im Fluktuieren der Aufmerksamkeit aufgrund äußerer Reize, in einer reduzierten Aufmerksamkeitsdauer oder im plötzlichen „Abbrechen" der Aufmerksamkeit.),
- rasches Resignieren (CLAUSS 1987).

Zur Diagnose von Konzentrationsmängeln gibt es spezielle psychologische Tests. Sie messen die Leistung bei konzentrierter Tätigkeit auf einem angemessenen Niveau, um Angaben über die Gleichmäßigkeit der Leistung im quantitativen und qualitativen Bereich zu erhalten. Diese Tests unterliegen aber häufiger Kritik. Prinzipiell scheinen sie für pädagogisch-psychologische Probleme eine geringe Aussagekraft zu besitzen, da sie nur in geringem Umfang untereinander korrelieren und Testanordnung (Zeitdruck, Einzeltest) und -inhalt oft wenig mit konkreten Unterrichtssituationen zu tun haben (BARCHMANN u. a. 1987; LORENZ 1987; SCHWARZER 1980). „Der im Unterricht von Lehrern diagnostizierte Konzentrationsmangel bezieht sich fast durchweg auf die Unfähigkeit zur fokalen Aufmerksamkeit, selten auf ein zu niedriges Aktivierungsniveau oder fehlende Orientierungsreaktionen" (LORENZ 1987, S. 89). Das erklärt auch die Tatsache, daß sich in empirischen Untersuchungen bei Kindern mit Lernschwierigkeiten nicht unbedingt signifikante Unterschiede zu Vergleichsgruppen leistungsstarker Schüler in Konzentrationstests feststellen lassen.[24] BARCHMANN u. a. (1987, S. 159) halten deshalb zur Erfassung von Konzentrationsmängeln bei Kindern mittels psychodiagnostischer Verfahren folgende Aspekte für wesentlich: Schulrelevanz der Aufgaben, Durchführungsmodus in der Einzel- und Gruppensituation, unterschiedliche Wertigkeit der Parameter Quantität und Qualität und erforderlicher Zeitbedarf zur Aufgabenbearbeitung.

Der Mathematikunterricht gilt allgemein als ein sehr konzentrationsintensives Fach. Das wird zum einen auf hohe intellektuelle Anforderungen bei der Erarbeitung mathematischer Sachverhalte zurückgeführt, zum anderen auf den hohen Übungsanteil, der zur Beherrschung mathematischer Sachverhalte notwendig ist. So lassen sich in fachdidaktischer Literatur auch zwei verschiedene Arten von Konzentrationsanforderungen unterscheiden:
- Fokussierung der Aufmerksamkeit auf *Inhalte einer Aufgabe, Situation oder Handlung* zum Bestimmen von Elementen, Instrumenten, Ausführungsbe-

---

24 Diesbezügliche Befunde und Auswertungen für Kinder mit Lese-Rechtschreib-Schwäche finden sich u. a. bei SCHEERER-NEUMANN (1979 und 1988) und VALTIN (1970).

dingungen, Resultaten u. ä. (im Sinne eines Erfassens des jeweiligen mathematischen Charakteristikums);
- Konzentration beim Lösen von Aufgaben auf den *Handlungsverlauf* zur Ausführung von notwendigen Teilhandlungen, Zwischenspeicherung von Teilergebnissen, Integration von Teillösungen, Kontrolle des Ergebnisses u. ä. (im Sinne einer äußeren Handlungsüberwachung).

Zur Fokussierung der Aufmerksamkeit

Eine Fokussierung der Aufmerksamkeit auf Inhalte ist notwendig, um Strukturen zu erkennen bzw. herzustellen. Mathematische Begriffe werden in der Grundschule im allgemeinen durch Handlungen konstruiert. Dabei sind sie nicht schon in den Handlungen enthalten und einfach aus ihnen ablösbar, sondern sie treten durch einen konstruktiven Prozeß zu den konkreten Handlungen hinzu. Dazu bedarf es einer Fokussierung der Aufmerksamkeit auf gewisse Aspekte der Handlung (solche Aspekte sind zum Beispiel Elemente, Instrumente, Ausführungsbedingungen, Prozesse, Resultate, Zustände oder Beziehungen der Handlungen). Diese Aufmerksamkeitsfokussierung bedarf in der Regel einer Steuerung von außen (durch den Lehrer). Fehlt diese Steuerung oder ist der Schüler zu einer Fokussierung der Aufmerksamkeit nicht in der Lage, funktioniert der Prozeß mathematischer Begriffsbildung bzw. Problemlösung im allgemeinen nicht (DÖRFLER 1986b, 1988a; LORENZ 1990a, 1991c; MALLE 1986). Aufmerksamkeitsfokussierung auf mathematisch relevante Sachverhalte ist über eine Begriffsbildung hinaus notwendig beim Lösen von Textaufgaben, bei der Arbeit mit mathematischen Veranschaulichungen, beim Wechseln der Repräsentationsebenen. Insgesamt besteht dabei ein enger Zusammenhang zwischen Abstraktion, Vorstellung und Aufmerksamkeitsfokussierung. Es geht um eine Konzentration auf wesentliche Aspekte in einer Situation, während andere (im Moment nicht wesentliche) Aspekte außer Betracht bleiben. Schüler mit Lernschwierigkeiten haben oft Mühe, eingehende Informationen auf ihre Bedeutung hin zu bewerten und ihre Aufmerksamkeit nur auf die für die spezielle Aufgabe relevanten Informationen zu richten. Sie brauchen bedeutend länger als andere Schüler, um zu erfassen, worauf sie achten müssen. Das liegt zum Beispiel daran, daß sie ihre Aufmerksamkeit noch zu sehr auf bestimmte, oft äußerlich auffallende Aspekte einer Situation lenken. In diesem Aufmerksamkeitsverhalten gleichen sie altersmäßig jüngeren Kindern in auffälliger Weise, so daß Ursachen für Mängel in der Konzentration in Entwicklungsverzögerungen gesehen werden können (WENDELER 1990). Zu den Schwierigkeiten bei der Aufmerksamkeitsfokussierung kommen häufig noch Probleme bei der Aufrechterhaltung der Aufmerksamkeitsanspannung über längere Zeit (vgl. ZIELINSKI 1980, S. 60 f.).

3.3 Kognitive Ursachen für Lernschwierigkeiten

Zur Konzentration auf den Handlungsverlauf

Eine Konzentration auf den Handlungsverlauf ist notwendig, um sowohl Teilprozesse zu bestimmen und auszuführen als auch Arbeitstechniken sinnvoll einzusetzen. Beim Lösen von Aufgaben sind mehrere Teilprozesse erforderlich:
- Entscheiden, welche Operationen einzusetzen sind,
- Ausführen mehrerer Teiloperationen,
- Zwischenspeichern von Teilergebnissen,
- Integrieren der Teillösungen,
- Kontrollieren des Ergebnisses.

Je nachdem wie gut einzelne Teilprozesse beherrscht werden, verlangen sie mehr oder weniger Konzentration. Es besteht dabei ein enger Zusammenhang zum Gedächtnis, insbesondere zum Kurzzeitgedächtnis. So müssen sich die Schüler den Handlungsplan, eventuell zusätzliche Instruktionen vom Lehrer, ermittelte Zwischenergebnisse und den aktuellen Stand im Handlungsablauf merken. Kinder mit Lernschwierigkeiten im Mathematikunterricht können oft nicht gleichzeitig rechnen und die Steuerung des Rechenvorgangs übernehmen (KRÜLL 1992). Mängel in der Konzentration äußern sich dann in solchen Fehlern, die RADATZ (1980, S. 48 ff.) beschreibt mit
- Nichtberücksichtigen relevanter Bedingungen der mathematischen Aufgabe bzw. des Problems,
- Nichtabschließen der Aufgabenbearbeitung bzw. unvollständiges Anwenden einer Regel,
- Verlieren von Zwischenschritten im Lösungsprozeß,
- Fehlerursachen in einer Versuch-Irrtum-Lösungsstrategie.

Ein Beispiel aus unserer Untersuchung soll verdeutlichen, daß Schüler mit Lernschwierigkeiten viele Teilprozesse bewußt ausführen, da sie nicht automatisiert sind, und somit in der Konzentration schnell überfordert sind:

Maik (10; 3 Jahre)

Die Aufgabe 4 · 16 (typische Aufgabe für Klasse 3) sollte gelöst und nur das Ergebnis aufgeschrieben werden. Maik zerlegte im Kopf zunächst 16 in 10 und 6. Dann rechnete er 4 · 10 = 40. Als nächstes konzentrierte er sich auf die Grundaufgabe 4 · 6. Da er kein Ergebnis wußte (er hatte das Einmaleins noch nicht automatisiert), mußte er die Aufgabe ausrechnen. Er tat dies durch leises Aufsagen der Reihe mit der 6, teilweise durch Weiterzählen (mit den Fingern). So kam er zum Ergebnis 24. Dann rechnete er 24 + 10 = 34. Damit war für ihn die Aufgabe gelöst. Sein Zwischenergebnis 40 hatte er inzwischen vergessen, die 10 stammte aus der Zerlegung von 16 in 10 und 6. Da er mit der 6 gerade gerechnet hatte, blieb für die nächste Zwischenrechnung nach seiner Meinung noch die 10 übrig. Beim Lösen solcher Aufgaben war Maik ständig überfordert. Da er (noch) mehr Teilprozesse bewußt ausführen mußte als andere Schüler, gelangte er häufig zu falschen Ergebnissen. Er konnte nicht Zwischenrechnungen, Zwischenergebnisse oder ganze Aufgabenteile im Gedächtnis behalten und gleichzeitig sein Vorgehen im Sinne einer äußeren Handlungsüberwachung steuern. Auch hier muß ein enger Zusammenhang zu den Gedächtnisleistungen des Schülers beachtet werden.

„Wieviel Aufmerksamkeit ein Prozeß verlangt, hängt vom Grad seiner Geübtheit ab. Je besser ein Prozeß geübt ist, desto weniger Aufmerksamkeit wird benötigt; ..." (ANDERSON 1989, S. 54). Geht man von einer begrenzten Kapazität der Aufmerksamkeit aus, wird deutlich, warum Schüler mit Lernschwierigkeiten schneller Konzentrationsprobleme haben als andere, obwohl sie sich in Konzentrationstests von den anderen kaum unterscheiden. Während in Konzentrationstests in der Regel Aufgaben mit geringem Schwierigkeitsgrad (Durchstreichaufgaben) bearbeitet werden, hängt eine erfolgreiche Bewältigung schulischer Anforderungen stark vom erreichten Fähigkeitsniveau ab. Mit steigender Aufgabenschwierigkeit werden Aufmerksamkeitsressourcen zunehmend mehr erschöpft (VELICKOVSKIJ 1988, S. 145). Schüler mit Lernschwierigkeiten müssen ein höheres Maß an Konzentration aufbringen, wenn bestimmte Teilprozesse nicht automatisiert sind. Damit ist ihre Kapazität der Aufmerksamkeit schneller erschöpft als bei anderen Schülern. Hinzu kommt, daß die Aufgabenschwierigkeit nicht nur von äußeren Merkmalen abhängig ist, sondern auch von subjektiven Faktoren wie Interesse, Verständnis, Motivation, persönliche Bedeutsamkeit u. ä. Leistungsstarke Schüler können beim Lösen bestimmter Aufgaben oft konzentrierter arbeiten, weil für sie diese Aufgaben im jeweiligen Kontext bedeutsamer erscheinen.

3.3.4 Gedächtnis

Wissen als Ergebnis des Lernens wird in Form von Propositionen[25] im Gedächtnis abgespeichert. Dabei kann man zwischen deklarativem und prozeduralem Wissen[26] unterscheiden. Ein flexibler Umgang mit diesem Wissen in Informationsverarbeitungsprozessen ist stark von Gedächtnisleistungen des einzelnen abhängig. Das Gedächtnis des Menschen ist eine notwendige Bedingung für das Lernen. Gedächtnisinhalte sind dabei sowohl Ergebnis des Lernens als auch seine Voraussetzung. Faßt man den Gedächtnisbegriff sehr weit und versteht hierunter nicht nur die Speicherfähigkeit, sondern Aufnahme, Speicherung, Verarbeitung und Wirksamwerden von Informationen im zukünftigen Verhalten, dann ist ein solcher weiter Gedächtnisbegriff kaum noch abgrenzbar vom Begriff des Lernens bzw. der Lernfähigkeit (GUTHKE 1977, S. 176). Damit bildet das Gedächtnis im weiteren Sinne die Basis für die Schnelligkeit des Erwerbs bestimmter motorischer Reaktionen und bedingter Reflexe bis hin zum Erlernen komplizierter Problemlösungsstrategien (GUTHKE 1977, S. 186). Das erklärt, warum Mängel im Gedächtnis immer als eine mögliche Ursache für Lernschwierigkeiten in Betracht gezogen werden sollten.

In Anlehnung an informationstheoretische Arbeiten wird unter *Gedächtnis* in dieser Arbeit *Aufnahme, Verarbeitung, Speicherung und Wirksamwerden von Informationen* verstanden (vgl. LOMPSCHER 1978). Das ist für unsere Untersuchungen insofern sinnvoll, weil alle diese Prozesse Voraussetzung für erfolgreiches Lernen in der Schule sind. Des weiteren lassen sich je nach Besonderheiten der Tätigkeit des Einprägens, Speicherns und Reproduzierens verschiedene Dimensionen des Gedächtnisses unterscheiden, zum Beispiel Unterscheidung in operatives, Kurzzeit- und Langzeitgedächtnis oder Unterscheidung in unwillkürliches und willkürliches Gedächtnis oder Unterscheidung in bildhaftes, verballogisches, motorisches und emotionales Gedächtnis (GUTHKE 1977; KRUTEZKI 1989). „Ein homogenes Merkmal Gedächtnisfähigkeit gibt es offenbar nicht. Vielmehr müssen wir von einer Vielzahl unterschiedlicher Gedächtnisdimensionen ausgehen, die sich nach der Darbietungs-, Einprägungs- und Prüfmethode, dem Material und der jeweils angesprochenen Sinnesmodalität unterscheiden. Trotzdem ist an der Existenz eines sich in allen konkreten Gedächtnisleistungen manifestierenden 'Gedächtnisses als allgemeine Funktion' ... wohl nicht zu zweifeln" (GUTHKE 1977, S. 185).

---

25 Semantische Gedächtnismodelle gehen davon aus, daß Informationen in Form von Propositionen gespeichert werden. Propositionen sind dabei grundlegende Bedeutungseinheiten, aus denen sich Wissensstrukturen zusammensetzen. Sie umfassen mindestens zwei Elemente: eine Relation und ein oder mehrere Argumente (WEIDEMANN 1986).
26 vgl. Abschnitt 3.3 dieser Arbeit

Gedächtnisprozesse spielen fast überall eine Rolle, auch dann, wenn sie nicht explizit ausgewiesen werden. Bei Kindern mit Lernschwierigkeiten im Mathematikunterricht lassen sich Ursachen in Mängeln des Gedächtnisses vermuten, wobei diese in der Qualität der Gedächtnisarten oder der -prozesse liegen können. „Gedächtnis, charakterisiert als Prozeß, steht in enger Beziehung zu vielen ... Fehlerursachen in den Mechanismen der Informationsverarbeitung, wobei die individuell unterschiedlichen Qualitäten der Gedächtnisarten ... sowie die Wechselbeziehungen zwischen diesen im Mathematikunterricht besonders wirksam werden" (RADATZ 1980, S. 36).

Mängel im Gedächtnis können dazu führen, daß Begriffe und ihre Merkmale nur unzureichend angeeignet und dadurch Beziehungen zu anderen Begriffen nicht hergestellt und beim Lösen von Aufgaben entsprechend genutzt werden können. Auffällig im Mathematikunterricht der Klasse 3 ist, daß Kinder mit Lernschwierigkeiten die Lösungen für Grundaufgaben nicht reproduzieren können, sondern diese immer wieder neu ermitteln, zum Beispiel durch Weiter- bzw. Zurückzählen, Arbeiten mit Mengen (Finger, Rechenkästchen, Maßeinteilung am Lineal u. ä.) oder Rechnen in Teilschritten. Für ein Anwenden und Übertragen der Grundaufgaben beim Rechnen von Aufgaben im Zahlenraum bis 1 000 brauchen sie dadurch mehr Zeit als ihre Mitschüler und machen mehr Fehler. Beim Arbeiten mit Größen stehen Umrechnungszahlen nicht zur Verfügung, so daß auch einfachste Umrechnungen nicht gelingen. Beim Lösen geometrischer Aufgaben sind Begriffe und ihre Merkmale nicht verfügbar, so daß Identifizierungs- und Realisierungsaufgaben nicht bearbeitet werden können. Sind grundlegende Begriffe und Beziehungen nur unzureichend gedächtnismäßig verankert, können darauf aufbauende Inhalte nicht verstanden werden, da der Zusammenhang zum Wissensbesitz fehlt. Diese Mängel beziehen sich weitgehend auf das Langzeitgedächtnis. Mängel können aber auch das operative oder Kurzzeitgedächtnis betreffen. Sie zeigen sich darin, daß ständig die Aufgabenstellung vergessen wird bzw. notwendige Teilschritte und Zwischenergebnisse nicht gemerkt werden. Eine Aufgabe wird dann häufig von vorn begonnen oder vorzeitig beendet. Hier besteht ein enger Zusammenhang zur Konzentration, der im Abschnitt 3.3.3 schon dargestellt wurde. Mängel in der Konzentration können den Prozeß des Vergessens beschleunigen, während eine gute Konzentration eine gewisse kompensatorische Wirkung haben kann.

Worauf lassen sich die dargestellten Mängel zurückführen? Allgemein ist festzustellen, daß nicht die Menge des Behaltenen Kriterium für ein gutes Gedächtnis ist. Nach dem Überschreiten eines gewissen Minimums haben interindividuelle Unterschiede im mechanischen Gedächtnis kaum noch Relevanz für das Bewältigen komplizierter kognitiver Anforderungen. Vielmehr ist die Resistenz gegenüber Störungen, die Strukturiertheit und Sinnerfülltheit des Eingeprägten und die

Flüssigkeit des Gedächtnisablaufes von entscheidenderer Bedeutung für die Güte des Gedächtnisses (GUTHKE 1977, S. 196). Grundlagen für das Behalten werden damit beim Einprägen gelegt, so daß diesem Prozeß auch besondere Aufmerksamkeit geschenkt werden muß. Dabei ist vor allem die Fähigkeit zur Verwendung äußerer (im Sinne mnemotechnischer Hilfsmittel) und innerer Gedächtnishilfen wichtig für ein gutes Funktionieren des Gedächtnisses (LEONTJEW 1985).

In Untersuchungen konnte ein enger Zusammenhang zwischen Gedächtnisleistungen und der Ausprägung kognitiver Fähigkeiten, insbesondere der Fähigkeiten zum Erfassen von Zusammenhängen, Sinnbeziehungen und Regeln, nachgewiesen werden. Danach hingen Gedächtnisleistungen sehr deutlich von der geistigen Aktivität beim Einprägen und Reproduzieren ab (vgl. GUTHKE 1977). So zeigte zum Beispiel IRRLITZ (1978) in ihren Untersuchungen an Schülern der siebenten Klasse, daß sich leistungsschwache Schüler von ihren leistungsstarken Mitschülern in ihren Gedächtnisleistungen bei mathematischen und geographischen Inhalten beim unvermittelten (mechanischen) Einprägen kaum unterschieden. Es bestanden aber hohe signifikante Unterschiede in den Behaltensergebnissen, die auf Grundlage logischen Einprägens und Reproduzierens beruhten. Es erwies sich, daß Schüler mit Lernschwierigkeiten in hohem Maße keine oder nur teilweise rationelle Techniken des Einprägens und Reproduzierens verwendeten (das trifft auf 80 bis 85 Prozent ihrer Untersuchungsschüler zu). Einige Schüler entwickelten auch eigene Strategien, die aber eher hinderlich waren und den Lernaufwand erhöhten, zum Beispiel zu kleine Strukturierung des Stoffes durch Bilden von Zweiergruppen, alphabetisches Ordnen nach den Anfangsbuchstaben der einzuprägenden Elemente oder „primitives" Ordnen nach Äußerlichkeiten wie Farbe, Form u. ä. Nach einer kurzen Trainingsphase, in der Methoden des logischen Einprägens und Reproduzierens selbst zum Lerngegenstand gemacht wurden, waren signifikante Entwicklungseffekte bezüglich der Behaltensleistungen zu verzeichnen. Ein enormer Anstieg der Verwendung von Methoden des logischen Einprägens (auf 82,7 Prozent) führte bei diesen Schülern auch zu einer Erhöhung der Behaltenseffekte. Es zeigte sich eine starke Annäherung an die Ergebnisse der leistungsstarken Schüler. IRRLITZ (1978, S. 138 ff.) konnte mit ihrer Untersuchung den Nachweis erbringen, daß durch pädagogisches Einwirken auch leistungsschwache Schüler fähig sind, sich Kenntnisse vorwiegend logisch einzuprägen. Sie verdeutlichte eine enge Wechselbeziehung zwischen Einprägungs- und Reproduktionsmethoden und Behaltenseffekten.

Zu ähnlichen Ergebnissen kamen PERLETH, SCHUKER und HUBEL (1992, S. 20, 31 f.) in ihren Untersuchungen an Schülern mit Lernbehinderungen der zweiten und dritten Jahrgangsstufe. Auch sie konnten zwischen Strategieeinsatz und Gedächtnisleistung einen deutlichen Zusammenhang nachweisen. Nach Absolvierung eines Kurztrainingsprogramms wurde in ihrer Untersuchungsgruppe im Prä-Post-Test-Vergleich eine erhebliche Steigerung von Strategieeinsatz und Gedächtnisleistung deutlich. Die trainierten Sonderschüler organisierten das zu lernende Material nicht nur besser als die Kontrollschüler, sondern erreichten sowohl in den Strategiemaßen als auch in der Erinnerungsleistung höhere Werte als die Kinder einer Stichprobe (nichttrainierter) Grundschüler der zweiten Klasse.

Als Einprägungsstrategien lassen sich im wesentlichen *Strategien des Memorierens, Elaborierens und Organisierens*[27] unterscheiden, die sich zum Teil auch überschneiden können. Referierte Untersuchungen bei WIPPICH (1984, S. 51) belegen, daß sich insbesondere jüngere Kinder im Gebrauch dieser Strategien erheblich unterscheiden. Das wird zum einen darauf zurückgeführt, daß Kinder die Strategien nicht kennen, zum anderen darauf, daß sie die Relevanz solcher Strategien für eine Problemlösung nicht erkennen. Gelang es aber im Training, Kinder im Gebrauch solcher Strategien zu unterweisen, so konnten beträchtliche Leistungssteigerungen im Behalten nachgewiesen werden (vgl. auch HASSELHORN 1992). Schüler mit Lernschwierigkeiten machen spontan oft keinen Versuch zur Anwendung von Strategien, bzw. verwenden sie nicht adäquate Strategien (vgl. VALTIN, NAEGELE 1993; ZIELINSKI 1980, S. 64). Beim Gebrauch von Strategien lassen sich darüber hinaus qualitative Unterschiede zwischen jüngeren und älteren Schülern sowie zwischen guten und schlechten Lernern beobachten. Zum Beispiel ordnen jüngere Schüler einzuprägendes Material beim organisierten Einprägen mehr perzeptuell oder funktional, während ältere Schüler eher nach taxonomischen Kategorien ordnen (PERLETH, SCHUKER, HUBEL 1992). Auch hierin lassen sich Schüler mit Lernschwierigkeiten wieder mit jüngeren Schülern vergleichen.

---

27 Unter *Memorieren* versteht man interne Vorgänge des Wiederholens einzuprägender Informationen. Dadurch wird die unmittelbare Präsenz von Informationen verlängert. Beim Memorieren können aber auch teilweise schon Ergänzungen vorgenommen werden, um durch eine Erweiterung und In-Beziehung-Setzung vorgegebener Informationen eine längerfristige Speicherung zu erreichen. Insofern gibt es Überschneidungen zum Elaborieren bzw. Organisieren. Strategien des *Elaborierens* sind darauf gerichtet, Informationen zueinander in Beziehung zu setzen, also miteinander zu assoziieren. Durch sprachliche oder bildhafte Vermittlungs- und Transformationsprozesse wird versucht, vorgegebene Informationen „zusammenzufügen" bzw. mit vorhandenem Wissen zu verknüpfen (zu elaborieren). Dadurch werden Informationen mehrmals abgespeichert und die Abrufmöglichkeiten erhöht. *Organisieren* bedeutet zum einen, vorgegebene Ordnungsmöglichkeiten (Ordnungsmerkmale) im Lernmaterial zu erkennen und beim Einprägen und Wiedergeben zu nutzen (zum Beispiel semantisch-taxonomische Kategorien), zum anderen aber auch, relativ unzusammenhängende Materialien neu zu ordnen und ihnen eine Organisationsstruktur (subjektive Organisation) aufzuprägen (WIPPICH 1984, S. 49 f.). Dadurch werden einzuprägende Informationen zusammengefaßt und der Aufwand beim Einprägen und Reproduzieren reduziert.

3.3 Kognitive Ursachen für Lernschwierigkeiten

Kinder, die effektive und dem Gegenstand angemessene Strategien aber nicht kennen oder nutzen, haben nicht nur geringere Reproduktionsleistungen, sondern lernen mit größerem Aufwand. Sie können Inhalte nicht zusammenfassen, miteinander verbinden oder zum Vorwissen[28] in Beziehung setzen. Dadurch erkennen sie Zusammenhänge nicht und können dann weniger auf bereits vorhandenes Wissen zurückgreifen. Gedächtnisleistungen hängen in hohem Maße vom Vorwissen und von der Aufmerksamkeit, der Motivation und der Einstellung der Persönlichkeit in der aktuellen Situation ab. Es wird das besser gelernt und behalten, was verstanden wurde und subjektiv bedeutsam ist (GUTHKE 1977; WIPPICH 1984).

Alle diese Untersuchungsbefunde deuten darauf hin, wie notwendig es ist, in Aussagen über das Gedächtnis eines Kindes nicht nur die Behaltensleistungen eingeprägter Objekte zu beachten. Solche Aussagen würden der Vieldimensionalität des Gedächtnisses nicht Rechnung tragen. Zum Einsatz von standardisierten Tests gelten ähnliche Kritiken, wie wir sie schon zu den Konzentrationstests ausgeführt haben. Gedächtnistests betreffen zum größten Teil das mechanische Gedächtnis in einer störungsfreien und daher für die Schule untypischen Situation. Untersucht wird das Resultat und weniger der Prozeß des Einprägens. Dabei werden häufig nicht die Wörter selbst gelernt und behalten, sondern solche bekannten Wörter, die im Kontext der Untersuchung vorgekommen sind (WIPPICH 1984). Dieses Vorgehen hat ebenfalls wenig mit der normalen Schulsituation zu tun. Um zu differenzierten Aussagen über das Gedächtnis insbesondere von Kindern mit Lernschwierigkeiten zu kommen und entsprechende Maßnahmen für eine Förderung abzuleiten, ist es sinnvoll, Aufgaben mit schulrelevanten Inhalten zu konstruieren, die den Einsatz unterschiedlicher Strategien erfordern und ermöglichen[29] (vgl. IRRLITZ 1978).

---

28 Individueller Gedächtnisbesitz (Vorwissen) wird durch Wissenserwerb korrigiert, verfeinert, vertieft oder partiell als Irrtum erkannt. Lernen ist demnach Korrektur von Gedächtnisbesitz auf der Basis von Informationsverarbeitungsprozessen und muß stets in bezug auf eine vorhandene Gedächtnisausstattung gesehen werden (KLIX 1990, S. 165).
29 Solche Aufgaben befinden sich in der Aufgabensammlung von SCHULZ (1994b).

Zusammenfassend wird anhand einer Lehrbuchaufgabe aus Klasse 1 verdeutlicht, wie dargestellte kognitive Voraussetzungen (Abstraktion, Vorstellung, Konzentration und Gedächtnis) integrativ zu einer erfolgreichen Lösung eingesetzt werden müssen.

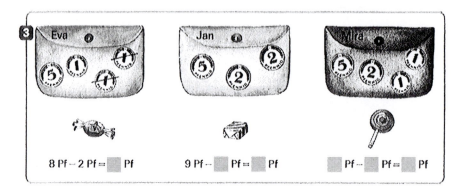

Abbildung 3: Aufgabe aus einem Lehrbuch (Nußknacker 1, 1992, S. 55)

Da in Klasse 1 die Lesefähigkeit der Schüler noch gering ist, werden viele Aufgaben im Mathematikunterricht in Bildform vorgegeben. Die Schüler sollen durch eine entsprechende Bildanalyse oft selbst zur Aufgabenstellung kommen und das Bild gleichzeitig als Anschauung für die Lösung verwenden. Das geht über „reines" Sehen hinaus und stellt eine Erkennensleistung dar, die nicht von jedem Schüler problemlos geleistet werden kann.

Beim Lösen von Aufgabe 3 sind folgende Denkprozesse zu bewältigen:

- Ein „statisches Bild" ist ins „Dynamische" zu übersetzen:
  Der Schüler soll sich zu einem statischen Bild eine Handlung vorstellen, etwa: Eva kauft sich ein Bonbon und bezahlt mit ihrem Geld aus ihrer Geldbörse. Dieses Bild stellt die Handlung nur schematisch dar und verlangt dem Schüler sehr viel Vorstellung ab. Es entspricht nicht seiner Lebenserfahrung, daß er nach dem Bezahlen das Geld noch durchgestrichen in der Geldbörse hat, wie es bei Eva offensichtlich der Fall ist. Das ist ein typisches Beispiel dafür, daß die gedachte „Anschaulichkeit" des Bildes nicht für jeden eine Hilfe sein muß.

- Zwischen „Bildhaftem" und „Symbolischem" ist ein Zusammenhang herzustellen:
  Es muß eine Fokussierung der Aufmerksamkeit auf den numerischen Teil der Aufgabe erfolgen (Konzentration). Die Handlung des Einkaufens ist

nicht wesentlich, es geht nur noch darum, wieviel Geld vorhanden war und davon bezahlt werden mußte (Abstraktion). Dazu muß die Struktur einer Subtraktionsaufgabe erkannt und beim Geld eine Unterscheidung zwischen Anzahl und Werten vorgenommen werden (Abstraktion). Die Lösung für die zugeordnete Subtraktionsaufgabe soll durch Reproduktion der entsprechenden Grundaufgabengleichung gefunden werden (Gedächtnis). Ist diese Grundaufgabe noch nicht automatisiert, kann eine Lösung nur zählend ermittelt werden (Konzentration und Gedächtnis). Die Benutzung des Bildes dazu setzt wieder eine Unterscheidung von Anzahl und Werten beim dargestellten Geld voraus (Abstraktion). Die durchgestrichenen Pfennige müssen gedanklich weggenommen werden, obwohl sie noch zu sehen sind (Vorstellung).

Schwierigkeiten beim Lösen der Aufgabe können ihre Ursache in einzelnen dargestellten Fähigkeiten haben bzw. auch in einer unzureichenden Integration geforderter Fähigkeiten. Deshalb soll es in den nächsten Abschnitten um Möglichkeiten der Entwicklung kognitiver Voraussetzungen für Mathematiklernen gehen.

3.4 Darstellung und Begründung eines Förderkonzepts zum Verhindern bzw. Überwinden von Lernschwierigkeiten

3.4.1 Entwicklung von kognitiven Fähigkeiten und Stützfunktionen im Mathematikunterricht der Grundschule

Zur Förderung von Schülern mit Lernschwierigkeiten unterschiedlicher Verursachung lassen sich in der Literatur bisher im wesentlichen zwei verschiedene Richtungen unterscheiden. Neben allgemein pädagogischen Hinweisen zur Änderung von Motivation und Lerneinstellung der Schüler gibt es viele Trainingsprogramme zum isolierten Training ausgewählter kognitiver Funktionen zur Informationsaufnahme und -verarbeitung oder inhaltlich ausgerichtete Förderprogramme bzw. -materialien zum Einüben von deklarativem und prozeduralem Wissen in verschiedenen Fächern. Eine Verwendung und Durchführung von inhaltsunspezifischen Trainingsprogrammen[30] kann aber nur dann erfolgreich sein, wenn beim Schüler isolierte Ausfälle in dem entsprechenden Bereich im Sinne einer Teilleistungsstörung diagnostizierbar sind. Trainiert werden Funktionsbereiche, in denen Minderleistungen festgestellt werden. Eine Einbindung der Förderung in den normalen Unterricht ist in der Regel nicht möglich, da sie von Unterrichtsinhalten losgelöst sind und eine Überforderung für Lehrer darstellen. Meist wird auch eine Einzelbehandlung für Schüler empfohlen und angestrebt.

Als Kritik dieser Trainingsprogramme wird angeführt, daß kein oder nur geringer Transfer auf Schulleistungen erfolgt, so daß auch nach der Behandlung des betreffenden Schülers seine Lernschwierigkeiten fortbestehen können. Eine Ursache dafür wird in der inhaltlichen Unspezifität der Trainingsprogramme gesehen. So werden weder Vorkenntnislücken in einzelnen Fachgebieten abgebaut, noch gelingt es den Schülern ohne weiteres, die erlernten Verfahren und Techniken auf spezielle Unterrichtsinhalte zu übertragen, weil sie deren Relevanz in anderen Zusammenhängen nicht erkennen. Solchen Trainingsprogrammen liegt die Idee zugrunde, daß kognitive Funktionen eine psychische Einheit bilden, die sich aufgaben- und materialunabhängig realisiere und deshalb auch ungeachtet aller Fachspezifik isoliert trainiert werden könne. Dabei wird die Bereichsspezifität dieser Funktionen außer acht gelassen, die in vielen Untersuchungen nachgewiesen wurde (vgl. auch SCHEERER-NEUMANN 1981; VALTIN 1981). So kann ein Training ausgewählter kognitiver Funktionen bestenfalls Grundlagen für Lernprozesse schaffen, aber nicht automatisch zu besseren Schulleistungen führen. Das liegt u. E. auch daran, daß sich Lern-

---

30 Gedacht ist hierbei zum Beispiel an Trainingsprogramme zur visuellen oder auditiven Wahrnehmungsförderung, an Konzentrationstrainingsprogramme u. ä.

3.4 Darstellung und Begründung eines Förderkonzepts

schwierigkeiten in den seltensten Fällen allein auf isolierte Störungen in einem kognitiven Funktionsbereich zurückführen lassen. Lernprozesse sind viel komplexerer Natur. Eine grundlegende Erfolgsaussicht dieser Programme bei Lernschwierigkeiten konnte in Untersuchungen bisher nicht nachgewiesen werden.

Inhaltlich ausgerichtete Förderprogramme und -materialien[31] können eine sinnvolle Ergänzung der Lehrbücher darstellen und zur Differenzierung sowohl im Regelunterricht als auch im Förderunterricht eingesetzt werden. Der Lehrer erhält dadurch einen guten Überblick, welche inhaltlichen Schwerpunkte vom Schüler beherrscht und selbständig bearbeitet werden können und welche nicht. Eine sinnvolle Schwierigkeitsabstufung der Aufgaben läßt eine differenzierte Bearbeitung auf unterschiedlichen Niveaus zu. Solche Förderprogramme dienen zur Aufarbeitung vorübergehender Schwierigkeiten, die Schüler mit einzelnen fachlichen Unterrichtsinhalten haben können, deshalb sind sie ausschließlich an inhaltlichen Schwerpunkten orientiert. Meist führt eine Arbeit mit solchen Programmen aber nur zu kurzzeitigen Erfolgen bzw. wird nur dort wirksam, wo Wissensdefizite hauptsächliche Ursache für Lernschwierigkeiten sind (das ist allerdings selten der Fall). Eine Beseitigung von anderen Ursachen für Lernschwierigkeiten erfolgt durch ihren Einsatz kaum, da ihr Prinzip nur auf einer Verlängerung der Lernzeit durch vermehrte Übungen beruht. Eine einfache Wiederholung des Stoffes und Verlängerung der Lernzeit ist für Schüler mit Lernschwierigkeiten auf die Dauer wenig effektiv, weil der gesamte Lernstoff im Förderunterricht nicht ständig für diese Kinder wiederholt werden kann und das insgesamt auch zu einer Überforderung führen würde.

Es ist im weiteren nicht Anliegen dieser Arbeit, unterschiedliche Förderansätze darzustellen und ihre Effektivität bezüglich der Überwindung von Lernschwierigkeiten im Mathematikunterricht zu bewerten.[32] Vielmehr sollen die folgenden Abschnitte einer Beschreibung und Begründung unseres Ansatzes zum Verhindern bzw. Überwinden von Lernschwierigkeiten im Mathematikunterricht dienen.

---

31 Hierzu zählen Materialien, die herausgegeben werden als „Förderblätter" oder „Handreichungen für den Förderunterricht" oder speziell aufbereitete „Rechentrainingsprogramme".

32 Eine Zusammenstellung und Diskussion von unterschiedlichen Ansätzen zur Intervention bei Lese-Rechtschreib-Schwäche finden wir bei SCHEERER-NEUMANN (1979). Sie kam zu der Feststellung, daß kognitiv orientierte Trainingsverfahren, die auf den Stufen des Lernprozesses basieren und eng an grundlegende Prozesse des Fachgegenstandes (hier Teilprozesse des Lesens und Rechtschreibens) gebunden sind, den höchsten Trainingserfolg zu verzeichnen hatten. Eine ähnliche Zusammenstellung bisher eingesetzter Trainingsverfahren bei Schülern mit Lernschwierigkeiten im Mathematikunterricht und ihrer Ergebnisse ist uns nicht bekannt, so daß wir uns in der Begründung für unsere Vorgehensweise auch auf dargestellte Untersuchungen zur Intervention bei Lese-Rechtschreib-Schwäche beziehen werden.

In den vorangegangenen Abschnitten der Arbeit wurde ausgehend von Entwicklungsbesonderheiten des jüngeren Schulkindes und von Besonderheiten des mathematischen Lehr- und Lernprozesses gezeigt, welche Bedeutung die kognitiven Fähigkeiten Abstraktion und Vorstellung und die kognitiven Stützfunktionen Konzentration und Gedächtnis für mathematische Lernprozesse haben. An Beispielen aus der Literatur und aus eigenen Untersuchungen wurde dargestellt, daß sich Schüler mit Lernschwierigkeiten in der Fähigkeitsentwicklung sehr stark von ihren Mitschülern unterscheiden. Diese Unterschiede lassen sich zum großen Teil nicht auf Intelligenzmängel oder organische Erkrankungen, sondern auf *Strategiedefizite und fehlende Erfahrungen* zurückführen. Schüler mit Lernschwierigkeiten sind weniger als ihre Mitschüler in der Lage, eigene effektive Strategien zu entwickeln und adäquat einzusetzen. Sie lernen in der Regel passiv (vgl. auch WENDELER 1990). Dadurch erkennen sie nicht die Struktur des Stoffes, und es geht schnell der Überblick verloren bzw. kann gar nicht erst hergestellt werden. Schüler mit Lernschwierigkeiten müssen effektive Methoden zur Informationsaufnahme und -verarbeitung erlernen. Da sie am gleichen Unterricht teilnehmen, werden sie mit gleichen Inhalten konfrontiert. Sie machen aber weniger aus diesen Inhalten, deshalb bringt es auch nichts, wenn sie die gleichen Inhalte noch einmal genauso geboten bekommen. Das erklärt auch, warum Klassenwiederholungen bei den meisten Schülern kaum zu langfristigen Erfolgen führen. „Jeder Lernende zeigt ein großes Spektrum von Strategien, mit denen er seine Lernaufgaben zu bewältigen versucht. Diese Strategien hängen von der Struktur des individuellen Fähigkeitsrepertoires ab. Hieraus können zwei wichtige Schlußfolgerungen gezogen werden ... Jeder Unterricht, der die Verbesserung der kognitiven Funktionen des Kindes zum Ziel hat, muß die individuellen Fähigkeitsmuster des Kindes berücksichtigen ... ; mit einem lerngestörten Kind müssen zusätzlich spezielle praktische Übungen durchgeführt werden ... Das Kind sollte lernen, Probleme zu lösen, relevante Informationen zu erfragen, und es sollte trainiert werden, mnemotechnische Entwürfe einzusetzen, um das, was es sieht und hört, besser behalten zu können. Ferner sollte es klassifizieren und kategorisieren lernen wie auch Informationseinheiten zueinander in Beziehung zu setzen" (FROSTIG 1981, S. 39).

Eine Förderung von Schülern mit Lernschwierigkeiten kann nur erfolgen, indem Fähigkeiten nicht abgehoben trainiert, sondern im Lernprozeß selbst an fachspezifischen Inhalten entwickelt werden. Dazu sollten die ansonsten fachunspezifischen Förderprogramme abgewandelt werden, ohne daß sie die Förderzielrichtung verlieren (vgl. FLOER 1982; LORENZ 1990a; WITTMANN 1982). Gerade für die Grundschule erscheint ein solches Vorgehen erfolgversprechend, wenn man davon ausgeht, daß Kinder erst notwendige Lerntechniken und Strategien entwickeln, diese selbst jedoch kaum Unterrichtsgegenstand sind und zu wenig thematisiert werden. „Insgesamt scheint die Entwicklung wachsender intellektueller Fähigkeiten bei Kindern überwiegend von einem Zuwachs des Wissens darüber, was zu tun ist, abzuhängen und weniger von einer Zunahme der Fähigkeit, die entsprechenden Handlungen auszuführen" (ANDERSON 1989, S. 385). Das heißt, zwischen älteren und jüngeren Kindern sowie zwischen guten und schlechten Lernern bestehen wenig Unterschiede in der funktionalen Anlage von Fähigkeiten, sondern im Einsatz dieser. Kinder mit Lernschwierigkeiten entwickeln von sich aus zu wenig spezifische Strategien, um den Unterrichtsgegenstand in angemessener Weise zu (re-)konstruieren. Dadurch lernen sie mit mehr Aufwand bzw. es fehlen ihnen Voraussetzungen, so daß grundlegende Inhalte nicht verstanden werden können.

Für unser Anliegen bedeutet das, die *Entwicklung kognitiver Fähigkeiten und Stützfunktionen an ausgewählten grundlegenden Inhalten des Mathematikunterrichts so zu fördern, daß diese auch effektiver beim Lernen von Inhalten eingesetzt werden können.* Dazu gibt es im wesentlichen zwei Vorgehensmöglichkeiten: über das Bearbeiten von Aufgaben oder direkt über die Vermittlung von entsprechenden Strategien. In unseren Untersuchungen haben wir beide Möglichkeiten eng miteinander verbunden. Dazu haben wir für die Hand des Lehrers ein Aufgabenmaterial entwickelt, das den oben genannten Aspekten Rechnung trägt.

Eine Aufgliederung von Inhalten auf einzelne Stunden wurde nicht vorgenommen. Damit wollen wir gewährleisten, daß auf die individuellen Probleme des jeweiligen Schülers oder der Gruppe eingegangen werden kann bzw. ein Einsatz auch in Stundenteilen des Regelunterrichts oder in offenen Lernsituationen möglich wird. Alle Varianten wurden von uns einer ersten Erprobung unterzogen, die im Kapitel 4 der vorliegenden Arbeit dargestellt ist. Im folgenden werden Grundprinzipien für die Auswahl von Aufgaben zum Fördern und der Arbeit mit diesem Material dargestellt[33].

Auch für die Arbeit mit Kindern, die Lernschwierigkeiten haben, gilt: Das Kind wird nicht entwickelt, sondern es sind solche Bedingungen zu schaffen, daß es sich selbst entwickeln kann (vgl. auch HOGAU 1987, S. 153). Eine Arbeit nach dem Prinzip der kleinen und kleinsten Schritte, der Isolierung von Schwierigkeiten, der starken Lenkung von außen, die heute noch vorherrschend ist im Umgang mit diesen Schülern (und oft nicht nur mit diesen Schülern), schränkt die Aktivität der Schüler ungerechtfertigt ein. Die Schüler können Zusammenhänge nicht überschauen, das eigene Aufgliedern von Problemen in kleine Schritte gelingt ihnen nicht, sondern sie werden zunehmend abhängiger von

---

[33] Auszüge aus dem Material zum Fördern befinden sich in den Anlagen dieser Arbeit. Eine Gesamtdarstellung erfolgte in der Aufgabensammlung von SCHULZ (1994b).

anderen, die ihnen den Lehr-Lernstoff ständig so portionieren. Wichtiger für diese Schüler ist, selbst Teile im Komplexen zu erkennen, herauszuheben und zu nutzen. Bekommen sie immer nur Teile vorgesetzt, geht schnell der Überblick für den Zusammenhang verloren bzw. kann gar nicht erst aufgebaut werden (LORENZ 1990a; WENDELER 1990; WINTER 1984; WITTMANN 1984 und 1988).

WENDELER (1990, S. 157) schreibt zur Arbeit mit geistig zurückgebliebenen Kindern und Jugendlichen: „Kleinschrittechnik, Situationsvereinfachung, Vorstrukturierung der Probleme, systematischer Verhaltensaufbau - das alles bedeutet eine starke äußere Lenkung, erzeugt Abhängigkeit von Hilfen und fördert möglicherweise die Unselbständigkeit. Andererseits sind solche Methoden ... vielfach unerläßlich, um überhaupt Erfolge zu ermöglichen. Die Abhängigkeit und Lernpassivität mag der Preis dafür sein, daß überhaupt ein Repertoire von Kenntnissen und Fertigkeiten aufgebaut werden kann. Es besteht hierin also ein pädagogischer Konflikt: eine Antinomie, die sich nicht auflösen läßt. Für die Praxis, also die Erziehung und den Unterricht, bedeutet dies, daß beides - die äußere Lenkung ebenso wie die Möglichkeit zum aktiven Lernen - zu beachten ist, also keines das Übergewicht erhalten darf. Die Notwendigkeit, auch das selbständige aktive Lernen zu unterstützen, ist im Rahmen der Erziehung und des Unterrichts geistig zurückgebliebener Kinder und Jugendlicher vielleicht bisher zu wenig gesehen worden." Das gilt u. E. um ein Vielfaches mehr für die Arbeit mit Schülern in der Regelschule. Das Aufgabenmaterial zum Fördern ist deshalb so angelegt, daß die Schüler durch das Lösen von Aufgaben selbst Erfahrungen im Umgang mit Mathematik sammeln und zu eigenen Erkenntnissen gelangen können (vgl. auch GINSBURG 1982). Sie werden dazu aufgefordert, oft über Handlungen und Ergebnisse zu reflektieren, Begründungen für ihr Vorgehen zu geben, nach anderen Wegen zu suchen oder selbst entsprechende Aufgaben zu bilden - alles Situationen, die Schülern mit Lernschwierigkeiten im Regelunterricht aus Zeitgründen oft abgenommen werden. Wir wollen damit erreichen, daß ein einsichtiges Lernen an Aufgaben erfolgt, bewußt Strategien erkannt und auf weitere Aufgaben angewendet werden - erst dann sollte „trainiert" werden. „Das beste Verständnis für Mathematik erwächst aus einem eigenen Betreiben von Mathematik" (WITTMANN 1982, Vorwort).

Das Aufgabenmaterial ist gegliedert nach Schwerpunkten der Förderung in Aufgaben zur Entwicklung der kognitiven Fähigkeiten Abstraktion und Vorstellung und der kognitiven Stützfunktionen Konzentration und Gedächtnis. Aufgaben wurden dazu teilweise aus der Literatur übernommen und modifiziert, teilweise selbst konstruiert. Dabei wurden folgende Gesichtspunkte beachtet:

3.4 Darstellung und Begründung eines Förderkonzepts

- Zu einem inhaltlichen Schwerpunkt sind immer mehrere *Aufgaben gleicher Art auf allen Repräsentationsebenen* (enaktiv, ikonisch, symbolisch-verbal) zusammengestellt, so daß ein bewußtes Hin- und Herübersetzen ermöglicht und gefordert wird. Dadurch sollen vielfältige Erfahrungen aufgebaut und Beziehungen zwischen den Ebenen hergestellt werden. Kann ein Schüler eine Aufgabe auf einer Ebene (noch) nicht lösen, so ist ein selbständiges „Zurückgehen" auf eine andere Ebene möglich. Aufgaben, die auf enaktiver und ikonischer Ebene gelöst werden können, nehmen einen höheren Stellenwert ein, da diese Ebenen im Regelunterricht für Schüler mit Lernschwierigkeiten oft zu schnell verlassen werden (bedingt zum Teil durch das Aufgabenangebot in den Lehrbüchern). Gerade für Schüler mit Lernschwierigkeiten ist es notwendig, den Zusammenhang zwischen Mathematik und Lebenserfahrung bewußtzumachen. „... no pupil will truly learn mathematics unless it becomes a skill which is used in personal mathematical activity. This activity need not be at a complicated or abstract level but it must exist; otherwise, so-called learning and understanding are meaningless" (SCHWARZENBERGER 1984, S. 8-9). Ähnliche Aussagen trifft auch BIGGS (1990, S. 52 ff.).

- Die *Formulierung der Aufgaben ist kurz und einfach* gehalten, so daß ein hohes Maß an Selbständigkeit beim Bearbeiten der Aufgaben ermöglicht und auch eventuellen Problemen in der Lesefähigkeit Rechnung getragen wird. Für den Lehrer sind oft noch zusätzliche Hinweise zu einzelnen Aufgabengruppen enthalten, um auf besondere Möglichkeiten und Probleme beim Einsatz der Aufgaben aufmerksam zu machen. Unter Beachtung dieser Hinweise lassen sich dann weitere Aufgaben zusammenstellen und unterschiedliche Varianten zur Veränderung des Schwierigkeitsgrades finden.

- Die Inhalte für die Aufgaben sind so ausgewählt, daß zentrale Inhalte der Grundschulmathematik den Schwerpunkt bilden (Zahlen, Grundrechenoperationen, Größen und Geometrie). Hierbei wird eine *Verbindung von innermathematischen mit außermathematischen Inhalten* angestrebt, um Erfahrungen und Vorstellungen der Schüler aufzugreifen, eine Verbindung mit der Lebensumwelt zu zeigen, Sachgebiete anzusprechen, die Schülern eventuell „besser liegen", um somit unterschiedliche Zugänge zum mathematischen Stoff zu nutzen. „We also need to teach mathematics in ways which have continuity between school and the outside world. This is already the case with reading, but with mathematics there is a false contrast" (SKEMP 1991, S. 30). Eine solche Vorgehensweise dient der Ausnutzung der Stärken der Schüler und kann unterschiedlichen Lerntypen besser entsprechen. Mit den ausgewählten Aufgaben sollen Möglichkeiten gegeben werden, eventuelle

Vorkenntnislücken und bestehende Defizite abzubauen bzw. grundlegendes Wissen zu wiederholen und zu festigen.

- Eine *Schwierigkeitsabstufung der Aufgaben* innerhalb der Förderschwerpunkte wird zum einen durch die Wahl der Repräsentationsebenen vorgenommen, zum anderen durch Inhalte und Schülertätigkeiten.[34] Bei den Schülertätigkeiten unterscheiden wir insbesondere *Identifizieren* und *Realisieren*.[35] Darüber hinaus ist darauf geachtet, daß im Aufgabenmaterial Aufgaben abwechseln, die keine, genau eine oder mehrere Lösungen haben. (Diese Tatsache wird im Regelunterricht der Grundschulmathematik u. E. zu wenig beachtet - zum Teil bedingt durch das Aufgabenangebot in den Lehrbüchern. Das führt dazu, daß insbesondere Schüler mit Lernschwierigkeiten grundsätzlich nach *der* Lösung einer Aufgabe suchen, um dann die Bearbeitung abzubrechen. Weitere Überlegungen werden nicht angestellt. Finden sie keine Lösung, fühlen sie sich sehr verunsichert und geben sich die „Schuld" dafür.) Durch diese Schwierigkeitsabstufung sind die Aufgaben sowohl zur Diagnose als auch zur Therapie bei Lernschwierigkeiten im Mathematikunterricht geeignet, da individuelle Lernwege und Probleme der Schüler bei der Bearbeitung der Aufgaben deutlich sichtbar werden.

- Inhalt, Form, einzusetzende Materialien[36] und Formulierung der Aufgaben sind vor allem unter dem *Gesichtspunkt einer ansprechenden, motivierenden Gestaltung* ausgewählt. Damit soll erreicht werden, daß eine Arbeit mit diesen Aufgaben Spaß macht, Interesse weckt, zur Eigenaktivität anregt, zumindest auch die unwillkürliche Aufmerksamkeit anspricht (vgl. BERRILL 1984; RICHARDS 1984, S. 64 f.). Das kann nur aufrecht erhalten werden, wenn Erfolgserlebnisse für die Schüler organisiert werden. Wir messen in diesem Zusammenhang der Selbstkontrolle eine entscheidende Bedeutung bei. Diese kann zum Beispiel in Form eines Vergleichs mit Lösungsblättern realisiert werden, auf denen die vollständige Aufgabe mit

---

34 Wir sind uns darüber im klaren, daß bei der Anforderungsstruktur einer Aufgabe immer auch subjektive Merkmale wie Bekanntheitsgrad und Motivation eine Rolle spielen. Das lassen wir bei unseren Aufgaben außer acht, da wir darauf nicht genügend Einfluß nehmen können. Eine freie Aufgabenauswahl durch Lehrer und Schüler kann aber diesem Problem Rechnung tragen.

35 Unter *Identifizieren* (auch „Erkennen" oder „Auffassen") verstehen wir, daß die Schüler
   a) erkennen, welche Begriffe oder Sätze durch vorliegende Objekte, Aussagen, Beispiele repräsentiert werden;
   b) die Richtigkeit oder Falschheit von vorgegebenen Aussagen oder Beispielen bestimmen und begründen.
   Unter *Realisieren* (auch „Herstellen" oder „Konkretisieren") verstehen wir, daß die Schüler zu vorgegebenen Begriffen oder Sätzen Repräsentanten bzw. Beispiele herstellen.

36 Das Primat in unseren Untersuchungen haben in jedem Fall die Arbeitsmittel für die Hand des Schülers, weniger die Demonstrationsmittel für den Lehrer.

3.4 Darstellung und Begründung eines Förderkonzepts

Lösungsweg und Ergebnis dargestellt ist. Ein Vergleich kann dann schon im Prozeß des Lösens erfolgen, wenn erste Schwierigkeiten auftreten. Schüler mit Lernschwierigkeiten müssen in die Lage versetzt werden, selbst Erfolge zu empfinden. Das macht sie unabhängiger von Fremdsteuerung (Bestätigung von außen) und läßt sie in ihrem Handeln sicherer werden. Dazu müssen sie einen konstruktiven Umgang mit eigenen Fehlern erlernen, zum Beispiel durch Suchen, wo ein Fehler steckt, welche Ursache dazu führte oder welche anderen Fehler auftreten können. Auch dazu haben wir Aufgaben in das Material mit aufgenommen.

Das Material ist so aufgebaut und angelegt, daß eine kontinuierliche Arbeit bei Schülern mit Lernschwierigkeiten dazu dient, ausgewählte kognitive Fähigkeiten und Stützfunktionen, die insbesondere für mathematische Lernprozesses bedeutsam sind, zu fördern und zu entwickeln und dabei auch gut ausgebildete Fähigkeiten der betreffenden Schüler zu nutzen. Zu den einzelnen Förderschwerpunkten werden im folgenden detailliertere Aussagen gemacht.

3.4.2 Entwicklung von Abstraktion und Vorstellung

Die Bedeutung von *Abstraktion* im Mathematikunterricht der Grundschule wurde im Abschnitt 3.3.1 dargestellt. Abstrahieren umfaßt
- Erkennen von Merkmalen (Eigenschaften) von Objekten,
- Auffinden von (wesentlichen) Gemeinsamkeiten und Unterschieden zwischen verschiedenen Sachverhalten (das können zum Beispiel Objekte oder Aussagen sein) in bezug auf unterschiedliche Frage- und Zielstellungen,
- Aufdecken und Nutzen von Strukturen bei Objekten, Situationen, Handlungen,
- Ordnen von Informationen nach unterschiedlichen Gesichtspunkten,
- Ableiten von allgemeinen Regeln aus der Betrachtung mehrerer Einzelfälle.

Hauptprobleme von Schülern mit Lernschwierigkeiten beim Abstrahieren bestehen darin, daß sie sich stets an auffallenden (meist sinnlich wahrnehmbaren) Merkmalen orientieren, dabei aber kaum zwischen wesentlichen und unwesentlichen Merkmalen (bzw. Bedingungen) in bezug auf die Problemstellung unterscheiden. Außerdem sind sie besser in der Lage, Unterschiede bei gegebenen Objekten oder Aussagen zu erkennen als Gemeinsamkeiten (vgl. u. a. IRRLITZ, LOMPSCHER 1978; LURIJA 1982; MENTSCHINSKAJA 1974; PIPPIG 1971). Auf diese Besonderheiten wurde im Abschnitt 3.3.1 schon hingewiesen. Der Schwerpunkt der Förderung zur Entwicklung von Abstraktion liegt auf der Überwindung dieser Probleme durch bewußtes Bearbeiten entsprechender Aufgaben. Die Aufgaben zur Entwicklung von Abstraktion gliedern sich im Aufgabenmaterial in zwei Gruppen[37] (vgl. auch SCHULZ 1992a):

Gruppe I: Erkennen von Merkmalen (Eigenschaften) von Objekten; Vergleichen und Ordnen von Objekten nach ausgewählten Eigenschaften - in Abhängigkeit davon Unterscheiden von wesentlichen und unwesentlichen Eigenschaften;

Gruppe II: Erkennen oder Herstellen von Beziehungen zwischen Objekten; Ableiten von Regeln

Eine Arbeit mit solchen Aufgaben dient zum Beispiel der Entwicklung und Verwendung analytischer Strategien bei der Begriffsbildung. Durch Vergleich und Abstraktion gemeinsamer Merkmale können begriffliche Kategorien gebildet werden.

---

37 Die Einteilung der Aufgaben in diese zwei Gruppen stellt nur eine grobe Orientierung dar. Überschneidungen lassen sich bei einzelnen Aufgaben nicht vermeiden. Bei fortgeschrittenen Übungen sollte eine Kombination sogar angestrebt werden.

3.4 Darstellung und Begründung eines Förderkonzepts

Die Aufgaben der *Gruppe I* sind so angelegt, daß die Schüler vor allem folgende Anforderungen bewältigen müssen:
- Vergleichen von Objekten nach ausgewählten oder vorgegebenen Merkmalen (Eigenschaften) und Feststellen, ob diese Merkmale vorhanden sind oder nicht; dabei auch Feststellen, ob zwei oder mehrere Objekte gemeinsame oder verschiedene Merkmale haben;
- Ordnen von Objekten nach einem oder mehreren gemeinsamen Merkmalen; Feststellen, ob Objekte dazu passen oder nicht;
- Klassifizieren mit unterschiedlichen Anforderungen (Suchen von Klassifizierungsmerkmalen aus vorgegebenen Klassen, Zuordnen von Objekten zu vorgegebenen Klassen, Klassifizieren nach vorgegebenen oder selbständig bestimmten Merkmalen).

Bei Aufgaben dieser Gruppe sind Objekte mit ihren Merkmalen Untersuchungsgegenstand. Es kann jedes Objekt einzeln hinsichtlich der Aufgabenstellung betrachtet werden, wobei entsprechende Merkmale nacheinander herauszuheben sind. Dabei sollten positive und negative Abstraktionen eine Rolle spielen, so daß bewußt untersucht wird, welches Merkmal im Moment wesentlich ist und welche anderen nicht. Fragen wie: *Was ist gleich? Was ist unterschiedlich? Welches Merkmal beachten wir jetzt, welches nicht?* sollten für jede neue Aufgabe beantwortet werden, um so die Abhängigkeit der betrachteten Merkmale von der Aufgabe zu verdeutlichen. Eine Schwierigkeitssteigerung ist vor allem nach der Anzahl und der Art der zu untersuchenden Merkmale und Objekte möglich. Die Art der Merkmale läßt sich unterscheiden nach sinnlich wahrnehmbaren Eigenschaften wie Farbe bzw. Muster, Form, Lage, Anzahl von Teilen (Ecken, Seiten, Kanten), Material u. ä. oder nach Merkmalen, die sich zum Beispiel aufgrund des Umgangs mit den Objekten ergeben wie Verwendungszweck u. ä. Die zu untersuchenden Objekte können so ausgewählt werden, daß von bekannten typischen Repräsentanten eines Begriffs ausgehend, schrittweise auch atypische Repräsentanten einbezogen werden. Die Schüler lernen dabei, daß es auf einzelne Merkmale ankommt und nicht auf den wahrnehmungsmäßigen Gesamteindruck.

Bei Aufgaben der *Gruppe II* geht es um Beziehungen zwischen gegebenen Objekten (Relationen). Solche Beziehungen sollen bewußt erkannt, genutzt oder hergestellt werden. Dazu zählen solche Anforderungen wie:
- Folgen erkennen und ordnen,
- Folgen ergänzen,
- Fehler in Folgen finden,
- Analogie- und Anordnungsaufgaben.

Untersuchungsgegenstand sind mehrere Objekte, die in irgendeiner Weise zusammenhängen. Betrachtet werden ihre Beziehungen zueinander. Das können gemeinsame sinnlich wahrnehmbare Eigenschaften sein, die in Abhängigkeit voneinander stehen, oder Eigenschaften, die erst durch Operationen mit den Objekten ermittelt werden. Eine Schwierigkeitssteigerung kann demzufolge nach Anzahl der zu untersuchenden Objekte und nach Art und Komplexität der Beziehungen zwischen diesen vorgenommen werden.

Insgesamt erfordern und entwickeln Bearbeitungen von Aufgaben der Gruppen I und II abstraktes und analytisches Denken, da nacheinander einzelne Merkmale oder Relationen gedanklich „herauszuheben" und zu vergleichen sind.[38] Der Vergleichsprozeß als grundlegende Vorbedingung bei der Lösung dieser Aufgaben kann mehr oder weniger systematisch erfolgen und von auffälligen zu unauffälligen Merkmalen und Relationen führen. Hierin sehen wir einen engen Zusammenhang zur Entwicklung von Konzentration durch Anwenden von Lernstrategien, zum Beispiel systematisches Vorgehen, rationelle Techniken wie Hervorheben oder Gruppieren, verschiedene Kontrollverfahren u. ä.

Bei der Entwicklung von *Vorstellungen* im Mathematikunterricht der Grundschule ist zu beachten, daß mathematische Begriffe nicht einfach der Erfah-

---

[38] Um unsere Überlegungen zur Entwicklung von Abstraktion zu unterstreichen, sei an dieser Stelle auf einige Untersuchungen hingewiesen.
PIPPIG (1971, S. 177) untersuchte die Entwicklung ausgewählter geistiger Fähigkeiten bei Schülern des sechsten Schuljahres im Mathematikunterricht (darunter auch Entwicklung von Abstraktion). Er konnte feststellen, „daß die Entwicklung geistiger Fähigkeiten weitaus bessere Erfolge zeitigt, wenn diese planmäßig gesteuert und nicht dem Selbstlauf überlassen wird". Dabei schnitt nach dem Versuchsunterricht in allen Leistungsbereichen jene Versuchsgruppe am besten ab, in der zunächst geistige Verfahren explizit gelehrt und diese bewußt zur Bearbeitung mathematischer Stoffgebiete eingesetzt wurden und darüber hinaus Individualisierungsmaßnahmen stattfanden. Zur Entwicklung von Abstraktion wurden Aufgaben des Klassifizierens, Sachaufgaben mit wesentlichen und unwesentlichen Bedingungen und Beweisaufgaben gewählt.
KLAUER (1988, S. 418) ging in seinen Untersuchungen davon aus, daß sich induktives Denken über ein Training von G-V-Aufgaben entwickeln läßt. Das sind Aufgaben, die mit einem Algorithmus lösbar sind, indem Merkmale oder Relationen miteinander verglichen werden - und zwar um festzustellen, ob Gleichheit (G) oder Verschiedenheit (V) vorliegt. In 16 Trainingsversuchen konnten 75 Prozent signifikante Trainingseffekte im Vergleich zur Kontrollgruppe nachgewiesen werden. Durch das Training von G-V-Aufgaben wurden neben einer Verbesserung analytisch-systematischen Arbeitens auch allgemein metakognitive Leistungen verbessert. Es wird vermutet, daß das induktive Denktraining nach dem G-V-Konzept solche grundlegenden Prozesse des Denkens vermittelt, die auf viele unterschiedliche Inhalte anwendbar sind, da es um ein „Entdecken von Regelmäßigkeiten im scheinbar Unregelmäßigen und von Unordnung, Brüchen im scheinbar Geordneten" geht (vgl. auch KLAUER 1991).
SONNTAG (1991) konnte in seinen Untersuchungen an lernbehinderten Sonderschülern ebenfalls eine deutliche Überlegenheit des Trainings von G-V-Aufgaben gegenüber anderen Programmen auf die Denkentwicklung nachweisen.

3.4 Darstellung und Begründung eines Förderkonzepts

rungswelt entnommen, sondern aus Wissenselementen konstruiert und dann in sie hineingedacht werden (vgl. Abschnitt 3.1). Zahlreiche Untersuchungen haben gezeigt, daß das Verständnis mathematischer Begriffe, Operationen und Zusammenhänge von der Qualität der darauf bezogenen Vorstellungen abhängt (vgl. LORENZ, RADATZ 1993, S. 50). Das macht eine enge Verbindung zwischen Abstraktion und Vorstellung deutlich. Schwierigkeiten im Vorstellen werden nicht durch Verwendung mannigfaltiger Veranschaulichungsmittel ohne weiteres überwunden, da Vorstellungen nicht ausschließlich auf Wahrnehmungen beruhen, sondern das Wissen eine Rolle spielt. So kann ein Konkretismus der Anschauung allein nicht die geistige Tätigkeit entwickeln, die der Vorstellung zugrunde liegt (vgl. BORGARDS 1973, S. 39).

Vorstellen umfaßt
- Rekonstruieren früher wahrgenommener Sinneseindrücke in bezug auf Objekte, Situationen, Ereignisse,
- Konstruieren von Sinneseindrücken auf der Grundlage von Wissen und Erfahrungen in bezug auf Objekte, Situationen, Ereignisse,
- Operieren mit Vorstellungsbildern in Form von Lage- oder/und Strukturveränderungen.

Vorstellungen können im Mathematikunterricht der Grundschule vor allem über Handlungen entwickelt werden. Diese werden anfangs effektiv ausgeführt, später verkürzt und verinnerlicht. Bei Kindern mit Vorstellungsproblemen ist dabei ein ständiger Wechsel der Handlungen und der Objekte, an denen die Handlungen ausgeführt werden, zu vermeiden. Eine große Variabilität der Anschauungsmittel ist zunächst eher hinderlich (vgl. auch WITTMANN 1993). Vielmehr kommt es darauf an, ausgewählte Handlungen bewußt zu machen und schrittweise zu verinnerlichen, bis eine Ausführung in der Vorstellung gelingt. Dazu bietet sich folgende Vorgehensweise an (vgl. LORENZ 1990a):

1. Handlungserfahrungen werden an konkreten Materialien gesammelt.
2. Handlungsschritte werden bildhaft dargestellt. Dabei erfolgt eine allmähliche Verkürzung der Handlung durch teilweise Auslassung von Handlungsschritten.
3. Handlungsschritte werden innerlich ausgeführt, das Material repräsentiert nur noch den Anfangs- und/oder Endzustand. Einzelne Schritte werden beschrieben.
4. Die gesamte Handlung wird innerlich ausgeführt. Material steht dabei nicht mehr zur Verfügung.

Bei Schwierigkeiten ist es sinnvoll, als Zwischenschritte verdeckte Handlungen (mit verbundenen Augen oder unter einem Tuch) einzuplanen. Eine sprachliche Darstellung des Vorgehens ist für alle Schritte sinnvoll. Sie fördert den Verinnerlichungsprozeß und dient gleichzeitig als Kontrollmittel, inwieweit Verständnis für die Handlungsschritte aufgebaut ist.

Auswahl und Zusammenstellung von Aufgaben zur Entwicklung von Vorstellungen sind so vorzunehmen, daß die drei Repräsentationsebenen (enaktiv, ikonisch, symbolisch-verbal) nicht nacheinander durchlaufen werden in Form einer Stufenfolge, sondern miteinander verbunden sind und ein Hin- und Herübersetzen in alle Richtungen erfolgt. Mängel in Vorstellungen zu einzelnen Begriffen und Inhalten des Mathematikunterrichts sind oft auf ein Erfahrungsdefizit zurückzuführen. Deshalb sind die Aufgaben im Aufgabenmaterial eng an die zentralen Inhalte des Grundschulmathematikunterrichts gebunden. Sie sind so angelegt, daß vielseitige Erfahrungen gewonnen werden können, zum Beispiel indem viele Sinnesmodalitäten angesprochen und miteinander koordiniert werden. Nach und nach kann dann ein Bereich „ausgeblendet" und vorgestellt werden (vgl. auch SCHULZ 1992b, 1994a, b).

3.4.3 Entwicklung von Konzentration und Gedächtnis

Im Abschnitt 3.3.3 haben wir dargestellt, daß Kinder mit Lernschwierigkeiten im Mathematikunterricht fähig sind, sich angemessen zu konzentrieren, aber in ihrer *Konzentration* aufgrund eines geringen Fähigkeitsniveaus häufig überfordert sind. Das liegt daran, daß sie bei der Bearbeitung von Aufgaben mehr Teilprozesse bewußt ausführen müssen als andere Schüler, wenn sie diese noch nicht automatisiert haben. Erschwerend kommt oft ein mangelhaftes Arbeitsverhalten hinzu. Das äußert sich zum Beispiel in leichter Ablenkbarkeit, fehlender Planmäßigkeit beim Arbeiten, unsystematischem Einsatz von Arbeitstechniken und fehlenden Kontrollhandlungen. Ein unspezifisches Konzentrationstraining kann bei diesen Kindern Erfolge im konzentrativen Arbeitsverhalten bringen, jedoch bleiben Untersuchungen zufolge Transferwirkungen weit hinter denen inhaltlich ausgerichteter Trainingsprogramme zurück (SONNTAG 1991). Geht man davon aus, daß die reale Grundlage der Aufmerksamkeitseffekte in der Koordination der intentionalen und operationalen Aspekte der Prozesse in der Lösung unterschiedlicher Aufgaben besteht (VELICKOVSKIJ 1988, S. 162), so ist es auch in diesem Bereich sinnvoll, Trainingsaufgaben mit spezifischen Inhalten zu verbinden, um dabei zugleich Besonderheiten des Gegenstandes zu beachten (SCHULZ 1993a). Hinzu kommt, daß Aufgaben, die von Schülern als sinnvoll in einem bestimmten Zusammenhang erlebt werden, subjektiv bedeutsam erscheinen und eine zusätzliche motivierende Wirkung auf die Konzentration ausüben.

Im Aufgabenmaterial sind solche Aufgaben zusammengestellt, in denen schulisch relevante Konzentrationsanforderungen bei der Bearbeitung vorwiegend mathematischer Inhalte eine Rolle spielen. Diese Kopplung dient dazu, konzentratives Arbeitsverhalten zu fördern und gleichzeitig bestehende Leistungsdefizite im Fach abzubauen, so daß eine Teilnahme an unterschiedlichen Trainingsprogrammen unter Umständen vermieden werden kann. Die Aufgaben sind in drei Gruppen unterteilt, um unterschiedlichen Konzentrationsanforderungen, wie sie im schulischen Alltag eine Rolle spielen, gerecht zu werden[39] (vgl. KOSSOW, VIECK o. J.).

Gruppe I: Konzentration bei gleichartigen Anforderungen über einen angemessenen Zeitraum (Beständigkeit der Aufmerksamkeit);

Gruppe II: Konzentration bei ständig wechselnden Anforderungen (Umstellungsfähigkeit der Aufmerksamkeit);

Gruppe III: Konzentration auf mehrere Anforderungen gleichzeitig (Verteilung der Aufmerksamkeit)

---

39 Eine genaue Abgrenzung der Aufgaben ist nicht in jedem Fall möglich. Auch bei dieser Einteilung sind Überschneidungen, ähnlich wie bei der Gruppeneinteilung der Aufgaben zur Entwicklung von Abstraktion, denkbar und im Sinne der Übungserhöhung erwünscht.

Die Aufgaben sind so ausgewählt, daß zunächst in starkem Maße die unwillkürliche Aufmerksamkeit erregt wird und ein Herangehen an diese Aufgaben erleichtert. Dabei sollte aber nicht stehengeblieben werden, sondern den Kindern sind die unterschiedlichen Konzentrationsanforderungen bewußt zu machen. Zur Entwicklung einer konzentrativen Arbeitsweise können bei der Bearbeitung der Aufgaben Möglichkeiten der Selbstinstruktion und Selbstverbalisation genutzt sowie verstärkt auf Selbstkontrolle geachtet werden (BARCHMANN u. a. 1988; SCHLOTTKE, LAUTH 1992). Arbeitstechniken zur Erhöhung der Aufmerksamkeit auf wesentliche Momente der Aufgaben, zum Beispiel Unterstreichen, Abdecken, Hervorheben, Einrahmen, Tabellen und Übersichten (Schemata) anfertigen, Überschriften finden sowie Zusammenfassungen geben u. ä. sind ebenfalls anhand der Aufgaben darstellbar und erlernbar.

Die Bedeutung des Gedächtnisses wurde für alle Lernprozesse hervorgehoben. *Gedächtnis* umfaßt

- Aufnehmen von Informationen (einprägen),
- Verarbeiten und Speichern von Informationen (behalten),
- Wirksamwerden von Informationen durch Wiedererkennen oder Reproduzieren (wiedergeben).

Wir gingen davon aus, daß sich bessere Gedächtnisleistungen nicht auf eine Veränderung struktureller Eigenschaften des Gedächtnisses (zum Beispiel Anwachsen der Gedächtniskapazität) zurückführen lassen, sondern auf eine zunehmende Verfügbarkeit und Anwendung von Gedächtnisstrategien (WIPPICH 1984). Schüler mit Lernschwierigkeiten sind oft dadurch überfordert, weil sie über solche Strategien nicht verfügen bzw. sie nicht adäquat einsetzen (vgl. Abschnitt 3.3.4). Einfache Wiederholungen von Unterrichtsinhalten führen nicht zum gewünschten Erfolg, wenn alles isoliert und zum Teil mechanisch gelernt wird. Im Mittelpunkt einer Förderung zur Entwicklung des Gedächtnisses steht demzufolge das Erlernen von Strategien zum sinnvollen Einprägen und Reproduzieren. Auch hier ist es wenig sinnvoll, solche Strategien an inhaltsunspezifischen Materialien zu trainieren. Voraussetzungen für ein gutes Gedächtnis bestehen im *Beherrschen der Mittel des Einprägens* und in der *Fähigkeit, diese Mittel entsprechend der Struktur, dem Inhalt des einzuprägenden Materials und den Aufgaben der Reproduktion auszuwählen* (vgl. IRRLITZ 1978; LOESER 1981). Inhalte, deren Bedeutung erfaßt wurde, können besser eingeprägt und behalten werden. Einprägestrategien sind inhaltsabhängig und orientieren sich an der Struktur und am Sinngehalt des Inhalts. Demnach entwickelt sich Gedächtnis sowohl durch den Erwerb von Strategien als auch durch mehr Wissen über zu lernende Inhalte, um dieses zum Elaborieren und Organisieren zu nutzen (ANDERSON 1989).

3.4 Darstellung und Begründung eines Förderkonzepts

Aufgaben im Aufgabenmaterial sind so zusammengestellt, daß insbesondere die Strategien des Elaborierens und des Organisierens (vgl. Abschnitt 3.3.4) bewußt erlernt, angewendet und an unterschiedlichen Inhalten auf allen Repräsentationsebenen trainiert werden. Hierbei wird eine enge Verbindung von Aufgaben aus dem Erfahrungsbereich der Kinder und aus der Mathematik angestrebt. Das Lösen solcher Aufgaben stellt darüber hinaus hohe Anforderungen an Abstraktion (zum Beispiel beim Anwenden der Strategie des Organisierens), an Vorstellung (zum Beispiel beim Anwenden der Strategie des Elaborierens) und an Konzentration. Dadurch ist die Möglichkeit gegeben, an diesen Aufgaben alle beschriebenen Förderschwerpunkte bewußt zusammenzuführen und den Kindern Anwendungsmöglichkeiten und Erfolge des Gelernten aufzuzeigen (vgl. auch SCHULZ 1993b).

3.5 Zusammenfassung

1. Kinder mit Lernschwierigkeiten sind in ihrer Fähigkeitsentwicklung vergleichbar mit jüngeren Kindern. Sie verfügen über weniger effektive, dem Gegenstand häufig unangemessene Strategien und lernen deshalb mit mehr Aufwand oder sind schneller in ihrer geistigen Kapazität überfordert als andere Schüler. Die Fähigkeitsentwicklung hängt eng mit dem allgemeinen kognitiven Entwicklungsstand des Lernenden zusammen. Es handelt sich nicht um eine fehlende funktionale Anlage der Fähigkeiten oder um Defekte, sondern es sind oft Strategie- und Erfahrungsdefizite im Rahmen von (normalen) Entwicklungsverzögerungen, so daß bestimmte Lernschritte noch nicht gelingen.

2. Mathematische Begriffe und ihnen zugrunde liegende Beziehungen sind theoretische Konstruktionen, zu deren Verständnis hohe Anforderungen an Abstraktion, Vorstellung, Konzentration und Gedächtnis des Lernenden gestellt werden. Eine ungenügende Berücksichtigung der Lernvoraussetzungen bzw. eine unangemessene didaktische Aufbereitung des Lerngegenstandes führen zu Verständnisproblemen oder zu fehlerhaften individuellen Begriffen und Regeln, so daß grundlegende mathematische Inhalte nicht aufgebaut werden können. Aufgrund des hierarchischen Aufbaus des Mathematiklehrganges können dann oft auch nachfolgende Inhalte nicht verstanden werden, so daß Mathematiklernen als Entwicklungsprozeß zeitweise (oder dauerhaft) behindert ist.

3. Eine Förderung von Schülern mit Lernschwierigkeiten muß mit einer Analyse der Voraussetzungen für erfolgreiches Mathematiklernen beginnen. Auf der Grundlage dieser Analyse sollte der Schwerpunkt einer Förderung zunächst auf die Entwicklung kognitiver Fähigkeiten und Stützfunktionen gelegt werden. Diese Entwicklung erfolgt durch den Aufbau von Erfahrungen und Strategien an grundlegenden Inhalten des Faches, um einen fachspezifischen Transfer zu ermöglichen und zu fördern. Eine enge Verbindung mit der Erfahrungswelt des Kindes ist zur Schaffung unterschiedlicher Zugänge zu den fachspezifischen Inhalten, zur Erhöhung des Selbstvertrauens und zur Motivierung hilfreich.

4. Förderung muß immer individuell angepaßt sein. Deshalb erscheint es wenig sinnvoll, Förderprogramme zu entwickeln, die eine enge Inhalts- und Zeitvorgabe beinhalten. Ein Aufgabenangebot in Form einer Materialsammlung ohne vorgeschriebene Stundenaufteilung ermöglicht eine gezielte Anpassung der Fördermaßnahmen an die individuellen Probleme des Kindes.

4 Darstellung der Untersuchung

4.1 Anlage und Ziel der Untersuchung

Den Zielen der Arbeit entsprechend sollte das im Kapitel 3 dargestellte Förderkonzept zum Verhindern bzw. Überwinden von Lernschwierigkeiten im Mathematikunterricht der Grundschule anhand der erarbeiteten Materialien in mehreren Klassen erprobt werden. Zum einen sollte ermittelt werden, ob sich durch den kontinuierlichen Einsatz entsprechender nach theoretischen Gesichtspunkten ausgearbeiteter Fördermaterialien Effekte bei Schülern mit Lernschwierigkeiten im Mathematikunterricht innerhalb eines relativ begrenzten Zeitraumes nachweisen lassen. Zum anderen sollte die Praktikabilität der erarbeiteten Materialien sowohl für eine Binnendifferenzierung im Regelunterricht als auch für Förderstunden bzw. Stützkurse überprüft werden.

Obwohl einige Untersuchungen bereits interessante Befunde zur Förderung von Schülern mit Lernschwierigkeiten innerhalb und außerhalb des Regelunterrichts nach eigens dafür ausgearbeiteten Trainingsprogrammen lieferten (insbesondere im schriftsprachlichen Bereich), handelt es sich im Bereich der Mathematikdidaktik um ein noch relativ unberücksichtigtes Forschungsfeld.[40] Deshalb betrachten wir den empirischen Teil unserer Arbeit als Pilotstudie. Eine relativ kleine Stichprobe und besondere Experimentalbedingungen schränken einen Anspruch auf Verallgemeinerung ein. Um dennoch qualitative Aussagen treffen zu können, versuchten wir eine Kombination von Gruppenversuchsplan mit Einzelfallanalysen. Dabei ließen wir uns von der Überlegung leiten, daß sich Lernschwierigkeiten eines Kindes in erster Linie im Vergleich mit der Bezugsgruppe zeigen: Im Vergleich mit seinen Klassenkameraden zeigt das Kind unterdurchschnittliche Leistungen im Mathematikunterricht. Entsprechend sollte dieser Vergleich neben einem Vergleich des individuellen Leistungsgewinns mit zum Maßstab des Erfolgs werden.

Ausgehend von den theoretischen Erkenntnissen wurden für die empirischen Untersuchungen Arbeitshypothesen aufgestellt.

---

40 Im Rahmen der mathematikdidaktischen Forschungen liegen bisher nur wenige Ergebnisse zur Förderung von Schülern mit Rechenschwäche vor, und diese beziehen sich auf Einzeltherapien.

Wenn nach dem im Abschnitt 3.4 dargestellten Konzept eine Förderung durch Binnendifferenzierung im Regelunterricht und/oder in mathematisch orientierten Stützkursen erfolgt, sind folgende Ergebnisse zu erwarten:

1. a) Nach einer Förderungsdauer von 15 Unterrichtswochen läßt sich ein größerer individueller Leistungsgewinn der Versuchsschüler gegenüber den Kontrollschülern in ausgewählten Fähigkeitsbereichen punktuell nachweisen.

    b) Die Versuchsschüler insgesamt erreichen in den geförderten Bereichen nicht nur höhere Werte als die Kontrollschüler, sondern können an die durchschnittlichen Leistungen der erfaßten Gesamtstichprobe herangeführt werden.

2. Ein Bewußtmachen und Thematisieren von Strategien trägt dazu bei, daß diese von den Schülern zunehmend selbständig und situationsgerecht als Mittel genutzt werden können. Wenn grundlegende Inhalte des Faches den Schwerpunkt in den Aufgaben bilden, gelingt es darüber hinaus, Wissensdefizite (deklarativer und prozeduraler Art) im Fach abzubauen und gleichzeitig erworbene Strategien auf aktuelle Unterrichtsinhalte anzuwenden (Transferleistung).

3. Das Vorgehen bei einer solchen Förderung läßt sich gut verallgemeinern, mitteilen und auf andere Lehrkräfte übertragen, so daß in allen Versuchsgruppen positive Ergebnisse erzielt werden und die Fördermaterialien breite Anwendung finden können.

Die Untersuchung wurde in drei Etappen durchgeführt:

Voruntersuchung: März 1990 bis Juni 1990

Für die Voruntersuchung wurden fünf dritte und zwei vierte Klassen aus insgesamt vier Schulen des Bezirkes Hohenschönhausen von Berlin ausgewählt. Die Voruntersuchung diente einer ersten Überprüfung der Realisierbarkeit des angestrebten methodischen Vorgehens.

Schwerpunkte waren:
- Erfassen des gegenwärtig praktizierten Vorgehens der Lehrer zum Erkennen, Verhindern bzw. Überwinden von Lernschwierigkeiten einzelner Schüler im Mathematikunterricht,
- Erfassen der Probleme, die Schüler mit Lernschwierigkeiten im aktuellen Unterrichtsstoff haben,

4.1 Anlage und Ziel der Untersuchung

- Erprobung, Diskussion und Überarbeitung erster Versuchsmaterialien, die insbesondere zur Diagnose von Lernschwierigkeiten im Mathematikunterricht dienten,
- Auswahl und Erprobung von Tests, die zur Absicherung von Ergebnissen für die Hauptuntersuchung geeignet erschienen,
- Beobachtung von Lehrern und Schülern bei der Arbeit mit solchen Aufgaben, die für eine Förderung ausgewählt bzw. erarbeitet wurden.

Für diese Beobachtungen wurden aus den sieben Klassen 20 Schüler mit Lernschwierigkeiten im Mathematikunterricht ausgewählt. Die Auswahl der Schüler erfolgte auf der Grundlage von Dokumentenanalysen (Klassenbücher, Zeugnisse, Beurteilungen), von Gesprächen mit Klassenleitern und anderen Fachlehrern und von eigenen Beobachtungen während der ersten Hospitationsstunden. Der Einsatz der ersten Versuchsmaterialien erfolgte zum Teil frontal in den Klassen, zum Teil durch Binnendifferenzierung bei den ausgewählten Schülern. Dadurch ließ sich der Schwierigkeitsgrad der Aufgaben gut überprüfen. Zur Beobachtung der 20 Schüler wurden insgesamt 85 Stunden hospitiert, pro Klasse durchschnittlich neun Stunden in Mathematik und drei Stunden in anderen Fächern (meist zwei Stunden in Deutsch und eine Stunde in einem weiteren Fach wie Zeichnen, Musik oder Sport). Für diese Stunden wurden ausführliche Protokolle angefertigt und die Beobachtungsergebnisse in Gesprächen mit den Lehrern und/oder den Schülern noch präzisiert.

Die Erkenntnisse und Ergebnisse der Voruntersuchung wurden zur Überarbeitung und weiteren Ausarbeitung aller Materialien und zur Präzisierung des methodischen Vorgehens in der Hauptuntersuchung genutzt. Zusammenfassend ergab sich im Hinblick auf die Hauptuntersuchung folgendes:

- Die Voruntersuchung legte das Fundament für den Aufbau eines Förderprogramms in Form einer Aufgabensammlung als Konkretisierung der meist zu allgemeinen und inhaltsunspezifischen therapeutischen Empfehlungen.
- Die Beobachtung und Arbeit mit den 20 Schülern bestärkte uns in unserem Konzept zur Förderung bei Lernschwierigkeiten im Mathematikunterricht, da sich erste positive Ergebnisse nach wenigen Stunden spezieller Förderung zeigten und eine Einbindung der Aufgaben in den Regelunterricht gelang.
- Bei der Erprobung von Aufgaben zur Förderung zeigten sich aber auch Grenzen in den Möglichkeiten einer Förderung durch Binnendifferenzierung, insbesondere beim Bewußtmachen von Strategien. Daraus ergab sich die Frage nach einem Förderungseffekt in Stützkursen. Da bei den ausgewählten Schülern ähnliche Schwierigkeiten beobachtbar waren, sollte in der Hauptuntersuchung eine klassenübergreifende Förderung in Stützkursen versucht werden.

- Eine partielle Erprobung der Aufgaben und eine entsprechende Auswertung mit Lehrern und Schülern zeigten, wie die Fördermaterialien zu überarbeiten sind, damit auch andere Lehrer diese Materialien nutzen und als Anregung verstehen können. Es war notwendig, mit zusätzlichen Hinweisen zu einzelnen Aufgaben sowohl die Förderrichtung als auch eine mögliche Schwierigkeitssteigerung bewußtzumachen.

Da die Aufgaben in der Voruntersuchung nur partiell in der inneren Differenzierung auf ihre Einsetzbarkeit überprüft wurden, verzichten wir an dieser Stelle auf eine quantitative Darstellung der Ergebnisse. Über den Rahmen der Voruntersuchung hinaus konnten viele Aufgaben zur Förderung im Mathematikunterricht mit Lehrern in Weiterbildungsseminaren[41] diskutiert werden. Im Mittelpunkt dieser Diskussionen standen vor allem Fragen des differenzierten Einsatzes solcher Aufgaben, Methoden zur Fähigkeitsentwicklung und Möglichkeiten zur Verbindung innermathematischer mit außermathematischen Inhalten.

Hauptuntersuchung: Oktober 1990 bis Juni 1991

Für die Hauptuntersuchung wurden 15 dritte Klassen aus insgesamt fünf Schulen des Bezirkes Hohenschönhausen von Berlin ausgewählt. Der Auswahl der Klassenstufe lagen die Ergebnisse der Voruntersuchung und folgende weiterführende Überlegungen zugrunde:

1. In den ersten und zweiten Klassen können sich Lernschwierigkeiten und Übergangsprobleme auf schulische Anforderungen noch stark überlagern, so daß Lernschwierigkeiten als solche oft nicht erkannt bzw. durch einen immensen häuslichen Aufwand verdeckt werden (vgl. u. a. SCHÖNIGER 1991). Durch mechanisches Üben und Auswendiglernen können Kinder dieser Klassenstufen über lange Zeit ihre Schwierigkeiten kompensieren.
2. Durch systematisches Lernen haben Schüler der dritten Klasse bewußt oder unbewußt viele eigene Lernstrategien entwickelt. Unterschiede in der kognitiven Entwicklung werden durch erhöhte inhaltliche Anforderungen deutlicher sichtbar als in den ersten beiden Klassen.

---

41 Während der Untersuchungen konnten insgesamt drei derartige Veranstaltungen im größeren Rahmen durchgeführt werden (eine vor der Voruntersuchung und zwei danach, wobei Ergebnisse der Voruntersuchung mit zur Diskussion gestellt wurden):
  - Februar 1990: Diskussion mit 25 Lehrern aus den Berliner Bezirken Treptow und Köpenick,
  - Juli 1990: Diskussion mit 35 Lehrern aus dem Berliner Bezirk Hellersdorf,
  - Oktober 1990: Diskussion mit 35 ausgewählten Lehrern aus Berliner Schulen im Rahmen ihrer Qualilfizierung zum Beratungslehrer.

4.1 Anlage und Ziel der Untersuchung

3. Die Klasse 3 stellt durch ihre stofflichen Anforderungen eine schwierige Etappe im Grundschulmathematikunterricht dar. Das Kind lernt den Tausenderraum[42] kennen und soll in ihm mündlich und schriftlich rechnen. Kinder, die sich im Zahlenraum bis 100 noch nicht sicher fühlen, die die Struktur des Zahlenraumes noch nicht verstanden haben und somit wenig Verständnis für Zahlen und Operationen entwickeln konnten, kommen mit den erhöhten Anforderungen nicht zurecht. Bisher noch erfolgreich angewendete Strategien (Fingerrechnen oder Weiterzählen) beim Lösen von Aufgaben sind fehleranfällig bzw. versagen im Zahlenraum bis 1000. Erschwerend kommt hinzu, daß durch die Größe der Zahlen die Anschauung sehr in den Hintergrund tritt und oft zu schnell zum formalen Rechnen übergegangen wird. Kinder mit den genannten Problemen, die in den ersten beiden Klassen noch unauffällig im Mathematikunterricht waren, gehören jetzt zu denen mit erheblichen Lernschwierigkeiten.

4. Obwohl in Klasse 4 der weitere Aufbau des Zahlenraumes vorgenommen wird, treten in dieser und in folgenden Klassen keine Störungen auf, die sich nicht schon vorher hätten erkennen lassen. Derartige Probleme in den Bereichen Abstraktion, Vorstellung, Konzentration oder Gedächtnis waren vorher schon da, vielleicht unerkannt. Sie nehmen an Stärke und Intensität zu, treten deutlicher hervor bei neuen Inhalten (vgl. auch LORENZ, RADATZ 1992). Wir fanden in unserer Voruntersuchung bestätigt, daß in Klasse 4 keine neuen Lernschwierigkeiten im Mathematikunterricht hinzukamen, die sich nicht schon in Klasse 3 zeigten und auf die genannten Probleme zurückführen ließen.

Die Klasse 3 ist sowohl zum Erkennen als auch zum Überwinden bzw. Verhindern von Lernschwierigkeiten eine entscheidende Klassenstufe im Grundschulmathematikunterricht. Lernschwierigkeiten einzelner Schüler treten deutlich hervor und können diagnostiziert werden.

Die Auswahl der Schulen und Klassen erfolgte vorwiegend nach organisatorischen und territorialen Gesichtspunkten. So sollten die Schulen möglichst dicht beieinander liegen und mehrere Klassen an einer Schule sein, damit während des Untersuchungszeitraumes viel in den Klassen hospitiert werden konnte. Bedingungen wie Neubauschule, Ausstattungsgrad mit Unterrichtsmitteln, Ausbildung der Lehrerkräfte waren annähernd gleich. Die Klassen wurden in 12 Versuchsklassen und 3 Kontrollklassen eingeteilt. Aus allen 15 Klassen wurden insgesamt 50 Schüler (40 Schüler aus den Versuchsklassen und 10 Schüler aus

---

42 Zur Zeit unserer Untersuchungen galt noch der Lehrplan der DDR. Nach diesem wurde in der Klasse 3 der Zahlenraum bis 10 000 aufgebaut und in ihm mündlich und schriftlich gerechnet.

den Kontrollklassen) mit Lernschwierigkeiten im Mathematikunterricht zur besonderen Beobachtung im Sinne von Fallstudien ausgewählt.[43] Der Auswahl lagen folgende Gesichtspunkte zugrunde:
- Mathematikzensuren in der ersten und zweiten Klasse befriedigend und schlechter bzw. stark fallende Tendenz in den Leistungen,
- Hinweise in bisherigen Beurteilungen (Kindergarten, Zeugnisse) auf Probleme im mathematischen Bereich (zum Beispiel bei der Arbeit mit Mengen, Zahlenverständnis u. ä.),
- erhebliche Lernprobleme in Mathematik zu Beginn der dritten Klasse, deutlich durch schlechte Leistungen im Unterricht und in Klassenarbeiten (Bewertung der aktuellen Leistungen mit genügend und schlechter),
- herabgesetzte Mitarbeit im Mathematikunterricht gegenüber anderen Fächern und häufiges Unverständnis beim Lösen mathematischer Aufgaben.

Das betraf durchschnittlich drei Schüler aus jeder Klasse, die wenigstens eines der genannten Merkmale aufwiesen. Eine Kontrolle der Intelligenz konnten wir im Rahmen der Untersuchung nicht durchführen, so daß wir auf diese Vergleichsmöglichkeit verzichteten. Da Intelligenz und Schulleistungen nicht besonders hoch miteinander korrelieren und Lernschwierigkeiten im Mathematikunterricht nachweisbar auf allen Intelligenzniveaus auftreten können (vgl. GRISSEMANN, WEBER 1982), hielten wir einen Verzicht auf einen Intelligenztest im Rahmen dieser Pilotstudie für legitim (vgl. Abschnitt 3.2).

Die Hauptuntersuchung wurde in vier Abschnitten durchgeführt.

1. Abschnitt: Oktober/November 1990
- Auswahl der Schulen, Klassen und Lehrer für den Versuch,
- Dokumentenanalysen (Zeugnisse, Klassenbücher, Beurteilungen aus dem Kindergarten, Mathematikarbeiten des 2. und 3. Schuljahres), mündliche Befragungen der Lehrer und Beobachtungen in Hospitationen zur Auswahl der einzelnen Schüler für den Versuch (pro Klasse wurden durchschnittlich zwei Stunden im Mathematikunterricht und eine Stunde in Deutsch hospitiert).

---

43 Von diesen 50 Schülern konnten 3 Schüler nicht an allen Untersuchungen teilnehmen (ein Schüler durch Krankheit, zwei Schüler durch Umschulung), so daß uns nur unvollständige Ergebnisse vorliegen. Um dadurch das Gesamtergebnis nicht zu beeinträchtigen, lassen wir diese 3 Schüler aus den folgenden Darstellungen heraus, so daß wir uns nur noch auf 47 Beobachtungsschüler (38 Schüler aus den Versuchsklassen und 9 Schüler aus den Kontrollklassen) beziehen.

4.1 Anlage und Ziel der Untersuchung

2. Abschnitt: Dezember 1990
- 1. Kontrollarbeit mit allen Schülern der Gesamtstichprobe der 15 Klassen (Prätest),
- Tests in Einzelsitzungen mit den ausgewählten Schülern (Beobachtungsschüler),
- Einweisung der Versuchslehrer in die Arbeit mit den Materialien in Gruppen- und Einzelgesprächen,
- Auswahl der Schüler (aus den Beobachtungsschülern) für die einzelnen Versuchsgruppen: Förderung in drei Stützkursen (an drei verschiedenen Schulen) oder innerhalb einer Binnendifferenzierung auf der Grundlage der Testergebnisse, der Gespräche mit den Lehrern und eigenen Beobachtungen in Hospitationen. In die Stützkurse wurden die Schüler mit den größten Lernproblemen innerhalb einer Schule aufgenommen.

Im folgenden werden die Versuchsgruppen bezeichnet mit *Stützkurs 1, 2, 3* und Versuchsgruppe *Innere Differenzierung*. Zur Gruppe *Innere Differenzierung* haben wir alle Schüler der Versuchsschulen zusammengefaßt, die ausschließlich während des Regelunterrichts durch eine Binnendifferenzierung nach unserem Konzept gefördert wurden. Eine Zusammenfassung der Schüler erscheint für eine weitere Auswertung sinnvoll, da ähnliche Vorgehensweisen in den Klassen gewählt wurden und die Versuchsgruppe nicht zu klein ist.

3. Abschnitt: Januar bis Mai 1991
- Gruppengespräch mit den Eltern der ausgewählten Schüler der drei Stützkurse an jeder Schule zur Information über Vorgehensweisen und Organisation,
- Arbeit mit den Fördermaterialien im Regelunterricht in allen 12 Versuchsklassen (Binnendifferenzierung) und in drei Stützkursen an drei verschiedenen Schulen (ein Stützkurs wurde von der Versuchsleiterin geleitet, die beiden anderen Stützkurse führten zwei ausgewählte Lehrerinnen der jeweiligen Schule durch); der Förderungszeitraum erstreckte sich in dieser Zeit über 15 Unterrichtswochen,
- ständige Zusammenarbeit mit den Versuchslehrern durch Hospitationen, Auswertungen und Einzelgespräche, zum Teil gemeinsame Vorbereitungen mit den Stützkursleiterinnen,
- Beobachtung der ausgewählten Schüler durch regelmäßige Hospitationen im Mathematikunterricht (pro Versuchsklasse wurden durchschnittlich fünf Stunden und pro Kontrollklasse durchschnittlich zwei Stunden hospitiert; in den Stützkursen wurden je 6 Stunden hospitiert).

4. Abschnitt: Juni 1991
- 2. Kontrollarbeit mit allen Schülern der Gesamtstichprobe (Posttest),
- Tests in Einzelsitzungen mit den Beobachtungsschülern,
- Gruppengespräch mit den Eltern der ausgewählten Schüler der drei Stützkurse zur Auswertung der Ergebnisse der Stützkursarbeit,
- Auswertung der Arbeit mit den Materialien in Einzelgesprächen mit den Versuchslehrern und mit Hilfe von Fragebogen.

Abschlußuntersuchung: September 1991

Die Abschlußuntersuchung diente einer langfristigen Ergebniskontrolle. Dazu wurde in allen 15 Klassen eine 3. Kontrollarbeit geschrieben (verzögerter Posttest). Darüber hinaus wurden noch einmal Gespräche mit einigen Lehrern über ausgewählte Versuchsschüler zur Leistungsentwicklung im neuen Schuljahr geführt.

4.2 Durchführung der Untersuchung

4.2.1 Zur Absicherung der Ergebnisse

Zur Absicherung der Ergebnisse unserer Untersuchung benötigten wir Kontrollmittel, die es gestatten, kognitive Fähigkeiten bei der Bearbeitung mathematischer Inhalte zu erfassen und besonders im unteren Leistungsbereich zu differenzieren. Nach Durchsicht der uns zum damaligen Zeitpunkt zugänglichen Tests entschieden wir uns für drei formelle Tests und einen von uns erstellten informellen Test zur Überprüfung der ausgewählten Beobachtungsschüler in Einzelsitzungen vor und nach der Untersuchung. Zur Kontrolle der Ergebnisse der Gesamtstichprobe konnten wir keinen Test finden, der unserem Anliegen entsprach und als Gruppentest innerhalb einer Unterrichtsstunde durchgeführt werden konnte. Aus diesem Grund erstellten wir selbst eine Kontrollarbeit, die für die Nachuntersuchungen leicht verändert wurde. Im folgenden werden die ausgewählten Tests und die von uns erstellte Kontrollarbeit erläutert.

Test „Regelerkennen" aus dem BTS (Begabungstestsystem) von HORN

Aus dem Untertest „Regelerkennen" wurden die ersten 20 Items ausgewählt. Es geht dabei um ein Ergänzen von Folgen (Buchstaben- und Zahlenfolgen). Dazu muß eine Struktur einer gegebenen Folge erkannt und entsprechend der erkannten Struktur ein fehlendes Glied richtig eingefügt werden. Der Schwierigkeitsgrad ist langsam ansteigend. Zur Erläuterung werden zu Beginn des Tests zwei Beispiele gemeinsam mit dem Versuchsleiter gelöst. Für diesen Test gibt es eine Zeitvorgabe von neun Minuten. Wir verwendeten diesen Test für unser Anliegen, weil das Erkennen und richtige Ergänzen von Folgen Abstraktion verlangt.

Test „Zeichnerischer Reproduktionsversuch" nach KUGLER

In diesem Test sollen sieben Figuren genau nach Vorlage abgezeichnet werden.

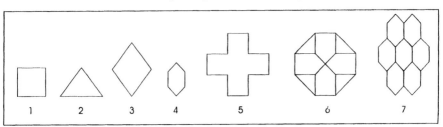

Abbildung 4: Figuren aus dem Test „Zeichnerischer Reproduktionsversuch"

In die Auswertung werden nur die letzten drei Figuren einbezogen. Eine Zeitvorgabe für diesen Test gibt es nicht. Wir verwendeten diesen Test für unser Anliegen, weil mit ihm perzeptumotorische Fähigkeiten und Fertigkeiten[44] überprüft werden, die eine enge Beziehung zu schulischer Leistung haben (vgl. HALLAHAN, CRUICKSHANK 1979). Das genaue Abzeichnen der Figuren erfordert notwendige analytische Zwischenschritte wie Längen- und Winkelvergleich, Richtungsvergleich zwischen Urbild und Abbild - Fähigkeiten, die in der Geometrie unentbehrlich sind. Eine Beobachtung des Kindes beim Abzeichnen der Figuren gibt Aufschluß über seine Arbeitsweise. Für uns war es interessant zu beobachten, inwieweit das Kind Beziehungen zwischen den Figuren und einzelnen Teilfiguren erkennt und nutzt (Erkennen von Strukturen, Abstraktion). Das läßt sich nur im Prozeß selbst feststellen, nicht mehr am Ergebnis. Erkennt das Kind zum Beispiel, daß die Figur 5 in der Figur 6 enthalten ist und die Figur 7 aus der Figur 4 zusammengesetzt ist? Wer diesen Zusammenhang bemerkt, kann sich das Abzeichnen wesentlich erleichtern. Darüber hinaus war es für uns wichtig, ob das Kind beim Vergleichen und Zeichnen systematisch vorgeht und seine Arbeit selbständig kontrolliert (konzentrative Arbeitsweise).

Test „Semantische Analogieanforderungen" nach VAN DER MEER

Bei diesem Test geht es um das Bearbeiten von Analogieaufgaben nach der Methode der Analogiekonstruktion. Dabei sind die ersten drei Analogieterme gegeben, und der vierte Term muß nach Erkennen der Relation im Gedächtnis gefunden oder konstruiert werden. Bei den semantischen Analogieaufgaben werden die Analogieterme aus Wörtern, die Begriffe repräsentieren, gebildet. Die Relationen lassen sich in zwischenbegriffliche Relationen (ZBR) und innerbegriffliche Relationen (IBR) unterscheiden.[45] Insgesamt sind 21 Analogieaufgaben ohne Zeitbegrenzung zu bearbeiten. Da die Kärtchen gemischt werden, erfolgt eine Schwierigkeitsveränderung zufällig. Die Aufgaben sind so ausgewählt, daß neun Beispiele zu zwischenbegrifflichen Relationen und zwölf Beispiele zu innerbegrifflichen Relationen mit unterschiedlichem Komplexitätsgrad bearbeitet werden. Drei zusätzliche Beispiele werden vorher bei der Instruk-

---

44 Es geht dabei um eine Wahrnehmung optischer Gestalten und ihre Wiedergabe in richtiger Anordnung der Teile zum Ganzen sowie des Ganzen im Raum.
45 Es wird davon ausgegangen, daß im Gedächtnis Wissen durch Begriffe und Relationen zwischen ihnen strukturiert ist. Begriffe und Relationen bilden die Grundbausteine für eine interne Repräsentation von Realitätszusammenhängen. Nach KLIX (1984 und 1990) und VAN DER MEER (1984) markieren zwischenbegriffliche Relationen Beziehungen zwischen Begriffen aufgrund von erlebten oder wahrgenommenen Ereignissen. Innerbegriffliche Relationen beruhen auf Merkmalseigenschaften der Begriffe, auf gemeinsamem Vorhandensein oder Unterscheiden in verschiedenen Ausprägungsrichtungen und -graden. Nach dem Verständnis der genannten Autoren sind ZBR als Relationen von Ereignisbegriffen im Gedächtnis fest eingetragen, während IBR durch Operationen gebildet werden können.

tion mit dem Versuchsleiter gemeinsam besprochen. Die Instruktion zu den Übungsitems soll dem Kind ein Lösungsschema für Analogien vermitteln.

Durch den Einsatz dieses Tests wollten wir erfassen, inwieweit Schüler mit Lernschwierigkeiten im Mathematikunterricht in der Lage sind, Relationen zwischen Begriffen selbständig zu erkennen und zu übertragen[46] (Abstraktion), und ob sich diese Ergebnisse aufgrund unserer mathematikspezifischen Förderung verändern, wenn solche Aufgaben in der Förderung nur eine untergeordnete Rolle spielen (für die Mehrzahl der Kinder nicht Bestandteil der Förderung sind).[47]

Test „Würfel erkennen" (informeller Test)

Bei diesem Test sollen die Schüler anhand einer grafischen Abbildung bestimmen, aus wie vielen gleichen Würfeln eine vorgegebene Figur zusammengesetzt ist. Anschließend sollen in der Vorstellung so viele Würfel ergänzt werden, daß ein Quader entsteht. Insgesamt waren drei Figuren gegeben (vgl. Abbildung 2, Abschnitt 3.3.2).

Dieser Test sollte uns Hinweise auf die Entwicklung von Vorstellungen geben:
- Inwieweit sind die Schüler in der Lage, räumlich zu sehen (eine ebene Darstellung räumlich zu interpretieren)?
- Können die Schüler verdeckte Teile an einer dargestellten Figur erfassen?
- Können die Schüler in der Vorstellung operieren und sowohl gut sichtbare Lücken als auch zum Teil verdeckte Lücken mit Figuren in der Vorstellung ausfüllen?

Diese vier vorgestellten Tests wurden in der dargestellten Reihenfolge in Einzelsitzungen mit den 47 Beobachtungsschülern vor und nach der Untersuchung (1. und 2. Test) bearbeitet. Die Aufgaben wurden nicht verändert, eine Auswertung oder Bestätigung für die Schüler erfolgte nicht. Die Testzeit lag für

---

46 VAN DER MEER (1986) wies in Untersuchungen einen Zusammenhang zwischen mathematischer Begabung und Bewältigung von Analogieanforderungen nach. Das trifft sowohl für geometrische als auch für semantische Analogien zu. Sie führt es primär auf ein ausgeprägteres Wirksamwerden von informationsvorverarbeitenden Prozessen zurück. Dabei geht es um den *Einsatz effektiver Lösungsmechanismen* zum Vergleich der ersten beiden Analogieterme - zum Herausfinden relevanter Merkmale, zur Strukturbildung sowie zur Relationserkennung zwischen diesen Termen.
47 Die Beschäftigung mit solchen Aufgaben überließen wir in den Förderstunden dem Zufall. Obwohl sie als Wörterspiele an einem Tisch während offener Lernphasen angeboten wurden, beschäftigten sich insgesamt nur fünf Kinder damit. Von den Versuchslehrern wurden sie in der inneren Differenzierung ebenfalls nicht verwendet. Wir führen das darauf zurück, daß solche Aufgaben relativ unbekannt sind und im Unterricht selbst keine Rolle spielen.

alle Schüler vormittags. Dafür stand ein separater Raum zur Verfügung. 75 Prozent der Schüler wurden von der Versuchsleiterin getestet. Die anderen 25 Prozent testeten die beiden Stützkursleiterinnen. Diese wurden dafür von der Versuchsleiterin eingewiesen und hospitierten vorher bei einigen Schülern. Bei einigen ihrer Testschüler konnte die Versuchsleiterin hospitieren, so daß abgesichert wurde, gleiche Instruktionen und Bedingungen für alle Schüler zu gewährleisten. Während der Tests wurden Verlaufsprotokolle angefertigt. Eine Auswertung erfolgte nach Punkten. Für die Ergebnisdarstellung wurden die Rohpunktwerte verwendet.

Kontrollarbeit (informeller Test zur Ergebnissicherung bei der Gesamtstichprobe)

Die von uns ausgearbeitete Kontrollarbeit sollte folgenden Anforderungen genügen:
- Sie mußte sich als Gruppentest eignen und in höchstens 45 Minuten durchführbar sein.
- Sie sollte Aufgaben enthalten, die Anforderungen an alle von uns geförderten Bereiche (Abstraktion, Vorstellung, Konzentration und Gedächtnis) stellen und insbesondere im unteren Leistungsbereich differenzieren.
- Es sollten sowohl innermathematische als auch außermathematische Inhalte bearbeitet werden, um Unterschiede in Abhängigkeit vom Inhalt zu erfassen.
- Instruktionen und Aufgabenstellungen sollten verständlich sein, um zusätzliche Erläuterungen auf ein Minimum zu beschränken.
- Erreichte Ergebnisse mußten qualitativ und quantitativ erfaßbar, das heißt nach inhaltlichen Kriterien interpretierbar und in Punktwerten darstellbar sein.

Die Aufgaben für die einzelnen Bereiche wurden nach den im Kapitel 3 dargestellten theoretischen Überlegungen zum Erkennen von Lernschwierigkeiten ausgewählt bzw. konstruiert und während der Voruntersuchung erprobt. Darüber hinaus zeigte die Auswertung des Prätestes, daß wir einen angemessenen Schwierigkeitsgrad in der Zusammenstellung der Aufgaben getroffen hatten (Anlagen, Seite A 18, Abbildung VIII).

4.2 Durchführung der Untersuchung

Auswahl der Aufgaben (1. Kontrollarbeit - Prätest, Anlagen, S. A 11-12):

Aufgabe	Schwerpunkte	Anforderungen
1	Grundaufgaben der Subtraktion, Multiplikation, Division	Langzeitgedächtnis
2	Einprägen und Reproduzieren von Begriffen	Kurzzeitgedächtnis
3	Einprägen und Reproduzieren von Zahlen[48]	Kurzzeitgedächtnis
4	Schätzen von Streckenlängen	Größenvorstellungen
5	Vorwärts- und Rückwärtszählen	Zahlvorstellungen
6	Identifizieren von verdeckten Flächen an Körpern	geometrische Vorstellungen
7	Identifizieren von Bewegungen	geometrische Vorstellungen
8	Bestimmen von zusammengehörigen Begriffen	Klassifizieren auf der Grundlage gemeinsamer Merkmale
9	Ergänzen von Folgen	Erkennen von Regeln auf der Grundlage von Beziehungen zwischen Objekten
10	Erkennen von Zahlwörtern in vorgegebenen Wörtern	Konzentration auf Wesentliches unter ablenkenden Bedingungen
11	Erkennen von Ziffern in unterschiedlichen Lagen und Bestimmen des jeweiligen Vorgängers der Zahlen	Konzentration auf Wesentliches einer Aufgabe unter ablenkenden Bedingungen (Figur-Grund-Diskrimination)

Abbildung 5: Schwerpunkte und Anforderungen der Aufgaben der 1. Kontrollarbeit

---

[48] Mit diesen Aufgaben wollten wir vor allem erfassen, ob vorgegebene Begriffe und Zahlen vorwiegend mechanisch oder sinnvoll eingeprägt und reproduziert werden. Wenn man davon ausgeht, daß die Reihenfolge des Reproduzierens auch etwa der Reihenfolge des Einprägens entspricht, kann man bei der freien Reproduktion erkennnen,
- ob Begriffe (Zahlen) in der gleichen Reihenfolge wie vorgegeben eingeprägt wurden (also vorwiegend mechanisch) oder
- ob Begriffe (Zahlen) sinnvoll (durch Anwenden der Strategie des Organisierens - vgl. Abschnitt 3.3.4) eingeprägt wurden, zum Beispiel auf der Grundlage des Klassifizierens nach gemeinsamen Merkmalen:
a) Klassifizierung nach äußeren Merkmalen, zum Beispiel Wörter nach gleichem Anfangsbuchstaben, Zahlen nach der Größe;
b) Klassifizierung nach bestimmten gemeinsamen Kategorien, zum Beispiel Wörter - gleicher Oberbegriff, Zahlen - durch gleiche Zahl teilbar (gehören zu einer Multiplikationsfolge)
(vgl. GUTHKE 1977; IRRLITZ 1976; PERLETH u. a. 1992).

Die Kontrollarbeit wurde in allen 15 Klassen unter Leitung der Versuchsleiterin während des Unterrichts geschrieben. Die Schüler erhielten die Aufgaben auf einem Arbeitsblatt. Alle Aufgaben wurden von der Versuchsleiterin jeweils vor ihrer unmittelbaren Bearbeitung vorgelesen und konnten von den Schülern gleichzeitig mitgelesen werden. Darüber hinaus wurde für notwendige zusätzliche Instruktionen zur Aufgabenbearbeitung eine Folie mit den Aufgaben eingesetzt. Die Instruktionen wurden in allen Klassen gleich gehalten.

Hinweise zur Bearbeitung einzelner Aufgaben

Aufgabe 1
Es waren die Ergebnisse von insgesamt 11 Grundaufgaben der Subtraktion (3), der Multiplikation (4) und der Division (4) aufzuschreiben. Die Versuchsleiterin nannte die Aufgaben einmal, die Schüler schrieben sofort das Ergebnis auf. Das Tempo der Bearbeitung wurde so gehalten, daß ein rechnerisches Ermitteln der Lösung nur schwer möglich war, sondern das Ergebnis gedächtnismäßig reproduziert werden mußte.

Aufgabe 2
Als Tafelbild waren neun Begriffe, repräsentiert durch Wörter, in beliebiger Reihenfolge gegeben. Die Begriffe waren so ausgewählt, daß sie leicht drei verschiedenen Kategorien zugeordnet werden konnten. Die Versuchsleiterin las die Wörter vor (und anschließend noch ein Schüler) und forderte zum Einprägen der Wörter in beliebiger Reihenfolge auf. Die Schüler erhielten noch den Hinweis, daß man sich das Einprägen erleichtern kann, wenn man sich die Wörter günstig ordnet. Nach 30 Sekunden Zeit sollten die Wörter aus dem Gedächtnis aufgeschrieben werden.

Aufgabe 3
Als Tafelbild waren neun Zahlen (aus der Multiplikationsfolge der 3 und der 7) gegeben. Es wurde das gleiche Vorgehen wie bei Aufgabe 2 gewählt.

Aufgabe 4
Die Objekte zum Schätzen wurden von der Versuchsleiterin gezeigt.

Aufgabe 5
Es wurden keine weiteren Erläuterungen gegeben.

Aufgabe 6
Es wurde von der Versuchsleiterin eine Wurst gezeigt, die nach Bild 6a einmal gerade durchgeschnitten war. Der Begriff Schnittfläche wurde am Beispiel der Wurst erklärt.

Aufgabe 7
Für Bild 7a wurde von der Versuchsleiterin ein Modell mitgebracht und das Funktionieren gezeigt.

4.2 Durchführung der Untersuchung

Aufgabe 8
Das erste Beispiel wurde von der Versuchsleiterin erklärt und eine Begründung für die Lösung gegeben.
Aufgaben 9 und 10
Es wurde das gleiche Vorgehen wie bei Aufgabe 8 gewählt.
Aufgabe 11
Es wurden keine weiteren Erläuterungen gegeben.

Durch dieses stark geführte Vorgehen wollten wir es ermöglichen, daß alle Schüler in der vorgegebenen Zeit die Aufgaben bearbeiten können und eine Fehllösung nicht auf Unverständnis der Aufgabe beruht. Die zweite und dritte Kontrollarbeit (Posttest und verzögerter Posttest) wurden gegenüber der ersten Kontrollarbeit in Inhalt und Durchführung nur geringfügig verändert, damit die Ergebnisse vergleichbar sind. Die Aufgaben 1, 2, 3 und 5 blieben in allen Arbeiten unverändert, zum Teil mit reduzierter Hilfe. Bei den anderen Aufgaben wurden teilweise die zu bearbeitenden Beispiele verändert, so daß Ziel, Anliegen, Anforderungsgrad und Aufgabenstellung erhalten blieben.

4.2.2 Fördern durch Binnendifferenzierung im Regelunterricht

In allen 12 Versuchsklassen wurde im 3. Abschnitt der Hauptuntersuchung über 15 Unterrichtswochen mit den ausgearbeiteten Fördermaterialien gearbeitet. Die Lehrer erhielten eine Aufgabensammlung mit Aufgaben - gegliedert nach den Förderbereichen Abstraktion, Vorstellung, Konzentration und Gedächtnis, Hinweisen zum Einsatz, Arbeitsblättern und Folien. Ihre Aufgabe bestand darin, diese Materialien zum Fördern der Schüler mit Lernschwierigkeiten im Mathematikunterricht während des Regelunterrichts einzusetzen. Dabei war insbesondere an eine Binnendifferenzierung im Unterricht gedacht. Aufgabenauswahl, Zeitpunkt des Einsatzes, Verbindung mit aktuellen Inhalten, Auswertung der Lösungen und andere didaktische Fragen lagen in der Verantwortung des Lehrers. Durch regelmäßige Hospitationen und Aussprachen konnten auftretende Fragen und Probleme geklärt und Hinweise ständig präzisiert werden. Beobachtungen von Lehrern und Schülern bei der Arbeit mit den Materialien sollten Aufschluß darüber geben, inwieweit solche Materialien im Regelunterricht einsetzbar sind und die gewählte Förderrichtung unterstützen. Durch den Einsatz von Lehrern mit unterschiedlicher Berufserfahrung konnte die Frage nach der Übertragbarkeit des Fördermaterials geprüft werden.

Schwerpunkte der Förderung bestanden im Erwerb von Strategien, im Transfer dieser Strategien auf aktuelle Unterrichtsinhalte und im Schließen von großen Wissenslücken im Fach durch Sammeln von Erfahrungen beim Bearbeiten von Aufgaben auf allen Repräsentationsebenen. Mit diesem Vorgehen sollte der Nachweis erbracht werden, daß es prinzipiell möglich ist, die Entwicklung kognitiver Fähigkeiten und Stützfunktionen an fachspezifischen Inhalten im Regelunterricht so zu fördern, daß Lernschwierigkeiten verhindert bzw. überwunden werden. Dazu konnten die Aufgaben aus den Materialien in täglichen Übungen, in besonderen Festigungsphasen oder als Hausaufgaben eingesetzt werden. Methodisch bot sich ein Einsatz in offenen Lernsituationen bzw. in der Partner- oder Gruppenarbeit an. Die Aufgaben eigneten sich darüber hinaus zur Motivierung im Mathematikunterricht, indem eine Verbindung mathematischer Inhalte mit der Lebensumwelt der Kinder aufgezeigt und genutzt wurde.

Das gewählte Vorgehen war in den einzelnen Klassen sehr unterschiedlich, da es im Ermessen des Lehrers lag. So wurden in einigen Klassen Aufgaben aus den Fördermaterialien hauptsächlich in täglichen Übungen zu Beginn der Unterrichtsstunden eingesetzt, wobei den Schülern der Förderbereich bewußt gemacht wurde. Die Aufgaben wurden losgelöst vom aktuellen Unterrichtsinhalt bearbeitet. Der Lehrer motivierte den Einsatz der Aufgaben zum Beispiel durch Ankündigen der Schwerpunkte:

4.2 Durchführung der Untersuchung 117

- Mit den folgenden Aufgaben wollen wir üben, wie wir beim Vergleichen (Ordnen, Gruppieren) von Objekten systematisch vorgehen können.
- Die folgenden Aufgaben dienen der Entwicklung unserer Vorstellung.
- Die folgenden Aufgaben sollen uns helfen, uns beim Arbeiten noch besser zu konzentrieren.
- An den folgenden Beispielen üben wir, wie man sich leicht etwas einprägen kann.

In diesen Klassen stand längere Zeit ein Förderbereich im Mittelpunkt. Die Kinder bearbeiteten ausgewählte Aufgaben zum Teil selbständig, zum Teil in Partner- oder Gruppenarbeit. Eine Auswertung erfolgte meist gemeinsam. Dabei wurden mögliche Vorgehensweisen diskutiert und Lösungswege begründet. Ein Bewußtmachen von Strategien gelang in der Regel durch Reflektieren über ausgeführte Handlungen. Es wurde darauf geachtet, daß insbesondere Schüler mit Lernschwierigkeiten das Vorgehen verstanden und viele weitere Gelegenheiten zum Üben erhielten. Dabei standen Aufgaben mit außermathematischen und innermathematischen Inhalten zur Auswahl. In anderen Klassen wurden Aufgaben aus den Fördermaterialien hauptsächlich in Festigungsphasen zur Auflockerung des Unterrichts eingesetzt und die Förderbereiche oft gewechselt. Auch hierbei gestaltete sich die Bearbeitung vorwiegend individuell, während in einer gemeinsamen Auswertung Begründungen für das Vorgehen gegeben und Strategien bewußt gemacht wurden. Es erfolgte eine enge Verbindung der Aufgaben mit dem aktuellen Unterrichtsstoff. Aufgaben mit außermathematischen Inhalten dienten hauptsächlich zur Motivierung und fanden seltener Berücksichtigung. Zur Verdeutlichung der Arbeit mit den Materialien in den Versuchsklassen seien an dieser Stelle einige Beispiele aus unseren Hospitationen angeführt.

Zur Entwicklung von Abstraktion

In mehreren täglichen Übungen wurden Aufgaben zur Förderung von Abstraktion bearbeitet. Insbesondere ging es dabei um Erkennen und richtiges Fortsetzen von Folgen bzw. um ein Auffinden von Fehlern in Folgen. Begonnen wurde mit Bilderfolgen. (Auch Schüler mit Lernschwierigkeiten lösten keine Aufgaben auf enaktiver Ebene.) Das Vorgehen bei solchen Aufgaben wurde immer wieder besprochen. Beispiele verdeutlichten, daß erst Beziehungen zwischen den Gliedern einer Folge erkannt und dann unter Nutzung dieser Beziehungen ein neues Glied konstruiert oder ein falsches Glied identifiziert werden. Diese Beziehungen konnten auf der Grundlage sinnlich wahrnehmbarer Merkmale oder innerer Zusammenhänge beruhen. Zur Auswahl standen Aufgaben mit außermathematischen und innermathematischen Inhalten. Die Erkenntnisse wurden in weiteren Übungen auf Zahlenfolgen angewendet. Dabei verwendeten die Lehrer aktuelle Unterrichtsinhalte, zum Beispiel Vielfache von 10 und 100, Teile aus Multiplikationsfolgen u. ä.

Beispiel: Ergänze jede Reihe um drei weitere Zahlen!
   a) 10, 15, 20, ...
   b) 70, 80, 90, ...
   c) 36, 32, 28, ...
   d) 500, 600, 700, ...

Der Schwerpunkt bei solchen Aufgaben lag auf dem Erkennen einer Struktur einer vorgegebenen Folge.

Zur Entwicklung von Vorstellung

In Stunden zur Arbeit mit Größen wurden verschiedene Längen mit Stäbchen gelegt.

Beispiel: Schätze, wie viele Stäbchen du benötigst, um die Länge (Breite) eines Blattes (Tisches, Schrankes, ...) zu legen! Probiere es aus!

Während leistungsstarke Schüler Umrechnungsaufgaben und Sachaufgaben lösten, hatten insbesondere die Schüler mit Lernschwierigkeiten zunächst die Aufgabe, mit Stäbchen zum Beispiel die Länge ihrer Federtasche, ihres Fußes, ihres Mathematikbuches u. ä. zu legen. Es folgten viele Schätzübungen, zunächst mit selbstgewählten Festwerten (Stäbchen, Schnüre u. ä.), dann mit normierten Festwerten. Das Kennenlernen der eigenen Körpermaße (Länge eines Zeigefingers, eines Armes, eines Beines, Körperhöhe) und Verwenden dieser zum Schätzen von Längen in der Umwelt (Länge des Tafellineals, Höhe des Klassenschrankes, Breite eines Fensters, Höhe, Länge und Breite eines Schultisches) halfen, Größenvorstellungen über die unmittelbare Umwelt in bezug auf die eigene Person zu entwickeln.

Zur Entwicklung von Konzentration

Aufgaben zur Entwicklung von Konzentration wurden zu Beginn oder zum Ende einer Unterrichtsstunde eingesetzt, um auf genaues und exaktes Arbeiten hinzuweisen. Im Mittelpunkt standen vorwiegend Aufgaben zum Fortsetzen von Mustern, zum Vergrößern oder Verkleinern von vorgegebenen Figuren und zum Fortsetzen von Aufgabenfolgen. Die Auswertung erfolgte meist durch Selbstkontrolle. Der Schwerpunkt bei solchen Aufgaben lag nicht in der Strukturerkennung bei Mustern oder Aufgabenfolgen, sondern im genauen Fortsetzen erkannter Handlungssequenzen. Für eine frontale Arbeit wurden Aufgaben mit

4.2 Durchführung der Untersuchung

„Zahlensuchbildern" und „Bauen von Zahlenhäusern" oft gewählt. Dabei kam es auf Genauigkeit, Arbeitstempo und Systematik beim Vorgehen an.

Beispiel: Es soll ein Zahlenhaus Nummer 45 gebaut werden. Das Ergebnis jedes Stockwerkes soll 45 sein. Es dürfen alle Rechenarten verwendet werden. Wer baut die meisten Stockwerke?

Zur Entwicklung von Gedächtnis

In differenzierten Übungen wurden insbesondere Aufgaben bearbeitet, in denen die Einprägestrategie *Organisieren* Anwendung fand. Dazu arbeiteten die Schüler mit Lernschwierigkeiten in einigen Klassen zunächst auf enaktiver Ebene, um diese Strategie kennenzulernen und erste Sicherheit zu erlangen. In weiteren Stunden wurde diese Strategie auf Aufgaben der bildhaften und symbolischen Ebene übertragen. In täglichen Übungen spielten dann oft Aufgaben zum Einprägen von Grundaufgaben eine Rolle, wobei die Strategie des Organisierens ebenfalls angewendet werden konnte.

Beispiel: Löse folgende Grundaufgaben, ordne sie in Gruppen und präge sie ein!
a) $6+8$, $6+7$, $6+6$, $5+7$, $8+5$, $7+7$, $9+5$, $9+4$, $9+3$
b) $12-6$, $13-7$, $15-7$, $12-3$, $9-3$, $16-7$, $11-3$, $18-9$
c) $3 \cdot 7$, $5 \cdot 9$, $8 \cdot 8$, $6 \cdot 9$, $4 \cdot 8$, $2 \cdot 9$, $7 \cdot 7$, $6 \cdot 8$, $5 \cdot 7$

In den Auswertungen wurden unterschiedliche Möglichkeiten des Ordnens (nach dem Ergebnis oder nach Aufgabenmerkmalen) betrachtet und diskutiert.

Zusammenfassend wurde in Hospitationen zu diesem Vorgehen folgendes deutlich:

- Es ist durchaus möglich, mit Hilfe speziell ausgewählter Aufgaben die Entwicklung kognitiver Fähigkeiten und Stützfunktionen im Regelunterricht zu fördern und zu fordern. Dabei hilft ein Reflektieren über gewählte Lösungswege und ausgeführte Handlungen beim Bewußtmachen von Erfahrungen und Strategien.

- Eine Arbeit auf der enaktiven Ebene wird insgesamt in der 3. Klasse unterschätzt. Zu schnell werden Erfahrungen bei Schülern vorausgesetzt. Bei Schülern mit Lernschwierigkeiten führt das zu einem verständnislosen Manipulieren auf einer Ebene, die sie für vorgegebene Aufgaben noch nicht beherrschen, da ihnen selbständige „Übersetzungen" zwischen den Ebenen nicht gelingen.

- Zu zaghaft werden außermathematische Inhalte in den Regelunterricht einbezogen. Dadurch gehen Schülern mit Lernschwierigkeiten nicht nur wichtige Motivationsmöglichkeiten verloren, sondern auch andere mögliche Zugänge zu mathematischen Inhalten.

- Eine Förderung kognitiver Fähigkeiten und Stützfunktionen erfolgt zu schnell an aktuellen Unterrichtsinhalten bzw. wird eine enge Verbindung der Fördermaßnahmen mit dem aktuellen Lehrstoff von Lehrern auch gewünscht. Das engt jedoch die Möglichkeiten einer notwendigen Förderung an grundlegenden Inhalten des Faches, insbesondere für Schüler mit extremen Lernschwierigkeiten, ungerechtfertigterweise erheblich ein.

4.2.3 Gestalten und Durchführen mathematisch orientierter Stützkurse

Stützkurse fanden während der Hauptuntersuchung an drei Schulen für einige Beobachtungsschüler statt (vgl. Abschnitt 4.1). Es wurden drei Stützkurse mit acht, sechs und sieben Schülern gebildet. Die Schüler kamen jeweils aus drei verschiedenen Klassen der Schule (aus einer Klasse mindestens zwei). Von einem Schüler lagen aufgrund von Krankheit und Umschulung keine vollständigen Ergebnisse vor, so daß wir in die weiteren Auswertungen nur 20 Schüler einbezogen. Die Arbeit in den Stützkursen fand im 3. Abschnitt der Hauptuntersuchung zweimal wöchentlich über eine Unterrichtsstunde statt (insgesamt 30 Unterrichtsstunden). Dazu konnten wir jeweils eine Mathematikstunde und eine Förderstunde nutzen, so daß die Stützkursstunden zum größten Teil vormittags stattfanden und die Schüler aus ihren Klassen herausgelöst wurden. Damit stellten die Stützkurse eine Maßnahme der äußeren Differenzierung für Schüler mit extremen Lernschwierigkeiten dar.

Schwerpunkte der Förderung in den Stützkursen bestanden wie bei der Versuchsgruppe *Innere Differenzierung* im Erwerb von Strategien und Anwenden dieser auf mathematische Sachverhalte. Insbesondere sollten Abstraktion, Vorstellung, Konzentration und Gedächtnis beim Bearbeiten mathematischer Aufgaben gefördert werden, so daß Wissenslücken im Fach abgebaut und ein besseres Verständnis für grundlegende mathematische Inhalte aufgebaut werden können. Der methodischen Gestaltung der Arbeit in den Stützkursen lagen vor allem folgende Prinzipien zugrunde:

- Die Anforderungen an die geistige Tätigkeit müssen unmittelbar an das von den Schülern erreichte Niveau anknüpfen. Dazu werden inhaltlich ähnliche Aufgaben auf allen Repräsentationsebenen angeboten.
- Strategien sind zum Gegenstand bewußten Lernens zu machen. Dazu gehört auch, daß die Schüler im Verlauf der Förderung schrittweise die Notwendigkeit der Strategieanwendung erkennen und die Nützlichkeit der Strategien in eigenen Anwendungen erleben.
- Ein Transfer erworbener Strategien auf aktuelle Unterrichtsinhalte wird vorbereitet durch eine enge Verbindung von Aufgaben mit außermathematischen und innermathematischen Inhalten. Durch das Bearbeiten vielfältiger ähnlicher Aufgaben erwerben die Schüler Erfahrungen im Anwenden von Strategien und im Umgang mit mathematischen Sachverhalten.
- Eine verstärkte Auswahl und Bearbeitung von Aufgaben mit spielerischem Charakter sollen das Interesse am Fach und die Motivation zum Mathematiklernen (wieder) aufbauen.

Mit diesem Vorgehen sollte der Nachweis erbracht werden, daß es prinzipiell möglich ist, Schülern mit extremen Lernschwierigkeiten durch eine intensive Förderung ihrer kognitiven Fähigkeiten und Stützfunktionen an fachspezifischen und fachübergreifenden Inhalten so zu helfen, daß ihnen ein weiteres Mitkommen im Regelunterricht gelingt.

Für die Stunden wurden ausschließlich Aufgaben aus dem Fördermaterial verwendet und eine gleichzeitige Förderung aller vier Bereiche (Abstraktion, Vorstellung, Konzentration, Gedächtnis) angestrebt. Die Aufgaben wurden nach inhaltlichen Gesichtspunkten miteinander verbunden. Zum Beispiel gestattete die Auswahl eines Rahmenthemas aus der Umwelt der Kinder eine thematische Behandlung von Schwerpunkten über mehrere Stunden. Bei der Bearbeitung von Aufgaben wurden unterschiedliche Vorgehensweisen diskutiert, ausprobiert, miteinander verglichen. Der Stützkursleiter hielt sich mit Anweisungen sehr zurück, er unterstützte die Kinder im Suchen nach Lösungsmöglichkeiten, forderte Begründungen heraus und gab erst eigene Vorschläge, wenn die Kinder auch nach gemeinsamen Bemühungen keinen effektiven Weg zur Lösung fanden. Bei diesem Vorgehen zeigte sich immer wieder, daß Kinder mit Lernschwierigkeiten durchaus in der Lage waren, unterschiedliche Lösungswege zu finden und auf ihre Effektivität zu prüfen. Sie benötigten aufgrund geringeren Vorwissens und geringerer Erfahrung bedeutend mehr Zeit (und oft auch Ansporn) als ihre Mitschüler, da sie sich sehr unsicher fühlten. Diese „Denkarbeiten" wurden ihnen im Regelunterricht aus Zeitgründen oft abgenommen, so daß es zu einem unverstandenen Nachvollziehen von Lösungswegen kommt. Deshalb legten wir auf das eigenständige Finden und Begründen von Lösungswegen großen Wert. Viel Zeit nahm das Verallgemeinern von Vorgehensweisen (Erkennen von Strategien) in Anspruch. Erst, wenn es von allen verstanden wurde, gingen wir zum „Trainieren" an analogen Aufgaben über. Zur Verdeutlichung der Arbeit in den Stützkursen werden einige Beispielstunden vorgestellt.

Beispiel 1:
Rahmenthema für mehrere Stunden: Wir arbeiten im Kaufhaus.

Dieses Rahmenthema wurde in den ersten Stützkursstunden bearbeitet. In kleinen Übungen zu Beginn der ersten Stützkursstunde konnte sich der Stützkursleiter einen Überblick über Leistungen der Kinder in den Förderbereichen und über den individuellen Einsatz von Strategien verschaffen. Dazu wurde aus jedem Bereich eine kleine Aufgabe gestellt (Figuren nach unterschiedlichen Merkmalen sortieren, ein Bild zu einem vorgegebenen Anfang zeichnen, ein Muster mit Figuren legen, Namen der Mitschüler einprägen), die die Kinder in Partnerarbeit

4.2 Durchführung der Untersuchung

zu lösen hatten. Die Partnerarbeit wurde deshalb gewählt, damit die Kinder sich nicht gleich unsicher fühlen und auf eine andere Arbeit als im Regelunterricht eingestellt werden. Uns ging es vor allem auch darum, daß die Kinder beim Lösen von Aufgaben viel sprechen müssen, mehr als sie sonst Gelegenheit dazu erhalten. Die Arbeit in der kleinen Gruppe und das Wissen, daß alle Kinder ähnliche Schwierigkeiten haben, half ihnen dabei, ihre diesbezüglichen Hemmungen abzubauen. Die Lösungen der Aufgaben wurden gemeinsam besprochen, die Kinder sollten schon teilweise ihr Vorgehen beschreiben. Anhand dieser Aufgaben erklärte der Stützkursleiter das Anliegen des Kurses, welche Art von Aufgaben im Mittelpunkt stehen und was damit erreicht werden soll. Anschließend wurde zum ersten Rahmenthema übergeleitet.

Motivierung: „Wir wollen ein Spiel vorbereiten und in den nächsten Stunden spielen: Wir arbeiten im Kaufhaus. Dazu überlegen wir uns, was es im Kaufhaus alles zu tun gibt. Wir werden sehen, daß wir da auch unseren Aufgaben wiederbegegnen, denn in einem Kaufhaus gibt es viel zu sortieren, zu räumen, zu gestalten, Preise auszuschildern, zu rechnen ..." Die erste Aufgabe bestand darin, daß die Schüler Gegenstände für das Warenlager in Empfang nehmen sollten. Diese Gegenstände galt es zu ertasten. Dazu hatte der Stützkursleiter einen undurchsichtigen Beutel mit vielen Gegenständen aus der Umwelt der Kinder mitgebracht (zum Beispiel: Stück Seife, Schwamm, Kamm, Zahnbürste, Bleistift, Filzstift, Radiergummi, Bleistiftanspitzer, Baustein, kleiner Ball, Puppentopf ...). Jedes Kind durfte der Reihe nach mit einer Hand in den Beutel fassen, mit der anderen Hand von außen fühlen und einen Gegenstand aussuchen ohne in den Beutel zu sehen. Bevor der Gegenstand herausgenommen wurde, sollte sein Name genannt und sein Aussehen (Form, Material, andere auffallende Charakteristika) beschrieben werden. Nachdem alle Gegenstände auf dem Tisch lagen, bestand die zweite Aufgabe im Sortieren der Gegenstände. Gemeinsam wurde überlegt, nach welchen Merkmalen sortiert werden kann. Mehrere Sortierübungen schlossen sich an. Es wurde nacheinander nach Grundfarbe, nach Form, nach Material, nach Größe, nach Verwendungszweck sortiert. Dabei überlegten die Kinder, welche Einteilung für welchen Zweck günstig ist, zum Beispiel nach Farbe für Werbungszwecke, nach Form zum Verpacken, nach Verwendungszweck zum Einräumen u. ä. Die Kinder stellten fest, daß die Teilgruppen jedesmal andere Gegenstände enthielten - in Abhängigkeit davon, nach welchem Merkmal sortiert wurde. Für die dritte Aufgabe blieben die Gegenstände nach Form sortiert. Die Kinder sollten die Grundform beschreiben, dann gestaltete jedes Kind die Form ausgewählter Gegenstände mit Knetmasse nach. Den Abschluß bildeten einige Gedächtnisübungen. Dazu wurden zunächst sechs Gegenstände, die sich deutlich in zwei Gruppen einordnen ließen, vom Stützkursleiter durcheinander auf den Tisch gelegt. Die Kinder sollten sich diese Gegenstände einprägen. Nach 45 Sekunden wurden die Gegenstände mit einem

Tuch abgedeckt, und die Kinder sollten die eingeprägten Gegenstände aufschreiben. Um allen Kindern ein Erfolgserlebnis zu verschaffen, durften die Kinder, die etwas vergessen hatten, die Gegenstände noch einmal durch das Tuch ertasten. Auch als Kontrolle konnte diese Möglichkeit genutzt werden. In der Auswertung sollten die Kinder ihr Vorgehen beschreiben. Dabei wurden sehr unterschiedliche Vorgehensweisen deutlich. Wir diskutierten darüber, welche Vorgehensweise günstig und welche vielleicht nicht so vorteilhaft war. Je nach vorhandener Zeit probierten die Kinder einige Vorgehensweisen aus bzw. lösten weitere Aufgaben mit veränderter Aufgabenstellung. Zum Beispiel wurden Gegenstände weggenommen oder hinzugelegt: Was fehlt? Was ist hinzugekommen? Die Kinder sollten in diesen ersten Übungen zum Gedächtnis erkennen, daß es in jedem Fall günstig ist, sich das einzuprägende Material zu sortieren, wobei unterschiedliche Gesichtspunkte möglich sind. In späteren Stunden galt es dann, diese Vorgehensweise zu präzisieren und auf Aufgaben der bildhaften und symbolischen Ebene anzuwenden. Als Hausaufgabe der ersten Stunde sollten sich die Kinder für unsere eingesetzten Gegenstände Preise ansehen, so daß wir in den nächsten Stunden unser Kaufhausspiel fortsetzen konnten.

In den folgenden Stunden wurden zum gleichen Thema analoge Übungen durchgeführt. Viel Zeit verwendeten die Kinder für das Beschreiben ihres jeweiligen Vorgehens. Zur weiteren Festigung eigneten sich kleine Spiele, zum Beispiel: Wer findet mehr? Aus der unmittelbaren Umgebung sollten Gegenstände genannt werden: rote Gegenstände, runde Gegenstände, hölzerne Gegenstände, rote und runde Gegenstände, runde und hölzerne Gegenstände, rote und runde und hölzerne Gegenstände, Gegenstände, deren Namen mit einem B anfangen.

In das Kaufhausspiel wurde auch das Einkaufen und somit die Arbeit mit Rechengeld einbezogen. Die Kinder preisten die Waren selbst aus. Dann konnten sie „einkaufen" und dabei unterschiedliche Aufgaben lösen, zum Beispiel:
- Kaufe Gegenstände für 3 DM (5 DM, 10 DM ...) ein!
- Du hast 10 DM. Was könntest du alles einkaufen?
  Was könntest du einkaufen, wenn du noch 3 DM übrig behalten willst?
- Zwei Gegenstände kosten zusammen 7 DM (10 DM ...). Bezahle auf verschiedene Weise. Zeichne auf, wie du jeweils bezahlen könntest!

Beispiel 2:
Rahmenthema für mehrere Stunden: Rund um den Würfel.

Motivierung: „In den nächsten Stunden werden wir für viele Aufgaben Würfel benötigen. Wir werden Würfelspiele spielen, oder wir werden Baumeister sein und mit Würfelbausteinen bauen, wir werden Figuren aus Würfeln legen, ergänzen oder zerlegen. Dazu müssen wir den Würfel gut kennen, seine Eigenschaften wissen und ihn uns gut vorstellen können, ohne daß wir einen in der Hand halten." In der ersten Stunde zu diesem Thema ging es dann um das Kennenlernen (Wiederholen) der Eigenschaften des Würfels und Aufbauen eines Vorstellungsbildes. Um die Vorkenntnisse zu erfassen, sollten die Kinder zunächst die Augen schließen, sich einen Würfel vorstellen und ihn beschreiben. Anschließend erhielten sie einen Würfelbaustein in die Hand (die Augen waren dazu noch geschlossen, die Hände auf dem Rücken). Die Kinder konnten den Würfel jetzt noch einmal beschreiben. Anschließend betrachteten sie den Baustein, zählten Seitenflächen, Ecken und Kanten noch einmal und schrieben die entsprechende Anzahl an die Tafel (6, 8, 12). Der Würfelbaustein wurde dann weggelegt, und von jedem Kind aus Knetmasse ohne Anschauung ein Würfel geformt, an dem es die Eigenschaften erneut überprüfte. Anschließend wurden würfelförmige Gegenstände der Umwelt benannt.

Als nächste Aufgabe sollte ein Kantenmodell eines Würfels hergestellt werden. Dieses Kantenmodell wollten die Kinder mit in ihre Klassen nehmen, um ihren Mitschülern die Eigenschaften eines Würfels am eigenen Modell zu zeigen. Die Kinder betrachteten dazu ein mitgebrachtes Modell und besprachen mit ihrem Partner das Vorgehen. Als Stütze standen noch die Zahlen an der Tafel. Es kam hierbei darauf an, daß die Kinder nicht unsystematisch darauf losarbeiteten, sondern sich ihr Vorgehen planten und ihre Arbeit systematisch begannen. Der Vorteil eines solchen Arbeitens wurde immer wieder an Beispielen bewußtgemacht. Die Partnerarbeit diente dazu, daß die Überlegungen erst einmal ausgesprochen werden mußten und so die Spontaneität zurückdrängten. Dann begannen die Kinder das benötigte Material herzustellen: kleine Knetkugeln für die Ecken, Trinkhalme für die Kanten. Die Trinkhalme waren vom Stützkursleiter schon vorbereitet und mußten in richtiger Anzahl und Länge ausgewählt werden. Schnell erkannten die Kinder, daß man auch beim Zusammensetzen des Modells systematisch vorgehen mußte, da es sonst ungleichmäßig wurde oder immer wieder beim Stecken auseinanderfiel. Auch hierbei erwies sich die Partnerarbeit als günstig. Die Kinder halfen sich unaufgefordert gegenseitig und mußten nicht immer auf die Hilfe des Stützkursleiters warten. Sie gaben sich gegenseitig Hinweise zur günstigen Reihenfolge des Zusammensteckens. Das war für viele Kinder eine wichtige neue Erfahrung, daß sie anderen raten und helfen konnten, gehörten sie im Regelunterricht doch sonst immer zu denen, die Hilfe von anderen empfingen.

Nachdem die Kinder das fertige Kantenmodell noch einmal betrachtet und auf seine Eigenschaften untersucht hatten, stellten sie es weg und füllten selbständig den folgenden Lückentext aus:

> Ein Würfel hat ____ Ecken und ____ Kanten.
> Er wird von ___ Flächen begrenzt.
> Die Flächen haben die Form von _____.
> Alle Flächen sind _____.

Die Kontrolle nahmen sie dann wieder am eigenen Modell vor. In den folgenden Stunden zu diesem Rahmenthema wurden die Eigenschaften eines Würfels oft wiederholt und viele Übungen zur Entwicklung von Vorstellungen durchgeführt. Zum Beispiel bekamen die Kinder einen Baustein in die Hand gelegt (Hände waren auf dem Rücken, Augen geschlossen) und sollten durch Tasten überprüfen, ob der Baustein würfelförmig ist oder nicht. Viel Wert wurde auf eine Begründung gelegt, woran sie das erkannt hatten. In einem geschlossenen Beutel befanden sich mehrere Bausteine unterschiedlicher Form, darunter auch einige würfelförmige. Die Kinder sollten durch Tasten feststellen, wie viele würfelförmige Bausteine im Beutel sind. Viele Übungen bezogen sich auf das Bauen mit Würfelbausteinen, zum Beispiel:

- Bauen nach Vorlage; dazu mußten auch verdeckte Bausteine erkannt werden,
- Bauen nach verbaler Beschreibung,
- Bauen mit verbundenen Augen u. ä.

Bei diesen Übungen ging es vor allem um die Entwicklung von Vorstellungen und eine systematische und konzentrierte Arbeitsweise.

Obwohl in den ersten zehn bis fünfzehn Stützkursstunden Partner- und Kleingruppenarbeit organisiert wurde, gingen wir inhaltlich frontal vor. Das heißt, alle Schüler bearbeiteten die gleichen Inhalte mit den gleichen Mitteln. Damit wollten wir folgende Ziele erreichen:

- Kennenlernen der Kinder (auch untereinander) und des Stützkursleiters, Abbau von Hemmungen voreinander und von Mißerfolgsängstlichkeit;
- Kennenlernen der Voraussetzungen der Kinder, insbesondere in den Förderbereichen;
- Schaffen eines Ausgangsniveaus im Wissen (deklarativer und prozeduraler Art) für die nächsten Stützkursstunden;
- Vermitteln von Strategien;
- Motivierung für die weiteren Stützkursstunden durch interessante Aufgaben, deren Bearbeitung den Kindern Spaß machte.

Gerade für das Vermitteln von Strategien sahen wir das frontale Vorgehen als sehr effektiv an, da die Strategien in gemeinsamer Anstrengung erarbeitet, begründet, erprobt und nicht nur über Instruktionen durch den Stützkursleiter

4.2 Durchführung der Untersuchung

gewonnen werden sollten. Die folgenden Stützkursstunden wurden zur Individualisierung der weiteren Förderung genutzt. Die erlernten Strategien mußten auf vielfältige Aufgaben mit außermathematischen und innermathematischen Inhalten angewendet werden. Nur noch die ersten zehn Minuten jeder Stützkursstunde wurden für gemeinsame Übungen oder kleine Spiele genutzt, dann lösten die Kinder Aufgaben eigener Wahl an Tischen. Auch hierbei konnte mit einem Partner oder in kleinen Gruppen gearbeitet werden. Das wurde den Kindern überlassen. Die Aufgaben an den Tischen waren nach Inhalten geordnet. Zu jeder Stützkursstunde standen zwei oder drei unterschiedliche Tische bereit. Insgesamt gab es acht Tische zu folgenden Themen:

- Wir legen Muster und erkennen Regeln;
- Rund um den Würfel;
- Räderwerke;
- Wir schätzen und messen;
- Wir erkennen, legen und verändern Figuren;
- Wir arbeiten mit Zahlen;
- Wir spielen Memory;
- Wörterspiele.

Die Aufgaben waren auf Arbeitsblättern oder Aufgabenkarten gegeben, alle benötigten Materialien lagen bereit. An jedem Tisch gab es Aufgaben auf allen Repräsentationsebenen, der Schwierigkeitsgrad war für die Kinder deutlich gekennzeichnet. Für die Selbstkontrolle lagen Lösungsblätter mit vollständigem Lösungsweg bereit. Alle Aufgaben waren dem Fördermaterial entnommen. Nach Möglichkeit ordneten wir den einzelnen Tischen Aufgaben aus jedem Förderbereich zu, so daß zum einen ganz unterschiedliche Anforderungen an den Tischen bestanden, zum anderen kontinuierlich an jedem Bereich gearbeitet wurde. Ein Wechsel der Tische in den Stützkursstunden verhinderte, daß die Schüler nur Aufgaben an einem Tisch lösten. Als Orientierung für die Schüler galt, daß sie etwa dreimal an jedem Tisch arbeiteten. Das hielten sie bereitwillig ein, da alle Tische interessante Aufgaben boten. Zur eigenen Kontrolle schrieben sie auf eine Karteikarte, die mit dem Thema auf dem jeweiligen Tisch stand, das Datum und ihren Namen, wenn sie an dem Tisch gearbeitet hatten. Für diese freie Arbeit an den Tischen hatten die Kinder in der Regel dreißig Minuten Zeit. Am Ende einer Stützkursstunde wurde als Abschluß oft eine ausgewählte Aufgabe gemeinsam besprochen. Diese Aufgabe wählte ein Schüler aus und stellte sie den anderen vor. Das konnte eine für ihn besonders interessante Aufgabe sein oder eine, die er besonders gut und leicht löste. Es konnte aber auch eine Aufgabe sein, die er nicht löste, weil sie ihm sehr schwierig erschien. Dann wurde sie gemeinsam diskutiert und gelöst. Als Hausaufgabe wählte sich in der Regel jeder Schüler selbst ein Arbeitsblatt von einem Tisch aus.

Bei dieser Gestaltung der Stunden wurden die Kinder zunehmend selbständiger in der Bearbeitung von Aufgaben. Sie mußten ihre Zeit selbständig organisieren und ihr Vorgehen bei den Aufgaben planen. Die Selbstkontrolle erwies sich als „lebensnotwendig", wollten sie Erfolge haben, denn nicht jede Aufgabe konnte der Stützkursleiter sofort ansehen und eine entsprechende Rückmeldung geben. Das geschah meist erst in der nächsten Stunde, nachdem die ausgefüllten Arbeitsblätter vom Stützkursleiter angesehen wurden. Diese Nachkontrolle war wichtig, um über den Stand jedes Kindes informiert zu sein und in folgenden Stunden weitere Individualisierungsmaßnahmen zu treffen. Falsch gelöste Aufgaben auf den Arbeitsblättern wurden mit einem Pünktchen gekennzeichnet. Die Kinder suchten dann allein ihren Fehler und lösten die Aufgabe noch einmal. Individualisierungsmaßnahmen bestanden darin, daß der Stützkursleiter auf ähnliche Aufgaben mit geringerem Schwierigkeitsgrad hinwies oder Aufgaben gemeinsam mit dem Schüler löste, Strategien noch einmal bewußt machte, sich Begründungen für gewählte Lösungswege geben ließ u. ä. Die freie Arbeit der Schüler gab dem Stützkursleiter die Gelegenheit, einzelne Schüler bei der Arbeit zu beobachten und individuelle Hilfe bei Schwierigkeiten zu geben, ohne daß in dieser Zeit die anderen Kinder untätig waren. Die Kinder arbeiteten nicht unter Zeitdruck, angefangene Aufgaben konnten stets beendet werden. Wie viele Aufgaben bearbeitet wurden, hingen von der Aufgabenschwierigkeit und vom Entwicklungsstand des jeweiligen Kindes ab.

Insgesamt wurde bei diesem Vorgehen deutlich:

- Eine zeitweise äußere Differenzierung für Schülern mit extremen Lernschwierigkeiten erscheint besonders dann geeignet, wenn grundlegende Erfahrungen aufgearbeitet und Strategien bewußtgemacht werden. Kognitive Fähigkeiten und Stützfunktionen können an grundlegenden Inhalten des Faches so entwickelt werden, daß gleichzeitig Wissenslücken im Fach geschlossen werden. Eine enge Anbindung der Aufgaben an die Erfahrungswelt des Kindes läßt sie den Sinn ihres Vorgehens verstehen und fördert ein Übersetzen zwischen den Ebenen - enaktiv, ikonisch, symbolisch -, das im Regelunterricht aus verschiedenen Gründen oft zu kurz kommt.
- Ein Aufarbeiten grundlegender Inhalte des Mathematikunterrichts in der Förderung ist notwendig, damit weiterführende Inhalte verstanden werden können (auch das wird bei einer Förderung im Regelunterricht häufig zu wenig beachtet). Verständnisphasen und Übungsphasen müssen sich wechselseitig durchdringen und einander ergänzen, denn Üben ohne Verständnis führt oft nur zum Verfestigen von Fehltechniken.

4.3 Diskussion der Ergebnisse

Eine Darstellung und Diskussion der Ergebnisse erfolgt in drei Abschnitten:
- Auswertung der Tests der Beobachtungsschüler,
- Auswertung der Kontrollarbeiten der Gesamtstichprobe,
- Auswertung der Fragebogen der an der Untersuchung beteiligten Lehrer,

Die Beobachtungsschüler waren 47 Schüler, die für Fallstudien aus allen Klassen ausgewählt wurden (vgl. Abschnitt 4.1). Zur Gegenüberstellung der Ergebnisse unterschieden wir sie in Versuchsschüler und Kontrollschüler. Mit den Versuchsschülern wurde in unterschiedlichen Gruppen gearbeitet (*Stützkurse 1, 2, 3* und Gruppe *Innere Differenzierung*). Diese wurden bei der Ergebnisanalyse zum Teil einzeln betrachtet. Die Gesamtstichprobe bildeten alle Schüler aus den 12 Versuchsklassen und 3 Kontrollklassen. Zur Unterscheidung wählten wir in den Übersichten und Abbildungen die Bezeichnungen *Versuchsschüler* und *Kontrollschüler* für die 47 Beobachtungsschüler sowie *Versuchsklassen* und *Kontrollklassen* für die Gesamtstichprobe.

In den ersten beiden Abschnitten zogen wir zur Auswertung der Ergebnisse statistische Verfahren heran, in den anderen beiden Abschnitten beschrieben wir die Ergebnisse vorwiegend verbal. Als statistische Prüfverfahren nutzten wir den t-Test für korrelierende Stichproben und den t-Test für unabhängige Stichproben (vgl. CLAUSS, EBNER 1978). Die Datenanalyse erfolgte mit einem Basicprogramm (vgl. HENRION, G., HENRION, A., HENRION, R., 1988).

Auswertung der Tests

Die Tests wurden in Einzelsitzungen vor und nach der Untersuchung nur mit den 47 Beobachtungsschülern durchgeführt (vgl. Abschnitt 4.1). Eine Auswertung erfolgte zunächst hinsichtlich des Indikators „individueller Leistungszuwachs" von Test 1 (Vortest) zu Test 2 (Nachtest). Dazu wurde der t-Test für korrelierende Stichproben verwendet und die Gruppen von Beobachtungsschülern einzeln betrachtet (*Stützkurs 1, Stützkurs 2, Stützkurs 3, Innere Differenzierung, Kontrollschüler*). In nachfolgender Tabelle sind die Ergebnisse zusammengefaßt[49], die aber der besseren Übersicht wegen noch graphisch dargestellt sind.

---

[49] Die Tabellen mit den Ergebnissen der einzelnen Schüler in den Tests befinden sich in den Anlagen (vgl. S. A 15-17, Abbildungen I bis V).

Gruppe	Anzahl d. Schüler	1. Test		2. Test		t-Wert	Differenz signifikant p = 5 %
		Mittelwert	Standardabweichg.	Mittelwert	Standardabweichg.		
Stützkurs 1	8	32,63	5,71	49,50	6,23	7,35	ja
Stützkurs 2	5	37,60	8,93	49,60	4,16	3,39	ja
Stützkurs 3	7	32,00	7,46	37,43	6,08	2,21	nein
Innere Differenzierg.	18	36,00	6,15	44,89	6,53	6,45	ja
Kontrollschüler	9	33,89	5,30	37,33	4,12	1,91	nein

Abbildung 6: Ergebnisse der Tests (Rohpunktwerte)

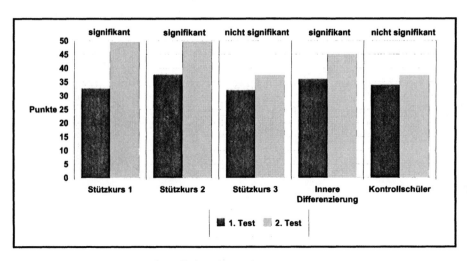

Abbildung 7: Ergebnisse der Tests (Rohpunktwerte)

Die Übersichten machen deutlich, daß in drei von vier Versuchsgruppen ein signifikanter Leistungszuwachs von Test 1 zu Test 2 zu verzeichnen ist. In einer Versuchsgruppe und in der Gruppe der Kontrollschüler ist ebenfalls ein Leistungszuwachs zu verzeichnen, der jedoch nicht signifikant ist.

Zur weiteren Gegenüberstellung und Diskussion der Ergebnisse ermittelten wir für jede Gruppe:
- die erreichten Punkte bezüglich der Gesamtpunktzahlen in Test 1 und 2 in Prozent (vgl. Anlagen, S. A 17, Abbildung VI) und
- die erreichten Punkte bei jeder Aufgabe in Prozent.

4.3 Diskussion der Ergebnisse

Zusammenfassend läßt sich feststellen:

(1) Die Versuchsgruppen insgesamt erreichten von Test 1 zu Test 2 einen Leistungszuwachs von durchschnittlich 15 Prozent, die Gruppe der *Kontrollschüler* erreichte einen Leistungszuwachs von durchschnittlich 5 Prozent. Innerhalb der Versuchsgruppen läßt sich noch eine Unterscheidung zwischen den *Stützkursen* und der Versuchsgruppe *Innere Differenzierung* vornehmen. Die *Stützkurse* erzielten einen Leistungszuwachs von durchschnittlich 17 Prozent und die Gruppe *Innere Differenzierung* von durchschnittlich 13 Prozent.

(2) Betrachtet man innerhalb der Gruppen den Leistungszuwachs bei einzelnen Schülern (vgl. Anlagen, S. A 15-17), lassen sich folgende Aussagen treffen:
- eine Leistungssteigerung von über 10 Prozent erreichten:
  14 von 20 Schülern der *Stützkurse* (70 Prozent),
  13 von 18 Schülern der Gruppe *Innere Differenzierung* (72 Prozent),
  2 von 9 *Kontrollschülern* (22 Prozent);

- von diesen Schülern erreichten einige sogar eine Leistungssteigerung von über 20 Prozent:
  8 von 20 Schülern der *Stützkurse* (40 Prozent),
  2 von 18 Schülern der Gruppe *Innere Differenzierung* (11 Prozent),
  kein *Kontrollschüler*;

- keine Leistungssteigerung erzielten:
  3 von 20 Schülern der *Stützkurse* (15 Prozent),
  1 von 18 Schülern der Gruppe *Innere Differenzierung* (5 Prozent),
  3 von 9 *Kontrollschülern* (33 Prozent).

(3) Aus diesen Angaben geht hervor, daß die Versuchsschüler ihre Testleistungen wesentlich stärker als die Kontrollschüler steigern konnten. Dabei ist die größte prozentuale Leistungssteigerung bei den Schülern der Stützkurse zu verzeichnen. Insbesondere profitierten die Schüler mit geringen Testausgangswerten von unserem Vorgehen. Dies könnte u. a. darauf zurückzuführen sein, daß in den Stützkursen viel Zeit für den Erwerb von Strategien verwendet wurde. Erst nachdem eine Strategie von den Schülern verstanden und deren vorteilhafte Anwendung an Beispielen bewußt wurde, gingen wir zum Training an unterschiedlichsten Aufgaben über. In der Gruppe *Innere Differenzierung* wurde ein ähnliches Vorgehen zwar angestrebt, konnte aber aus organisatorischen Gründen nicht so konsequent durchgehalten werden. So fanden zum Beispiel das Arbeiten auf der enaktiven Ebene und eine ständige Verbindung außermathematischer und innermathematischer Aufgaben in der inneren Differenzierung weniger Berücksichtigung als in den Stützkursen. Da insbesondere Schüler mit Lernschwierig-

keiten eine längere Zeit zum Aufbauen von Erfahrungen benötigen, gelang ihnen noch nicht immer ein verständnisvolles Anwenden von Strategien in anderen Aufgaben.

(4) Nur drei Schüler der Stützkurse konnten keinen in den Tests nachweisbaren Gewinn aus unserem Vorgehen ziehen. Ursachen dafür könnten u. a. sein:
- Schüler A 11 hatte sehr hohe Ausgangswerte im Test 1, so daß vermutlich eine weitere Steigerung in dem relativ kurzen Versuchszeitraum für diesen Schüler schwer möglich war.
- Schüler A 18 fehlte längere Zeit durch einen Krankenhausaufenthalt. Die verbliebene Zeit war wahrscheinlich für eine spezielle Förderung für diesen Schüler zu kurz, um einen Leistungszuwachs zu erzielen.
- Schüler A 14 hatte in drei der vier Testaufgaben im Test 1 relativ hohe Werte, so daß eine weitere Steigerung schwer möglich war. Im Test *Semantische Analogieanforderungen* erreichte er jedoch extrem niedrige Werte vor und nach der Untersuchung. Entweder hatte er die Aufgabe inhaltlich nicht verstanden oder er bewältigte diese Anforderungen nicht, da sie im Versuchszeitraum in dieser Form keine Rolle spielten. Mit diesem Test wollten wir u. a. einen möglichen Transfer erlernter Strategien auf andere Anforderungsbereiche erfassen. Darauf wird weiter unten noch eingegangen.

Aus der Gruppe *Innere Differenzierung* erzielte nur ein Schüler (A 23) keine Leistungssteigerung. Bei ihm könnten vermutlich die gleichen Argumente zutreffen, wie bei Schüler A 11. Natürlich kann bei einem Leistungstest sowohl für positive als auch für negative Ergebnisse immer die Tagesverfassung des Probanden eine beträchtliche Rolle spielen. Dieser Tatsache sind wir uns durchaus bewußt, deshalb stellen unsere Argumente zur Erklärung nur Vermutungen dar.

(5) Betrachtet man den prozentualen Leistungszuwachs innerhalb aller Gruppen in den einzelnen Testaufgaben, lassen sich folgende Aussagen treffen:

In den Einzeltests *Semantische Analogieanforderungen* und *Würfel erkennen* sind in allen Versuchsgruppen die größten Leistungssteigerungen verglichen mit den Kontrollschülern zu verzeichnen. Diese Tests spiegeln vermutlich am deutlichsten die Schwerpunkte unserer Förderung im Versuchszeitraum wider. Beim Test *Semantische Analogieanforderungen* werden insbesondere Fähigkeiten des Vergleichens, der Strukturerkennung und des Übertragens gefordert. Die Entwicklung dieser Fähigkeiten wurde im Versuchszeitraum im Förderbereich Abstraktion besonders unterstützt. Eine Leistungssteigerung in diesem Test betrachten wir als einen erfreulichen Transfer der geförderten Fähigkeiten auf

4.3 Diskussion der Ergebnisse

neue Anforderungen. Die guten Ergebnisse im Test *Würfel erkennen* lassen sich vermutlich auf unsere gesamte Arbeitsweise im Versuchszeitraum zurückführen. Neben speziellen Aufgaben zur Entwicklung von Vorstellungen wurde auf ein ständiges Hin- und Herübersetzen zwischen den Ebenen (enaktiv, ikonisch, symbolisch) geachtet, damit die Schüler Erfahrungen auf allen Ebenen sammeln können. Auf solche Erfahrungen muß man im Test *Würfel erkennen* zurückgreifen, will man die Fragen richtig beantworten.

(6) Ein Vergleich der Ergebnisse zwischen den Versuchsgruppen in den einzelnen Tests macht auch hier Unterschiede deutlich. Diese Unterschiede könnten u. a. sowohl auf unterschiedliche Erfahrungen der Versuchslehrer und unterschiedliche Voraussetzungen bei den Kindern als auch auf verschiedene Schwerpunktsetzung in der Förderung innerhalb des Versuchszeitraumes zurückgeführt werden. *Stützkurs 1* erreichte in allen Einzeltests den größten prozentualen Leistungszuwachs. Da dieser Stützkurs von der Versuchsleiterin selbst geleitet wurde, kann das an den Erfahrungen im Umgang mit diesem spezifischen Problem liegen. Der höhere Leistungsgewinn in allen anderen Versuchsgruppen gegenüber den Kontrollschülern bestätigte unsere Hypothese zur Verallgemeinerung des Vorgehens und Übertragbarkeit auf andere Lehrkräfte (Abschnitt 4.1).

Natürlich können in einem relativ kurzen Zeitraum unterschiedliche Schwerpunkte in der Förderung gesetzt werden. Die Fördermaterialien geben keine Regelungen für einen zeitlichen Einsatz der Aufgaben vor. Der Versuch war so angelegt, daß die Lehrer entsprechend der Voraussetzungen ihrer Schüler selbst entscheiden konnten, was, wann, wie oft aus den Fördermaterialien eingesetzt wurde. So läßt sich anhand der Ergebnisse vermuten, daß im *Stützkurs 2* der Schwerpunkt auf der Förderung von Abstraktion und im *Stützkurs 3* auf der Förderung von Vorstellung lag. Eine mündliche Auswertung mit den beiden Stützkursleitern bestätigte diese Vermutung.

Zur Gegenüberstellung der Leistungen der einzelnen Versuchsgruppen und der Gruppe der Kontrollschüler wurde der t-Test für unabhängige Stichproben herangezogen. Die Ergebnisse sind in der folgenden Tabelle dargestellt:

	Stützkurs 1 (n = 8)		Stützkurs 2 (n = 5)		Stützkurs 3 (n = 7)		Innere Differ. (n = 18)	
	t-Werte	Differenz signifik. p = 5 %	t-Werte	Differenz signifik. p = 5 %	t-Werte	Differenz signifik. p = 5 %	t-Werte	Differenz signifik. p = 5 %
1. Test	-0,47	nein	0,98	nein	-0,59	nein	0,88	nein
2. Test	4,82	ja	5,32	ja	0,04	nein	3,16	ja
Regeln 1	0,77	nein	-0,37	nein	-0,08	nein	-0,30	nein
Regeln 2	1,26	nein	0,77	nein	-1,36	nein	0,38	nein
Zeichnen 1	1,32	nein	0,52	nein	0,96	nein	2,74	ja
Zeichnen 2	2,71	ja	1,43	nein	1,49	nein	2,79	ja
Analogie 1	-0,89	nein	2,71	ja	-1,51	nein	0,41	nein
Analogie 2	4,02	ja	7,20	ja	-0,16	nein	3,48	ja
Würfel 1	-1,10	nein	-0,71	nein	-1,36	nein	-1,56	nein
Würfel 2	1,99	nein	-0,37	nein	-0,01	nein	0,12	nein

Abbildung 8: Gegenüberstellung der Ergebnisse der einzelnen Versuchsgruppen mit den Kontrollschülern (n = 9);

Zur Auswertung der Übersicht lassen sich folgende Feststellungen treffen:
- Drei von vier Versuchsgruppen erzielten im Nachtest signifikant bessere Ergebnisse als die Kontrollschüler.
- In den Einzeltests *Regeln erkennen* und *Würfel erkennen* zeigte sich keine signifikante Überlegenheit der Versuchsgruppen gegenüber den Kontrollschülern.
- In den Einzeltests *Zeichnerischer Reproduktionsversuch* und *Semantische Analogieanforderungen* sind einige Versuchsgruppen den Kontrollschülern im Nachtest signifikant überlegen.

Betrachtet man die erzielten Ergebnisse in den Tests insgesamt, lassen sich folgende Aussagen treffen:
(1) Sowohl eine Auswertung des individuellen Leistungszuwachses innerhalb der Versuchsgruppen als auch ein Vergleich der Leistungen der Versuchsgruppen mit denen der Kontrollschüler ergaben punktuell bessere Ergebnisse der

4.3 Diskussion der Ergebnisse

Versuchsgruppen nach einer Förderungsdauer von 15 Unterrichtswochen. Dabei war nicht in jedem Falle ein signifikanter Unterschied festzustellen.

(2) Die größten Erfolge der Versuchsgruppen gegenüber den Kontrollschülern ließen sich im Test *Semantische Analogieanforderungen* nachweisen. Da solche Aufgaben in geringem Umfang und nur für einige Schüler Bestandteil der Förderung waren, konnten die Ergebnisse in diesem Test als eine erfreuliche Transferleistung erworbener bzw. weiterentwickelter Fähigkeiten, insbesondere in der Abstraktion, auf andere Aufgaben angesehen werden.

(3) Die Ergebnisse verdeutlichten auch Unterschiede zwischen einzelnen Versuchsgruppen, die sich auf eine verschiedene Schwerpunktsetzung in der Förderung zurückführen ließen und nur zum Teil auf begrenztere Möglichkeiten in der Gruppe *Innere Differenzierung* hinwiesen. Der prozentuale Leistungszuwachs der Schüler war in den *Stützkursen* am größten.

Auswertung der Kontrollarbeiten

Zur weiteren Ergebnissicherung wurden drei Kontrollarbeiten mit der Gesamtstichprobe geschrieben (Prätest, Posttest, verzögerter Posttest). Die Gesamtstichprobe galt als Bezugsgruppe für unsere Beobachtungsschüler. Innerhalb dieser Bezugsgruppe wiesen die Beobachtungsschüler die schwächsten Leistungen im Mathematikunterricht auf. Ein Vergleich mit der Bezugsgruppe sollte deshalb Auskunft darüber geben, inwieweit eine Annäherung der Beobachtungsschüler an das Leistungsprofil der anderen Schüler im eingeschränkten Untersuchungszeitraum erfolgte. Da die Fördermaterialien von den Versuchslehrern innerhalb der Binnendifferenzierung zum Teil für alle Schüler ihrer Klasse genutzt wurden, erschien auch ein Vergleich der Leistungsentwicklung der anderen Leistungsgruppen mit denen der Kontrollklassen sinnvoll. Eine Einteilung der Leistungsgruppen in den Klassen erfolgte ausschließlich nach den Halbjahreszensuren der dritten Klasse in Mathematik. Das schien für unsere Zwecke ausreichend. Dabei gingen wir davon aus, daß eine Zensur zwar stark durch subjektive Faktoren geprägt ist, sich in der Regel aber auf eine Langzeitbeobachtung stützt, in der sich auch die Lehrer-Schüler-Interaktion niederschlägt. Außerdem ist sie schulisch ausschlaggebend.

Die Gesamtstichprobe umfaßte alle Schüler der Klassen, aus denen unsere Beobachtungsschüler kamen. Das sind 327 Schüler aus 15 Klassen. Davon mußten wir 37 Schüler herausnehmen, von denen keine vollständigen Daten aufgrund von Krankheit oder Schulwechsel vorlagen. Unsere Auswertungen beziehen sich demzufolge auf 290 Schüler. Das sind 89 Prozent aller Schüler aus den 15 Klassen. Die Aufteilung der Schüler auf die Versuchs- und Kontrollklassen und auf die Leistungsgruppen ist in folgender Tabelle enthalten.

	Leistungsgruppe 1	Leistungsgruppe 2	Leistungsgruppe 3
12 Versuchsklassen n = 227	25	116	86
3 Kontrollklassen n = 63	15	25	23

Abbildung 9: Aufteilung der Gesamtstichprobe in Leistungsgruppen

Zur Leistungsgruppe 1 gehörten alle Schüler mit der Halbjahreszensur 1 in Mathematik, zur Leistungsgruppe 2 alle Schüler mit der Halbjahreszensur 2 und zur Leistungsgruppe 3 alle Schüler mit der Halbjahreszensur 3 und schlechter. Eine weitere Differenzierung war aufgrund des geringen Stichprobenumfanges nicht sinnvoll und für unsere Untersuchungen auch nicht angebracht. Hierbei ist zu beachten, daß zum Zeitpunkt der von uns durchgeführten Untersuchung eine Leistungsbewertung nur bis zur Zensur 5 erfolgte und diese Zensur in den unteren Klassen nur selten auf dem Zeugnis erteilt wurde.

Zur Auswertung der Ergebnisse wurden der t-Test für korrelierende Stichproben und der t-Test für unabhängige Stichproben eingesetzt. Zur Überprüfung unserer Hypothesen wollten wir den individuellen Leistungszuwachs innerhalb der einzelnen Gruppen erfassen und einen Vergleich der Leistungen zwischen den Gruppen durchführen. Darüber hinaus erfaßten wir den prozentualen Anteil der erreichten Punkte in einzelnen Aufgaben. Die Aufgaben wurden dazu in innermathematische und außermathematische Aufgaben eingeteilt, um Rückschlüsse auf die Wirksamkeit der Förderung in einzelnen Bereichen zu erhalten. Zu den innermathematischen Aufgaben zählten alle Aufgaben, die explizit mathematische Inhalte enthielten oder im Mathematikunterricht regulär behandelt wurden. Von der Kontrollarbeit sind das die Aufgaben 1, 3, 4, 5, 8 e bis g, 9 c und d, 11 (vgl. Anlagen, S. A 11-12). Alle anderen Aufgaben zählten zu den außermathematischen Aufgaben.

Die wichtigsten Ergebnisse sind in folgenden Abbildungen dargestellt, alle anderen Ergebnisse können den Anlagen entnommen werden (vgl. Anlagen, S. A 18-24).

4.3 Diskussion der Ergebnisse

Gruppe	Anzahl der Schüler	1. Arbeit		2. Arbeit		t-Wert	Differenz signif. p = 5 %
		Mittelwert	Standardabweichg.	Mittelwert	Standardabweichg.		
Stützkurs 1	8	29,31	6,06	35,13	6,23	3,40	ja
Stützkurs 2	5	28,40	6,77	37,90	7,24	2,79	ja
Stützkurs 3	7	22,93	4,63	32,64	6,03	2,73	ja
Innere Diff.	18	28,81	5,08	34,19	4,92	3,67	ja
Vers.schül. (gesamt.)	38	27,78	5,72	34,59	5,69	6,15	ja
Kontrollschüler	9	29,33	2,88	32,56	3,83	2,91	ja

Abbildung 10: Ergebnisse der Kontrollarbeiten (Rohpunktwerte)

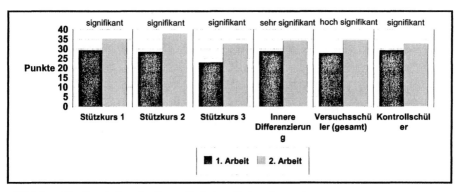

Abbildung 11: Ergebnisse der Kontrollarbeiten (Rohpunktwerte)

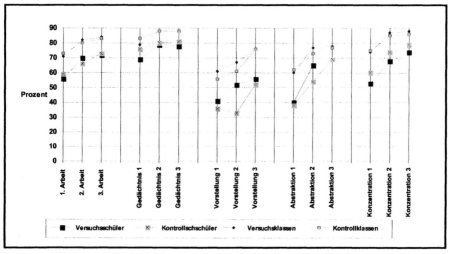

Abbildung 12: Gegenüberstellung des Leistungszuwachses aller Gruppen der Gesamtstichprobe

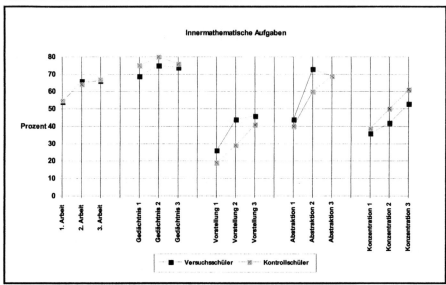

Abbildung 13:   Leistungszuwachs bei innermathematischen Aufgaben

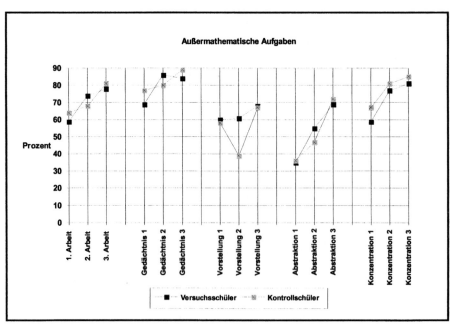

Abbildung 14:   Leistungszuwachs bei außermathematischen Aufgaben

4.3 Diskussion der Ergebnisse

Zur Auswertung der Tabellen und Übersichten können folgende Aussagen getroffen werden:

(1) Betrachtet man die Ergebnisse der Kontrollarbeiten hinsichtlich des Indikators „individueller Leistungszuwachs" in den einzelnen Gruppen, so war in jeder Gruppe, einschließlich der Kontrollgruppe, ein signifikanter Unterschied zu verzeichnen. Der Leistungsunterschied von der ersten zur zweiten Kontrollarbeit aller Versuchsschüler war hoch signifikant (vgl. Abbildungen 10 und 11).

(2) Ein Vergleich der Ergebnisse der ersten und zweiten Kontrollarbeit zwischen den Gruppen erbrachte signifikante Unterschiede der Stützkursschüler gegenüber den Kontrollschülern im Bereich Vorstellung. In den anderen Bereichen gab es teilweise statistisch nachweisbare Unterschiede in der ersten Arbeit zugunsten der Kontrollschüler, die in der zweiten Arbeit nicht mehr bestanden (vgl. Anlagen, S. A 22, Abbildung XVIII). Obwohl sich nur wenig statistisch nachweisbare Unterschiede zwischen Versuchsschülern und Kontrollschülern zeigten, konnten Aussagen zu qualitativen Veränderungen getroffen werden. So zum Beispiel verwendete bei den Gedächtnisaufgaben etwa ein Viertel der Versuchsschüler beim Einprägen die Strategie des Organisierens in der zweiten und dritten Kontrollarbeit. Bei den Kontrollschülern war es nur ein Schüler, alle anderen prägten sich die Beispiele in vorgegebener Reihenfolge (vermutlich mechanisch) ein.

(3) Eine Auswertung des individuellen Leistungsgewinns von der ersten zur zweiten Kontrollarbeit in Prozent ergab, daß alle Versuchsgruppen einen höheren prozentualen Leistungsgewinn in der Gesamtpunktzahl und in den Förderbereichen Gedächtnis, Vorstellung und Abstraktion gegenüber den Kontrollschülern erreichten (vgl. Anlagen, S. A 21, Abbildung XIV). Dabei zeigten sich Unterschiede zwischen den einzelnen Versuchsgruppen, die sich wahrscheinlich auf eine unterschiedliche Schwerpunktsetzung in der Förderung zurückführen ließen.

(4) Eine Gegenüberstellung der einzelnen Leistungsgruppen aller Versuchs- und Kontrollklassen hinsichtlich der erreichten Punkte in der ersten und zweiten Kontrollarbeit ergab eine signifikante Überlegenheit zugunsten der Versuchsschüler in den Leistungsgruppen 2 und 3 bezüglich der Gesamtpunktzahl und bezüglich der Förderbereiche Vorstellung und Abstraktion (letzteres nur bei Leistungsgruppe 3) in der zweiten Kontrollarbeit (vgl. Anlagen, S. A 23, Abbildung XIX). Für alle Versuchsschüler war eine signifikante Überlegenheit im Förderbereich Vorstellung in der zweiten Kontrollarbeit gegenüber den Schülern aller Kontrollklassen nachweisbar. In der Leistungsgruppe 1 und in den anderen Förderbereichen bestanden teilweise signifikante Unterschiede zugunsten der

Kontrollklassen. Aus diesen Ergebnissen läßt sich folgern, daß die Schüler der Leistungsgruppen 2 und insbesondere 3 vermutlich den größten Nutzen aus unserem Vorgehen zogen. Diese Schüler sind sehr empfänglich für den Erwerb von Strategien, da sie teilweise keine eigenen effektiven Strategien ausgebildet haben bzw. inadäquate verwenden. Schüler der Leistungsgruppe 1 zeichnen sich in der Regel durch ein höher entwickeltes Denkvermögen gegenüber ihren Mitschülern aus. Sie sind in der Lage, selbst adäquate Strategien zu entwickeln bzw. bereits gelernte sachgerecht auf neue Inhalte anzuwenden. Aus diesem Grunde standen sie auch nicht im Mittelpunkt der Förderung im Untersuchungszeitraum, sondern wurden nur gelegentlich durch tägliche Übungen mit einbezogen, so daß bei ihnen kaum Veränderungen diesbezüglich zu erwarten waren.

(5) Eine Annäherung der Leistungen der Versuchsschüler an die durchschnittlich erbrachten Leistungen der Gesamtstichprobe in den Kontrollarbeiten erfolgte noch nicht. Es bestanden aber deutlich geringere Abstände in den Leistungen der Versuchsschüler zur Gesamtstichprobe bezüglich Vorstellung und Abstraktion in der zweiten Arbeit (vgl. Abbildung 12).

(6) Ein Vergleich der Ergebnisse bei innermathematischen und außermathematischen Aufgaben führte zu folgenden Aussagen (vgl. Abbildungen 13 und 14):
Bei den außermathematischen Aufgaben erzielten sowohl Versuchs- als auch Kontrollschüler in fast allen Bereichen bessere Ausgangswerte als bei den innermathematischen Aufgaben. Die größten Leistungssteigerungen waren in den Bereichen Vorstellung und Abstraktion durch die Versuchsschüler bei den innermathematischen Aufgaben zu verzeichnen (Vorstellung - Steigerung um 18 Prozent und Abstraktion - Steigerung um 29 Prozent von der ersten zur zweiten Arbeit). Trotz dieser enormen Steigerung erreichten die Versuchsschüler auch in der zweiten und dritten Arbeit bei den außermathematischen Aufgaben in fast allen Bereichen bessere Ergebnisse als bei den innermathematischen Aufgaben, wobei die größten Differenzen im Bereich Vorstellung bestanden. Gleiche Aussagen ließen sich auch für die Kontrollschüler treffen. Um hier eine Veränderung zu erzielen, war wahrscheinlich die Dauer der Förderung nicht lang genug.

(7) Bezog man die Ergebnisse der dritten Kontrollarbeit (verzögerter Posttest) in die statistische und prozentuale Auswertung mit ein, wurde deutlich, daß viele Unterschiede zwischen Versuchs- und Kontrollschülern bezüglich der zweiten Kontrollarbeit sowie zwischen Versuchs- und Kontrollklassen wieder aufgehoben waren und eine Annäherung der Leistungen erfolgte (vgl. Anlagen S. A 21, Abbildung XVI). Insgesamt ergab die Analyse, daß nachweisbare Veränderungen in den Tests größer waren als bei den Kontrollarbeiten. Dafür seien an dieser Stelle mögliche Gründe angegeben:

4.3 Diskussion der Ergebnisse

- Während in den Kontrollarbeiten innermathematische und außermathematische Anforderungen in jedem Förderbereich gleichermaßen eine Rolle spielten, bezogen sich die Tests mehr auf außermathematische Anforderungen. Eine Bewältigung der Testanforderungen verlangte zwar den Einsatz von Fähigkeiten, die im Mathematikunterricht von Bedeutung sind, ein Transfer auf rein mathematische Anforderungen ist aber mit deren Beherrschung noch nicht automatisch gesichert, wie im theoretischen Teil dieser Arbeit nachgewiesen wurde. Es bleibt zu untersuchen, ob eine längere Förderung in der beschriebenen Art zu größeren Unterschieden in den Leistungen zwischen Versuchs- und Kontrollklassen führen würde.

- Die eingesetzten Tests waren zum größten Teil erprobte standardisierte Meßinstrumente (auch wenn hier für unsere Untersuchung nur mit den Rohpunktwerten gearbeitet wurde). Die Kontrollarbeiten waren von uns erstellte informelle Meßinstrumente, die zum Teil in der Voruntersuchung erprobt wurden. Damit erfüllten sie nicht die strengen Testgüteanforderungen, und ihre Ergebnisse eigneten sich weniger zur Verallgemeinerung. Es ist zu berücksichtigen, daß die Kontrollarbeiten wahrscheinlich nicht in jedem Fall die Fähigkeiten widerspiegelten, die von uns mit den Aufgaben angezielt wurden, oder daß der Schwierigkeitsgrad in Arbeit 2 und 3 zu gering war, um eine Überlegenheit der Versuchsschüler gegenüber den Kontrollschülern in jedem Fall statistisch nachzuweisen. Vielleicht führte schon eine einfache Wiederholung vieler Anforderungen (auch bei teilweise veränderten Inhalten) zu einem möglichen Lerneffekt bei den Kontrollschülern. Eine solche These würde uns allerdings darin bestärken, daß ähnliche Aufgaben für eine Förderung geeignet sind, um Fähigkeiten als Voraussetzung für Mathematiklernen zu entwickeln.

- Der verzögerte Posttest (3. Kontrollarbeit) wurde vier Monate nach Abschluß der Untersuchung geschrieben. In dieser Zeit erfolgte keine Förderung der Schüler in den Versuchsklassen mehr. Dazwischen lagen sechs Wochen Ferien. Zu Beginn des neuen Schuljahres änderten sich durch eine Neustrukturierung der Schulen im Ostteil Berlins in 9 von 12 Versuchsklassen gravierend die Bedingungen (Klassen- und/oder Mathematiklehrerwechsel in insgesamt 6 Klassen, darüber hinaus Schulwechsel für 3 Klassen und Zusammenlegung zweier Klassen). In den Kontrollklassen änderten sich die Bedingungen im neuen Schuljahr nicht. Eine solche Bedingungsänderung konnte von uns ein Schuljahr früher bei der Auswahl der Versuchs- und Kontrollklassen nicht vorhergesehen werden. Da insbesondere Schüler mit Lernschwierigkeiten sehr sensibel auf solche einschneidenden Veränderungen reagieren, konnten wir diese bei der Interpretation der Ergebnisse nicht unberücksichtigt lassen und wollten deshalb die dritte Kontrollarbeit nicht überbewerten. Eine Auswertung der Übersichten (vgl. Anlagen, S. A 19-20) machte aber deutlich, daß die Leistungen der Versuchsschüler insgesamt in der dritten Kontrollarbeit nicht unter den Leistungen der zweiten Kontrollarbeit lagen. In der Gesamtpunktzahl und in den Förderbereichen Vorstellung, Abstraktion und Konzentration erfolgte eine weitere Steigerung. Daß die Kontrollschüler und Kontrollklassen den in der zweiten Arbeit sichtbar gewordenen Unterschied zu den Versuchsschülern und Versuchsklassen wieder aufholten, kann zum Teil an den dargestellten Bedingungen liegen.

- Bei einer Gegenüberstellung der Ergebnisse der Tests und der Kontrollarbeiten mußte darüber hinaus auch berücksichtigt werden, daß die Tests in Einzelsitzungen mit den Beobachtungsschülern durchgeführt wurden, während die Kontrollarbeiten jeweils in einer Mathematikstunde im Klassenverband geschrieben wurden. Diese unterschiedlichen Organisationsformen konnten insbesondere bei Schülern mit Lernschwierigkeiten erheblichen Einfluß auf das Leistungsvermögen bewirken und mußten bei einer Interpretation der Ergebnisse mit berücksichtigt werden.

Auswertung der Lehrerfragebogen

Der bisherige Teil der Ergebnisanalyse bezog sich auf die Leistungen der Schüler. Für eine weitere Bewertung der Effekte unseres Konzepts erfaßten wir mit einem Fragebogen die Meinungen der Versuchslehrer und Stützkursleiter. Den Fragebogen erhielten die Lehrer zum Abschluß der Untersuchung (vgl. Anlagen, S. A 13-14). In Einzel- und Gruppengesprächen bestand anschließend zusätzlich die Möglichkeit, das eigene Vorgehen in der Untersuchung zu begründen und die Effekte durch Beobachtungen an einzelnen Schülern zu belegen. Darauf wird im nächsten Abschnitt der Arbeit noch eingegangen.

Der Fragebogen diente dazu, sowohl organisatorische und inhaltliche Schwerpunkte der Arbeit im Untersuchungszeitraum zu erfassen als auch Hinweise darüber zu erhalten, wie sich die Lehrer in der Lage fühlten, die bereitgestellten Materialien zur Förderung bei Lernschwierigkeiten zweckentsprechend einzusetzen. Gerade bei letzterem ergab sich weniger eine Abhängigkeit von Dienstalter und Berufserfahrung des Lehrers, sondern vielmehr von seinem Verständnis für differenzierenden Mathematikunterricht beim Auftreten von Lernschwierigkeiten. Lehrer, die im Mathematikunterricht in erster Linie ein Fertigkeitstraining im Rechnen sahen, vermißten in den Materialien die unbedingte Passung an den laufenden Unterrichtsstoff und ein stark orientiertes kleinschrittiges Vorgehen für Schüler mit Lernschwierigkeiten. Sie fanden das Material dagegen sehr geeignet zur Einführung und Motivierung im Mathematikunterricht und für eine Denk-

4.3 Diskussion der Ergebnisse

schulung der leistungsstarken Schüler. Dementsprechend kam in ihrem Unterricht das Material nicht so häufig zum Einsatz.

In die Befragung waren alle 11 Lehrer aus den 12 Versuchsklassen einbezogen und die beiden Stützkursleiter der Stützkurse 2 und 3 (Stützkurs 1 wurde von der Versuchsleiterin selbst durchgeführt). Der Fragebogen für die Stützkursleiter war nur leicht verändert, so daß sich die gleichen Fragen inhaltlich auf die Stützkurse bezogen. Eine Auswertung der Befragung brachte folgende Ergebnisse:

(1) Zur Art und Weise der Nutzung des Aufgabenmaterials

Insgesamt setzten nur drei Lehrer das Material wenig (weniger als zweimal in der Woche) ein, alle anderen Lehrer dagegen häufig (zwei- bis dreimal in der Woche). Die Arbeit in den Stützkursen erfolgte ausschließlich mit dem Material. Der Einsatz von Aufgaben im Unterricht erfolgte in den meisten Klassen sowohl frontal als auch differenziert in Abhängigkeit vom Inhalt der Aufgabe und der Klassensituation. Drei Lehrer verzichteten auf einen differenzierten Einsatz und setzten alle ausgewählten Aufgaben nur frontal ein, um sich so gleichzeitig einen Überblick über die Leistungen aller Schüler in den Förderbereichen zu verschaffen. Vier Lehrer und die Stützkursleiter nutzten das Material darüber hinaus zur Erteilung von differenzierten Hausaufgaben. Für alle Einsatzformen wurden von den Lehrern verschiedene Aufgaben aus den Förderbereichen bevorzugt. Dabei fällt auf, daß die vier Förderbereiche (Abstraktion, Vorstellung, Konzentration und Gedächtnis) in ausgewogenem Maße Berücksichtigung fanden, aber vorwiegend Aufgaben der ikonischen und symbolischen Ebene gewählt und bearbeitet wurden (hiervon ist die Arbeit in den Stützkursen ausgenommen). Das könnte darauf zurückzuführen sein, daß die Lehrer einerseits die Bedeutung der Arbeit auf der enaktiven Ebene insbesondere für Schüler mit Lernschwierigkeiten in der dritten Klasse im Unterricht unterschätzten oder daß sie andererseits den damit verbundenen Aufwand an Vorbereitung scheuten.

Vier Lehrer setzten ausgewählte Aufgaben hauptsächlich in täglichen Übungen zu Beginn des Unterrichts und losgelöst vom regulären Unterrichtsstoff ein. Alle anderen Lehrer verwendeten das Material auch in Festigungs- und anderen Phasen des Unterrichts. Ihnen gelang in der Regel eine Einbettung der Aufgaben in den Mathematikunterricht. Das gab ihnen zusätzliche Möglichkeiten zur Motivierung der Schüler. Zur Häufigkeit des Einsatzes einzelner Aufgaben gaben fünf Lehrer an, jede Aufgabe nur einmal gestellt zu haben. Die anderen Lehrer wählten gleiche Aufgaben mehrmals - leicht variiert in Inhalt, Form oder Schwierigkeitsgrad - bis die Schüler in der Lage waren, solcherart Aufgaben sicher zu bewältigen. Diese Vorgehensweise ist für Schüler mit Lernschwierigkeiten außerordentlich wichtig, weil es bei ihnen nicht um einzelne richtige Ergebnisse geht, sondern um ein Erkennen, Anwenden und Übertragen von Strategien. Das ist ihnen bei einer einmaligen Aufgabenbewältigung kaum möglich.

(2) Zur Eignung des Materials für eine Förderung bei Lernschwierigkeiten im Mathematikunterricht

Alle Versuchslehrer und Stützkursleiter hielten übereinstimmend das Material für geeignet, um Schüler mit Lernschwierigkeiten innerhalb und außerhalb des Mathematikunterrichts zu fördern (sechs Lehrer und die Stützkursleiter hielten es für sehr gut geeignet, fünf Lehrer hielten es für gut geeignet). Begründungen hierfür waren:

- Viele Aufgaben knüpften an die Erfahrungswelt und Interessen der Kinder an und stellten somit eine gute Verbindung von außermathematischen und innermathematischen Themen dar. Dadurch hatten viele Schüler Freude am Lösen solcher Aufgaben.
- Die Aufgaben in einzelnen Bereichen waren systematisch nach Schwierigkeitsgrad geordnet und erleichterten so die Auswahl für eine Binnendifferenzierung.
- Mit Hilfe vieler Aufgaben konnten auf sehr freudvolle Weise Lösungsstrategien bewußtgemacht und eingeübt werden.
- Das Material gab viele Anregungen für eine Arbeit in anderen Unterrichtsfächern und für den Freizeitbereich.

Bei der Einschätzung einzelner Aufgaben, die als besonders geeignet oder ungeeignet beurteilt wurden, gingen die Meinungen zum Teil sehr auseinander. Manche Aufgaben wurden für zu leicht befunden (hier ging es insbesondere um Aufgaben der enaktiven Ebene), andere für zu schwer. Mehrere Lehrer brachten jedoch zum Ausdruck, daß sie keine Aufgabe von vornherein ablehnen würden, da es immer auf die individuelle Situation des Schülers und der Klasse ankomme. Einige wünschten sich aus diesem Grund spezielle Hinweise, wann der Einsatz ausgewählter Aufgaben sinnvoll sei, zum Beispiel Altersangaben oder Angaben konkreter Stoffgebiete. Gerade das aber konnten wir nicht leisten, da eine Förderung immer die Situation der betreffenden Schüler berücksichtigen muß. Dankbar nahmen wir jedoch Hinweise entgegen, die sich auf Inhalte oder Formulierungen von Aufgaben bezogen und unnötige Mißverständnisse bei den Schülern erzeugten. Diese Hinweise wurden bereits bei der Überarbeitung des Materials berücksichtigt.

Als Ergebnisse der Arbeit mit dem Material in den einzelnen Klassen wurden von den Lehrern hauptsächlich gewachsenes Interesse der Schüler am Mathematikunterricht, Freude am Entdecken, teilweise bewußterer Einsatz von Lösungs-

4.3 Diskussion der Ergebnisse

strategien und erhöhte Konzentration beim Einsatz solcher Aufgaben angegeben. Den Förderungszeitraum schätzten sie als zu gering für tiefgreifendere Veränderungen ein. Über die Auswertung der Ergebnisse aus den Tests und Kontrollarbeiten zeigten sich viele Lehrer überrascht, was die Leistungssteigerungen einzelner Schüler mit Lernschwierigkeiten anbelangte. Das bestätigte uns wieder einmal, daß manche Lehrer zum Teil ein festgefügtes Bild über ihre Schüler haben und kleinere Veränderungen kaum registrieren.

Die praktische Nutzbarkeit des Materials beurteilten die Lehrer und Stützkursleiter mit gut und sehr gut. Besonders positiv empfanden sie die Bereitstellung von Arbeitsblättern und Folien. Viele Lehrer betonten, daß das Material sehr hilfreich für eine interessante Unterrichtsgestaltung war und zu verstärkter Individualisierung des Unterrichts anregte.

4.4 Darstellung von Einzelfällen

Zur Durchführung von Fallstudien wurden sowohl Dokumentenanalysen angefertigt, Beobachtungen der Schüler in Hospitationen vorgenommen als auch Beobachtungsbogen vom Mathematiklehrer über die ausgewählten Schüler während der gesamten Versuchszeit geführt. Die Ergebnisse wurden in Gesprächen mit Lehrern, Eltern und Schülern diskutiert. Eine quantitative Auswertung dieser Ergebnisse ist nicht möglich und für das Ziel der Arbeit auch nicht sinnvoll. Vielmehr geht es hier um qualitative Aussagen zu Ergebnissen der Förderung bei unseren Beobachtungsschülern. Da wir hier nicht die Ergebnisse für alle 47 Beobachtungsschüler darstellen und angemessen diskutieren können, wählen wir für diesen Abschnitt der Auswertung einige exemplarische Fälle aus. Aus Gründen des Datenschutzes sind nicht alle persönlichen Daten dieser Schüler in der Arbeit veröffentlicht. Die Unterlagen dazu befinden sich aber im Besitz der Versuchsleiterin.

Eine Darstellung von Einzelfällen erfolgt nach folgenden Schwerpunkten:
(1) Angaben zur Person des Schülers und zur Familiensituation, sofern sie für unsere Untersuchung relevant sind
(2) Angaben zu den allgemeinen Leistungen des Schülers
(3) Angaben zum Mathematikprofil des Schülers
(4) Schwerpunkte der Förderung
(5) Beobachtungen im Zeitraum der Förderung
(6) Darstellung der wichtigsten Ergebnisse

1. Sarah, zu Beginn der 3. Klasse 9; 4 Jahre alt

(1) Angaben zur Person und Familiensituation
Sarah wurde als Baby in eine neue Familie adoptiert. Die Eltern waren von Anfang an sehr besorgt um Sarahs Entwicklung. Aufgrund eines Hüftleidens war sie die ersten drei Lebensjahre vorwiegend im Krankenhaus und hatte ein Gipskorsett. Sie ist körperbehindert, was Außenstehenden nur zum Teil beim Laufen auffällt. Erst mit drei Jahren lernte sie Laufen und Sprechen. Ihre Grob- und Feinmotorik waren sehr eingeschränkt und in der Entwicklung zurück. Sie wirkte in ihren Bewegungen linkisch und teilweise ungeschickt. Sarah ist Brillenträger und Linkshänder (sie schreibt auch mit der linken Hand). In der dritten Klasse zeigte sie noch eine starke Unsicherheit in der Rechts-Links-Unterscheidung.

In der Vorschulzeit besuchte sie den Kindergarten. Auf Wunsch der Eltern wurde der Kindergarten dreimal gewechselt, da es jedesmal größere Probleme zwischen

4.4 Darstellung von Einzelfällen

Erzieherinnen und Kind gab. Die Eltern betreiben einen eigenen kleinen Laden. Der Vater konnte sich wenig um Sarah kümmern. Die Mutter versuchte das durch übertriebene Fürsorge ihrerseits zu kompensieren. Sie nahm ihrer Tochter aufgrund der Körperbehinderung sehr viel ab, so daß Sarah oft noch sehr unselbständig wirkte und ihre Ungeschicklichkeit bei einfachen Tätigkeiten nicht abgebaut werden konnte. In ihrem Verhalten war Sarah häufig sehr unausgeglichen. Es kam hin und wieder zu Problemen in der Schule und zu Hause. Sie benötigte sehr viel Lob und Ansporn. Die Eltern nahmen dankbar Hinweise von der Lehrerin zum Umgang mit Sarah an.

(2) Angaben zu den Leistungen

Aufgrund ihrer Entwicklungsbesonderheiten wurde Sarah ein Jahr später eingeschult (mit 7; 4 Jahren). Nach anfänglichen Schwierigkeiten, die auch in der dritten Klasse noch hin und wieder auftraten, hatte sie guten Kontakt zu ihren Mitschülern. In den Deutschdisziplinen zeigte sie durchgängig gute Leistungen (Lesen, Rechtschreibung/Grammatik, Ausdruck). Probleme hatte sie im Arbeitstempo - sie brauchte für die Erledigung von Aufgaben immer mehr Zeit als ihre Mitschüler. Ihre Schrift war sehr unregelmäßig. In Zeichnen und Werken zeigten sich ebenfalls Probleme, so daß in der zweiten Klasse die Zensur in Werken ausgesetzt wurde. Vom Schulsport war sie teilweise befreit. Sie beteiligte sich aber sehr gern an Sportspielen und zeigte einen großen Bewegungsdrang.

(3) Mathematikprofil

In Mathematik traten von Anfang an mehr Probleme als in den anderen Fächern auf. Besondere Schwierigkeiten hatte sie beim Bestimmen von Vorgänger und Nachfolger gegebener Zahlen, im Vergleichen und Ordnen von Zahlen nach der Größe, beim Zählen in Sprüngen. Diese Schwierigkeiten ließen vermuten, daß Sarah sich bis zu diesem Zeitpunkt noch keinen Zahlenraum sicher aufgebaut und seine Richtungsorientierung nicht erfaßt hatte und sich in ihm nicht „bewegen" konnte. Im Sachrechnen bewies sie, daß sie Zusammenhänge erkennen kann, sie benötigte aber sehr viel Zeit dazu. Formale Aufgaben löste sie teilweise gern. Dabei zeigten sich wenig Probleme im Bereich der Addition. Fehler traten gehäuft bei Subtraktionsaufgaben auf. Hierbei war keine einheitliche Fehlerstrategie erkennbar. Sie wechselte wahrscheinlich ihre Strategien in Abhängigkeit von der Größe der Zahlen. Zum Beispiel ergaben sich Fehler bei ihr durch Umkehren der Operationsrichtung, Auslassen von Zahlen, Perseverieren von Zahlen u. ä. Nicht lösbare Aufgaben wurden von ihr nicht erkannt.

Beispiele aus ihrem Heft:

80 - 47 = 44, 400 - 822 = 800, 1444 - 44 = 400, 6319 - 319 = 19, 81 - 36 = 51, 59 - 84 = 19

Bei Einführung der Zahlen bis 1 000 und 10 000 in Klasse 3 wurden ihre Probleme im Zahlverständnis und in der Zahlvorstellung besonders groß, so daß eine zusätzliche Förderung notwendig wurde (Beispiel: 5000 + 40 + 1 = 541). Besondere Probleme zeigten sich bei der Arbeit mit Größen. Sie hatte sehr unrealistische Größenvorstellungen und Schwierigkeiten im Schätzen von Größen. Umrechnungszahlen kannte sie kaum und war auch nicht in der Lage, Repräsentanten für einzelne Größen anzugeben.

(4) Schwerpunkte der Förderung

Sarahs Entwicklungsbesonderheiten und ihr aktueller Leistungsstand im Mathematikunterricht bewogen uns dazu, sie in einen Stützkurs aufzunehmen. Ihre körperliche Entwicklung und ihr Leistungsprofil ließen Entwicklungsverzögerungen in der Vorstellung und Probleme in der Orientierung, insbesondere im mathematischen Bereich, vermuten. Diese wurden bei der Einführung der großen Zahlen deutlich sichtbar.

Von den Eltern und von Sarah erfuhren wir, daß sie als Kleinkind sehr ungern mit Bausteinen spielte, bastelte oder malte. Das erhärtete unsere Vermutung über mögliche Schwächen. Außerdem ließen ihre Probleme in der Vorstellung auch Schwächen im visuellen Gedächtnis vermuten. Deutlich wurde das in Aufgaben zum Bauen oder Zeichnen, bei denen eine gegebene Vorlage zur Lösung nicht mehr zur Verfügung stand, sondern zusätzlich erinnert werden mußte. Schwerpunkte einer Förderung sahen wir insbesondere in den Bereichen Vorstellung und Konzentration.

Durch eine Förderung von Vorstellungen sollten Entwicklungsrückstände abgebaut und fachliche Lücken geschlossen werden. Die Förderung von Konzentration sollte insbesondere dazu dienen, eine effektivere Arbeitsweise zu entwickeln, zum Beispiel durch einen sachgerechten Einsatz von Strategien. Damit sollte sie in die Lage versetzt werden, ihre Probleme im Arbeitstempo teilweise zu kompensieren. In Übungen und Kontrollen schaffte sie oft bedeutend weniger Aufgaben als andere, was sich dann in der Bewertung widerspiegelte. Für den Förderungszeitraum sprachen wir mit der Lehrerin ab, Sarah in Übungen und Kontrollen verstärkt Arbeitsblätter zur Bearbeitung zu geben, um ihr so die Zeit für das Abschreiben der Aufgaben zu ersparen. Da Sarahs Verhalten sehr stark von Erfolg und Mißerfolg beeinflußt wurde, wählten wir im Stützkurs vor allem solche Aufgaben, die ihr Freude bereiteten und ihr Interesse für Mathematik weckten (später wurden die Aufgaben von ihr selbst ausgewählt, vgl. Abschnitt 4.2.3). Dadurch sollte sie auch unabhängiger von Fremdsteuerung werden. Sie sollte lernen, Erfolge selbst als solche zu empfinden und Mißerfolge nicht als persönliche Niederlagen zu erleben.

(5) Beobachtungen im Zeitraum der Förderung

Den ersten Kontakt mit der Stützkursleiterin hatte Sarah bei den Einzeltests. Während sie alle Aufgaben zunächst bereitwillig löste, sperrte sie sich beim *Zeichnerischen Reproduktionsversuch* nach KUGLER. Sie machte auf ihre Behinderung aufmerksam und meinte, daß sie das nicht könne. Die Stützkursleiterin ging nicht darauf ein und forderte sie freundlich und bestimmt mit den Worten auf: „Fang doch erst einmal an, dann wirst du sehen, wie gut es geht." Sie begann mit der Arbeit und war selbst über das Ergebnis erstaunt. Bei den etwas schwierigeren Figuren 6 und 7 (vgl. Abbildung 4, S. 109) wollte sie wieder aufgeben mit dem Hinweis, daß es „doof aussehe" und sie es nicht könne. Die Stützkursleiterin ermunterte sie erneut zum Weitermachen und ließ Korrekturen zu (das wurde bei allen Kindern zugelassen).

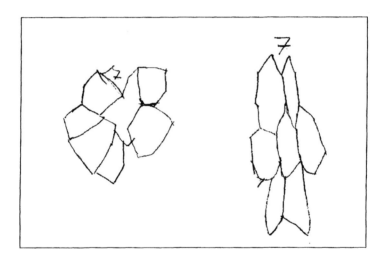

Abbildung 15: Sarahs Zeichnung der Figur 7 vor und nach der Untersuchung

Zu den Stützkursstunden kam Sarah sehr gern. Sie arbeitete gut und bereitwillig mit und gab sich große Mühe. Das Problem ihres langsamen Arbeitstempos zeigte sich auch in dieser Gruppe, insbesondere dann, wenn es um manuelle Dinge ging. Da sie hier aber nicht unter Zeitdruck stand, kam es nicht zur Verweigerung oder Blockierung. Sie sagte es, wenn sie Hilfe benötigte, oder bekam spontan Hilfe von anderen Kindern.

Nach anfänglichen Schwierigkeiten wurden auch die Hausaufgaben von ihr gut und gewissenhaft erfüllt.[50] Bei den Aufgaben nach Wahl in der zweiten Hälfte der Förderung zeigte sich, daß Sarah sehr gern allein arbeitete. Sie war in ihrer Arbeit schon sehr selbständig und kam selten mit Problemen zur Stützkursleiterin. Meist nahm sie sich dann das Lösungsblatt vor und beschäftigte sich mit den Lösungswegen. Danach legte sie es weg und versuchte erneut, eine gewählte Aufgabe zu lösen. Dabei konnte eine zunehmend bessere Arbeitsorganisation beobachtet werden, obwohl die Probleme mit dem Arbeitstempo bis zum Schluß bestanden. Am liebsten wurden von ihr Aufgaben auf der symbolischen Ebene gelöst. Da es bei ihr aber auf eine Förderung von Vorstellungen besonders ankam, wurde darauf geachtet, daß Aufgaben zur Entwicklung von Vorstellungen in kleinen Übungen zu Beginn, am Ende der Stunde oder als Hausaufgabe eine übergeordnete Rolle spielten.

Im Mathematikunterricht wurde von der Lehrerin gewachsenes Interesse und eine bessere Motivation bei Sarah während der Zeit der Förderung beobachtet. Sarah zeigte mehr Selbstvertrauen und es fiel ihr leichter, Begründungen für ihr Vorgehen beim Lösen von Aufgaben zu geben. In ihrem Verhalten wirkte sie insgesamt ausgeglichener. Besonders aktiv war sie in den Stunden, in denen die Versuchsleiterin im Unterricht hospitierte. In diesem Fall waren Stützkursleiterin und Versuchsleiterin identisch.

(6) Ergebnisse der Förderung

In den Tests konnte sich Sarah von 22 auf 40 Punkte verbessern. Dabei konnte sie ihre Leistungen in allen Tests erheblich steigern, bis auf den Test *Würfel erkennen* (vgl. Anlagen, S. A 15). In diesem Test wurden sehr hohe Anforderungen an Vorstellungen gestellt (vgl. Abschnitt 4.2.1). Da Sarah in diesem Bereich große Entwicklungsverzögerungen aufwies, war der Zeitraum der Förderung vermutlich nicht ausreichend, um hier ihre Probleme zu beseitigen. Ähnliches zeigte sich auch in den Ergebnissen der Kontrollarbeiten (vgl. Anlagen, S. A 19). Während sie in der zweiten Kontrollarbeit sogar weniger Punkte erzielte als in der ersten, konnte sie ihre Leistungen in der Behaltenskontrolle steigern, wenn auch nicht so überzeugend wie in den Einzeltests. Auf Sarah trifft vermutlich zu, was schon zur Auswertung der Tests und Kontrollarbeiten insge-

---

50 Zur Anfertigung von Hausaufgaben gab es in allen drei Stützkursen anfangs Probleme. Sie wurden nicht so ernst genommen wie die anderen Hausaufgaben und von den meisten Kindern vergessen oder nur oberflächlich angefertigt. Das lag auch daran, daß sie nicht im Hausaufgabenheft eingetragen wurden. Viele erledigten sie gleich in der Pause nach der Stunde oder kurz vor dem nächsten Stützkurs. Dabei handelte es sich meist um selbstgewählte Aufgaben, die von den Schülern innerhalb der Stützkursstunde gern gelöst wurden. Erst nach mehreren Gesprächen über den Sinn solcher Hausaufgaben trat diesbezüglich bei den meisten Kindern eine Veränderung ein.

samt gesagt wurde - ihre verbesserten Leistungen zeigten sich zuerst in der Einzelsituation, wo sie in Ruhe arbeiten konnte, nicht abgelenkt wurde und nicht unter Zeitdruck stand.

2. Alexander, zu Beginn der 3. Klasse 8; 7 Jahre alt

(1) Angaben zur Person und Familiensituation

Alexander wuchs in einer ausgeglichenen Familiensituation auf. In seinem Verhalten war er sehr ruhig und angepaßt. Er hat einen elf Jahre älteren Bruder, der nach der 8. Klasse die Schule verließ. Die Eltern - beide berufstätig - waren an schulischen Fragen sehr interessiert und halfen regelmäßig, was nach Aussagen der Lehrerin zeitweise zu einer Überforderung von Alexander führte.

Alexander besuchte einen Kindergarten. Bis zum Schulbeginn war er Brillenträger. In seiner Entwicklung war er etwas zurück, so daß bei einer ersten Einschulungsuntersuchung Schulfähigkeit nur bei entsprechender Förderung bestätigt wurde. In Beschäftigungen im Kindergarten arbeitete er kaum mit. Er benötigte viel Zeit, um Fragen zu verarbeiten, und brauchte viel Hilfe. Besondere Schwierigkeiten hatte er in künstlerischen Tätigkeiten, seine Stärken lagen auf sportlichem Gebiet.

(2) Angaben zu den Leistungen

Alexander wurde altersgerecht eingeschult. Er zeichnete sich durch großen Fleiß aus und verfolgte sehr aufmerksam das Unterrichtsgeschehen. Schwierigkeiten bestanden nach wie vor im Erfassen von Aufgaben und Erkennen von Zusammenhängen. Hinzu kam, daß seine Merkfähigkeit gering war. Er vergaß Gelerntes schnell und benötigte stets viele Übungen und Wiederholungen. Es fiel ihm auch schwer, Gelerntes selbständig anzuwenden und auf andere Zusammenhänge zu übertragen. So zeigten sich Probleme in den Fächern Rechtschreibung/Grammatik, Sachkunde und Mathematik, die er in den ersten beiden Jahren durch sehr viel Fleiß kompensieren konnte.

(3) Mathematikprofil

Alexander kannte zum Zeitpunkt der Untersuchung schon gut die Zahlen bis 10 000 und konnte sicher in diesem Bereich vorwärts und rückwärts zählen. Die Ergebnisse von Grundaufgaben (aller vier Rechenarten) beherrschte er nicht gedächtnismäßig, sondern ermittelte sie immer wieder neu - meist durch Weiter- und Zurückzählen. Er arbeitete dabei zum Teil versteckt mit den Fingern. Probleme traten sowohl beim formalen Rechnen als auch beim Sachrechnen auf. Beim formalen Rechnen konnten Strategien und Regeln oft nicht angewendet werden, da sie ihm nicht geläufig waren. So verwendete er Strategien, die sehr fehleranfällig waren (Fingerrechnen) und dachte sich eigene Regeln aus. Zum Beispiel „konstruierte" er sich als Regel für die Multiplikation einer Zahl mit 100 (10), daß er den Hunderter (Zehner) vor die entsprechende Zahl setzen muß. So rechnete er: $36 \cdot 100 = 136$. Nach seiner individuellen (Fehl-)Strategie ist dann auch seine Lösung bei folgender Aufgabe verständlich: $321 \cdot 10 = $ n. l. Da die entsprechende Zehnerstelle der Zahl schon „besetzt" war, konnte er seine Regel nicht anwenden. Die Aufgabe wurde für ihn dadurch nicht lösbar. Oft vergaß er Zwischenergebnisse oder beendete eine Rechnung vorzeitig, da er nicht mehr wußte, welche Teilaufgaben noch zu lösen waren. Beim Sachrechnen erkannte er den Sachverhalt nicht und konnte ihn deshalb nicht in eine mathematische Aufgabe „übersetzen".

Beispiele aus seinem Heft:

$527 + 7 = 34$, $456 + 5 = 71$, $837 - 8 = 28$, $718 + 3 = 21$, $75 \cdot 100 = 175$, $720 \cdot 10 = $ n. l., $680 : 10 = 670$, $1600 : 100 = 1000$, $5230 : 100 = 5000$

Ähnliche Probleme wie im arithmetischen Bereich traten auch bei der Arbeit mit Größen und in der Geometrie auf. So vergaß er zum Beispiel immer die Umrechnungszahlen und konnte deshalb keine Beziehungen zwischen den Einheiten einer Größe herstellen. In der Geometrie wurden vor allem die Merkmale von Figuren vergessen und Zusammenhänge nicht erkannt.

(4) Schwerpunkte der Förderung

Alexanders Probleme in Mathematik verschärften sich insbesondere im ersten Schulhalbjahr der dritten Klasse, so daß wir ihn zur besonderen Förderung in den Stützkurs aufnahmen. Schwerpunkte einer Förderung für ihn sahen wir aufgrund seiner Probleme in den Bereichen Abstraktion und Gedächtnis. Eine Entwicklung von Abstraktion sollte dazu dienen, daß Alexander besser in der Lage ist, Zusammenhänge zwischen Sachverhalten zu erkennen und Begründungen für sein Vorgehen zu geben. Insbesondere sollte ein selbständiges Erkennen von Strukturen gefördert werden. Die ständig von ihm abzuverlangenden Begründungen für Lösungswege sollten dazu dienen, daß er über sein Vorgehen beim Lösen von Aufgaben reflektiert. Zur Förderung seines Gedächtnisses wählten wir insbesondere das Bewußtmachen und Aneignen von Einprägestrategien aus. Da zum Beispiel die Strategie des Organisierens auf Abstraktionen fußt, versuchten wir im Stützkurs beide Förderbereiche durch Übungen miteinander zu verbinden.

(5) Beobachtungen im Zeitraum der Förderung

Alexander kam sehr gern zu den Stützkursstunden. Er zeichnete sich auch hier durch sein ruhiges, ausgeglichenes Wesen aus und arbeitete sehr konzentriert.

4.4 Darstellung von Einzelfällen

Seine anfänglichen Hemmungen im Begründen eigener Lösungswege baute er schnell ab, da er merkte, daß die anderen Kinder ähnliche Schwierigkeiten hatten. Besonders gern arbeitete Alexander in Partnerarbeit. Er wählte aber meist den gleichen Partner - Daniel, einen Jungen aus seiner Klasse. Die beiden ergänzten sich gut beim Arbeiten. Da die Aufgaben vor dem Lösen zwischen den Partnern besprochen werden mußte, fiel es Alexander leichter, Probleme zu erkennen. Daniel hatte in diesem Bereich kaum Schwierigkeiten. Er arbeitete dafür sehr spontan, flüchtig, oft unkonzentriert. Hier konnte Alexander durch seine gewissenhafte und konzentrierte Arbeitsweise ausgleichen.

Aufgaben aus den Förderbereichen Abstraktion und Gedächtnis fielen ihm auf allen Darstellungsebenen sehr schwer, sowohl mit außermathematischen als auch mit innermathematischen Inhalten. Hatte er das Prinzip einer Aufgabe verstanden, war er sehr glücklich, konnte es aber kaum allein auf analoge Aufgaben übertragen. Er gab jedoch selten auf und freute sich über Erfolge bei Aufgaben aus den anderen Förderbereichen. Gut gelangen ihm Aufgaben aus dem Bereich Konzentration. In der Entwicklung von Vorstellungen machte er große Fortschritte im zweiten Drittel des Förderzeitraumes. Verbesserungen in Abstraktions- und Gedächtnisleistungen stellten sich erst im letzten Viertel des Förderzeitraumes ein. Es gab aber auch immer wieder neue Probleme bei anders gearteten Aufgaben oder beim Bearbeiten gleicher Aufgaben auf anderen Darstellungsebenen. Zum Beispiel konnte er beim Einprägen von Gegenständen (enaktive Ebene) Einprägestrategien gut verwenden und erklären (20. Stützkursstunde). Als die gleiche Übung mit den Bezeichnungen der Gegenstände durchgeführt wurde (symbolische Ebene), ging er wieder mechanisch vor. In der 31. Stützkursstunde sollten sich die Kinder geometrische Figuren einprägen. Zur Erleichterung des Einprägens sollten die Figuren zunächst von der Tafel abgezeichnet werden, wobei sie geordnet werden konnten (über die unterschiedlichen Möglichkeiten bei dieser Aufgabe wurde vorher nicht gesprochen). Danach sollten die Figuren in beliebiger Reihenfolge reproduziert werden. Beim Zeichnen wählte Alexander ein mechanisches Abzeichnen, die Reihenfolge der Figuren veränderte er nicht. Sein Ergebnis beim Reproduzieren machte aber deutlich, daß er doch eine effektivere Einprägestrategie verwendet hatte (vgl. Abbildung 16).

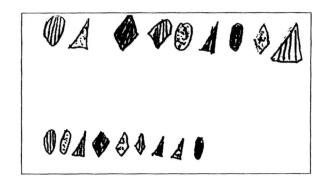

Abbildung 16: Alexanders Aufzeichnungen bei einer Gedächtnisaufgabe, (1. Reihe: Abzeichnen der Figuren von der Tafel; 2. Reihe: freie Reproduktion der Figuren)

Seine Erfolge in diesen Förderbereichen wurden ihm von der Stützkursleiterin besonders bewußt gemacht. In den letzten beiden Stützkursstunden war er in der Lage, effektive Einprägestrategien auch ohne Aufforderung auf zwei Aufgaben zum Einprägen von Figuren und Begriffen anzuwenden. Fortschritte im Erkennen von Regeln und Strukturen bei unterschiedlichen Beispielen stellten sich ebenfalls erst im letzten Viertel der Förderung ein. Hier erzielte er Erfolge vor allem bei Aufgaben mit außermathematischen Inhalten. Eine Übertragung auf mathematische Aufgaben fiel ihm bis zum Schluß schwer.

Im Mathematikunterricht beobachtete die Lehrerin während der Zeit der Förderung eine regere Mitarbeit von Alexander im Unterricht. Grundaufgaben wurden von ihm besser gelernt und konnten auf andere Aufgaben angewendet werden. Er wählte zunehmend sicherer effektive Lösungswege zum Lösen von Aufgaben und konnte sie auch richtig ausführen, wenn ihm gestattet wurde, den Lösungsweg mitzuschreiben. Schwierigkeiten bestanden nach wie vor im Erkennen, Anwenden und Begründen von Regeln. Er hatte aber insgesamt in der Zeit der Förderung viele Erfolgserlebnisse im Mathematikunterricht, die ihn zunehmend sicherer werden ließen und zu neuen Anstrengungen motivierten.

(6) Ergebnisse der Förderung

In den Tests konnte sich Alexander insgesamt von 30 auf 52 Punkte steigern. Dabei wies er Verbesserungen in allen Testaufgaben auf (Anlagen, S. A 15). Die größten Verbesserungen erzielte er im Test *Semantische Analogieaufgaben*. Die Ergebnisse in den Kontrollarbeiten zeigten nicht so eine große Leistungsverbesserung. Hier gelang es Alexander noch nicht so überzeugend, seine neu erworbenen Fähigkeiten auch unter normalen Unterrichtsbedingungen im Klassenverband anzuwenden. Wahrscheinlich nahm er sich unter diesen

4.4 Darstellung von Einzelfällen

Bedingungen weniger Zeit zum Nachdenken über einzelne Aufgaben (Anlagen, S. A 19).

3. Franziska, zu Beginn der 3. Klasse 9; 0 Jahre alt

(1) Angaben zur Person und Familiensituation

Franziska wuchs als Einzelkind in einem harmonischen Elternhaus auf. Beide Eltern waren berufstätig und an schulischen Belangen sehr interessiert. In ihrem Verhalten wirkte Franziska sehr ruhig und zurückhaltend, oft gehemmt. Franziska besuchte einen Kindergarten. Auch dort fiel sie durch ihr ruhiges, teilweise verschlossenes Wesen auf. Sie beschäftigte sich am liebsten allein. Anderen Kindern gegenüber war sie stets freundlich, rücksichtsvoll und kameradschaftlich. Beim Lösen von Aufgaben in Beschäftigungen zeigte sie wenig Selbstvertrauen. Es fiel ihr oft schwer, eine Aufgabe zu verstehen und selbständig an deren Lösung zu gehen. Am besten arbeitete sie bei persönlicher Zuwendung von der Erzieherin. Aufträge anderer Art wurden von ihr zuverlässig, gewissenhaft und selbständig erfüllt, selten aber von allein übernommen. Bei körperlicher und geistiger Belastung ermüdete sie schnell. Eine Einschulungsuntersuchung ergab ausreichende Leistungen für eine altersgerechte Einschulung.

(2) Angaben zu den Leistungen

Franziska konnte mit viel Hilfe und Übung gute und befriedigende Leistungen erzielen. Dabei bereiteten ihr die Deutschdisziplinen weniger Probleme. Bei der Erledigung von Aufgaben zeigte sie weiterhin wenig Selbstvertrauen und wirkte in ihrem Verhalten sehr gehemmt. An Unterrichtsgesprächen beteiligte sie sich nur nach Aufforderung und sprach dann sehr leise und undeutlich.

(3) Mathematikprofil

Die Grundaufgaben wurden von ihr nicht sicher beherrscht, sondern oft mit Fingern neu errechnet. Beim Lösen von Aufgaben hatte sie große Schwierigkeiten beim Auswählen eines geeigneten Lösungsverfahrens. Meist begann sie dann nicht mit der Arbeit, sondern wartete auf weitere Impulse (sie hatte Angst davor, etwas falsch zu machen, da die Schüler ihrer Klasse bei falschen Antworten oft lachten). Bekam sie den Rechenweg genannt, war sie zum Teil in der Lage, ihn selbständig richtig auszuführen. Probleme gab es aber bei Aufgaben mit Überschreiten, wie 68 - 19. Solche Aufgaben konnte sie kaum richtig lösen. Wenn sie sich unsicher war, brach sie ihre Lösungsversuche ab. Größere Schwierigkeiten stellten sich im ersten Drittel des dritten Schuljahres ein, als die Zahlen bis 1 000 und bis 10 000 erarbeitet wurden. Sie kam mit diesen großen Zahlen nicht zurecht. Am deutlichsten zeigten sich die Probleme beim Zählen. Sie konnte weder in Einerschritten noch in Hunderter- oder anderen Schritten im Zahlenraum über 100 zählen. Bei der Arbeit mit Größen und in der Geometrie zeigten sich bei ihr weitere Probleme im Vorstellen. Dabei hatte es oft den Anschein, daß sie bei komplexeren Aufgaben den Überblick verlor.

Beispiele aus ihrem Heft:

68 - 19 Aufgabe wurde nicht gelöst, auch nachdem ihr von anderen Schülern Teilschritte und Zwischenergebnisse genannt wurden;
2 DM 75 Pf - 35 Pf = 275 Pf - 35 Pf = 160 Pf = 1,60 DM
2 DM 75 Pf - 90 Pf = 275 Pf - 90 Pf = 125 Pf = 1,25 DM

(4) Schwerpunkte der Förderung

Da Franziska im ersten Halbjahr der dritten Klasse nicht mehr in der Lage war, ihre Probleme in Mathematik durch erhöhten häuslichen Fleiß zu kompensieren, und sie dadurch in ihrem schulischen Verhalten immer gehemmter wurde, nahmen wir sie in einen Stützkurs auf. Schwerpunkte der Förderung sahen wir im Bereich Vorstellung und in einer Stärkung des Selbstkonzepts. Sie sollte beim Lösen von Aufgaben sicherer werden und ihre eigenen Schritte begründen können. Durch den Erwerb effektiver Arbeitstechniken und Strategien wollten wir erreichen, daß sie unabhängiger von Fremdsteuerung wird und mehr Selbstvertrauen entwickelt.

(5) Beobachtungen im Zeitraum der Förderung

In den ersten Stützkursstunden war Franziska sehr zurückhaltend und gehemmt. Sie arbeitete nur zögernd mit. Dabei fiel auf, daß sie auf der enaktiven Ebene gute Arbeitsergebnisse erzielte, oft besser als die anderen Kinder. Das wurde für die folgenden Stützkursstunden genutzt, indem sie verstärkt Aufgaben auf dieser Ebene erhielt und auch anderen Kindern bei der Lösung helfen sollte. Für Franziska war das eine völlig neue Situation. Bisher war sie immer diejenige, der geholfen werden mußte. Sie ging mit viel Freude an die Erledigung der Aufgaben und wurde in ihrem Verhalten aufgeschlossener. Beim Begründen wurde sie sofort wieder unsicher, lieber zeigte sie ihr Vorgehen. Beim Lösen von Aufgaben auf der symbolischen Ebene hatte sie in allen Förderbereichen Schwierigkeiten. Das zeigte sich insbesondere bei Aufgaben mit innermathematischen Inhalten. Sie erkannte nicht, daß sie analoge Aufgaben auf den anderen Ebenen schon erfolgreich gelöst hatte. Bemerkte sie ihre Schwierigkeiten, wurde sie wieder unsicher und zog sich zurück. So blieb in der ersten Hälfte des Förderzeitraumes bei ihr der Schwerpunkt der Arbeit auf der enaktiven Ebene. An solchen Aufgaben wurden immer wieder Lösungsstrategien bewußt gemacht. Sie zeigte bei diesen Aufgaben Fortschritte in allen Bereichen und war mit viel Freude und Ausdauer dabei. In der Partnerarbeit konnte sie sich auch zunehmend besser mit ihrem Partner über mögliche Vorgehensweisen verständigen.

4.4 Darstellung von Einzelfällen

In der zweiten Hälfte des Förderzeitraumes wählten die Kinder häufig selbst ihre Aufgaben aus. Da diese auf allen Ebenen zu einer Thematik zur Verfügung standen, war es interessant zu beobachten, welche vorwiegend gewählt wurden. Franziska wählte sich zunehmend häufiger Aufgaben auf der ikonischen und symbolischen Ebene. Bei letzteren benötigte sie bis zum Schluß mehr Hinweise als bei anderen Aufgaben. Obwohl sie schon oft in der Lage war, selbst einen Lösungsansatz zu finden und zu begründen, fühlte sie sich immer wieder unsicher. Im Mathematikunterricht bemerkte die Lehrerin keine Veränderungen in Franziskas Verhalten. Sie wirkte nach wie vor unsicher und gehemmt, machte viele Fehler oder ging gar nicht an die Lösung von Aufgaben heran. Eine Hospitation in einer Stützkursstunde konnte die Lehrerin nicht realisieren. Dem Vorgehen insgesamt stand sie sehr skeptisch gegenüber. Sie wollte solche Aufgaben vorwiegend zur Entwicklung des Denkens bei leistungsstarken Schülern einsetzen und bezweifelte die Potenzen dieser Förderung bei Schülern mit Lernschwierigkeiten (vgl. Auswertung der Fragebogen, Abschnitt 4.3). Beim Einsatz von Aufgaben aus den Fördermaterialien in der inneren Differenzierung bemerkte sie aber, daß ihre leistungsschwachen Schüler (einschließlich Franziska) Freude am Lösen solcher Aufgaben hatten.

(6) Ergebnisse der Förderung

In den Tests konnte sich Franziska insgesamt von 23 auf 45 Punkte steigern. Dabei zeigte sie erhebliche Verbesserungen in den Tests *Regeln erkennen* und *Semantische Analogieaufgaben* (Anlagen, S. A 15). Die Ergebnisse der Kontrollarbeiten zeigten eine erhebliche Leistungssteigerung von der ersten zur zweiten Arbeit (insgesamt von 21,5 Punkte auf 42 Punkte). Dabei erzielte sie in allen Förderbereichen große Fortschritte (Anlagen, S. A 19). Wahrscheinlich ist dieses erfreuliche Ergebnis darauf zurückzuführen, daß in der Arbeit in gleichem Maße Aufgaben mit innermathematischen und außermathematischen Inhalten enthalten waren. Franziskas Fortschritte bezogen sich insbesondere auf die Aufgaben mit außermathematischen Inhalten. Diese guten Ergebnisse konnten von ihr in der dritten Kontrollarbeit nicht wieder erzielt werden (insgesamt 34 Punkte), obwohl diese Arbeit noch deutlich besser bei ihr ausfiel als die erste Arbeit. Dabei zeigte sich insbesondere eine Verschlechterung im Bereich Vorstellung. Offensichtlich hatte gerade in diesem Bereich die Förderung noch nicht ausgereicht, um dauerhafte Ergebnisse zu erzielen. Das ist, verglichen mit den anderen Bereichen, bei Franziska insofern nicht verwunderlich, da sie hier die schwächsten Ausgangsleistungen hatte. Als erschwerende äußere Bedingung kam hinzu, daß Franziskas Klasse im neuen Schuljahr aufgeteilt wurde und eine neue Klassenlehrerin bekam. Wahrscheinlich spielte die Umstellung auch eine Rolle, so daß Franziska ihre erreichten Leistungen noch nicht stabilisieren konnte. Für uns waren ihre Ergebnisse in den Kontrollarbeiten erfreulich, weil es ihr gelungen war, im Stützkurs erworbene Fähigkeiten und Fertigkeiten teilweise sowohl in der Einzelarbeit (Tests) als auch in der normalen Unterrichtssituation anzuwenden.

4. Björn, zu Beginn der 3. Klasse 8; 8 Jahre alt

(1) Angaben zur Person und Familiensituation

Björn war der Älteste von drei Geschwistern. Seine Eltern waren berufstätig. Das Zusammenleben in der Familie gestaltete sich kompliziert, da sich die Mutter mit ihren drei Kindern oft überfordert fühlte. Sie wirkte sehr nervös und hektisch und übertrug diese Unruhe auch auf die Kinder. Ein widersprüchliches Verhalten der Eltern führte zu Problemen in der Erziehung der Kinder, so daß das Familienleben insgesamt sehr unausgeglichen verlief. Björn besuchte einen Kindergarten. In seinem Verhalten war er oft unausgeglichen und unzufrieden. Er wirkte immer sehr ernst. In der Gruppe nahm er meist eine Außenseiterposition ein.

(2) Angaben zu den Leistungen

Björn wurde altersgerecht eingeschult. Er konnte nach Aussagen der Lehrerin durch großen häuslichen Fleiß gute und befriedigende Leistungen erzielen. Dabei fielen ihm die Deutschdisziplinen leichter als Mathematik. Besonders aufgeschlossen arbeitete er in Sachkunde. Ansonsten war seine Mitarbeit im Unterricht eher sporadisch. Er ließ sich leicht vom Unterrichtsgeschehen ablenken. Neue Inhalte erfaßte er langsam, das Gelernte konnte er nur mit Hilfe anwenden. Oft lag das daran, daß er die Aufgaben nicht verstand und auf weitere Erklärungen vom Lehrer wartete. Seine Begriffskenntnis war schlecht entwickelt. Auffallend war, daß sein Fleiß und seine Anstrengungsbereitschaft in der dritten Klasse mit der Geburt des dritten Kindes in der Familie nachließen.

(3) Mathematikprofil

Björns Leistungen in Mathematik verschlechterten sich von Schuljahr zu Schuljahr. Er brauchte sehr lange zum Erfassen des Unterrichtsstoffes und kam so mit dem Tempo im Regelunterricht nicht mehr mit. Erschwerend kam hinzu, daß er durch häufige Krankheiten oft fehlte und immer wieder Unterrichtsstoff nachzuarbeiten hatte. Damit war er überfordert. Zum Erlernen der Grundaufgaben brauchte er sehr lange, beherrschte sie dann aber gut. Schwierigkeiten bestanden jedoch in der Anwendung seiner Kenntnisse. So konnte er kaum seine guten Grundaufgabenkenntnisse im Bereich bis 100 anwenden, da er für die Aufgaben keinen passenden Lösungsweg fand. Es fiel ihm schwer, Aufgaben nach ihren Merkmalen zu analysieren. An den Beispielen aus seinem Heft wird ersichtlich, daß er bei jeder Aufgabe anders vorging. Sachaufgaben wurden von ihm inhaltlich nicht erfaßt. Seine Unkonzentriertheit und hohe Ablenkbarkeit verstärkten die genannten Probleme noch.

Beispiele aus seinem Heft:

$91 + 30 = 122, \quad 76 + 38 = 115, \quad 98 + 20 = 110, \quad 98 + 27 = 117$

$\underline{8 \cdot 22}$
$8 \cdot 20 = 4$
$8 \cdot 2 = 16$
$20 + 16 = 36$

(4) Schwerpunkte der Förderung

Da Björns Probleme im Mathematikunterricht im ersten Halbjahr der dritten Klasse gravierend zunahmen - wahrscheinlich bedingt sowohl durch Veränderungen in der Familiensituation als auch durch erhöhte inhaltliche Anforderungen im Unterricht bei der Erweiterung des Zahlenraumes - entschlossen wir uns, Björn in einen Stützkurs aufzunehmen. Hauptschwerpunkte der Arbeit mit ihm wurden aufgrund der Beobachtungen von Klassenleiterin und Versuchsleiterin in der Förderung von Abstraktion und Konzentration gesehen.

(5) Beobachtungen im Zeitraum der Förderung

Björn zeigte sich in der ersten Stützkursstunde zunächst unmotiviert und desinteressiert. Aber schon im Verlauf dieser Stunde ging er mit zunehmend mehr Freude an die Erledigung von Aufgaben heran. Die Aufgaben in den weiteren Stützkursstunden machten ihm viel Spaß, er arbeitete aber zunächst am liebsten allein. Erst in der zweiten Hälfte des Förderzeitraumes fand er auch an Partnerarbeit oder Kleingruppenarbeit zunehmend Gefallen. Wenn er sich bei der Lösung einer Aufgabe unsicher fühlte, bat er selten selbständig um Hilfe, sondern wartete ab, bis seine Probleme bemerkt wurden. Aufgaben auf der enaktiven Ebene ging er zügig an und löste sie meist gut und sicher. Für Aufgaben auf den anderen Ebenen benötigte er bis zum Ende des Förderzeitraumes oft Hinweise zum Herangehen und Hilfen. Seine Arbeitsweise wurde im Verlauf des Förderzeitraumes systematischer. Er ließ sich zunehmend weniger von seiner Umgebung ablenken, wozu aber sicherlich auch die für ihn interessanten Aufgaben beitrugen.

Da die Stützkursleiterin von Björn auch seine Mathematiklehrerin und Klassenleiterin war, konnte sie Björn im Unterricht ebenfalls dazu ermuntern, die im Stützkurs erworbenen Fähigkeiten und Fertigkeiten einzusetzen. Das gelang ihm jedoch noch äußerst selten, da für ihn die Kluft zwischen Aufgaben mit außermathematischen und innermathematischen Inhalten sehr groß war. Er mußte Ähnlichkeiten im Vorgehen immer wieder bewußt gemacht bekommen, da er sie selten von allein erkannte.

(6) Ergebnisse der Förderung
In den Tests zeigte Björn keine Verbesserung, sondern verschlechterte sich von Test 1 zu Test 2 um zwei Punkte. Das lag vermutlich daran, daß er in drei Tests sehr hohe Ausgangswerte hatte, so daß eine weitere Steigerung schwer möglich war (Anlagen, S. A 16). Im Test *Semantische Analogieaufgaben* dagegen hatte er extrem niedrige Leistungen erbracht. Das veränderte sich auch nach der Förderung nicht. Entweder hatte er bei diesem Test die Aufgabe nicht erfaßt oder er bewältigte solche Anforderungen nicht. Da analoge Aufgaben im Versuchszeitraum keine Rolle spielten, sondern in den Tests eingesetzt wurden, um einen möglichen Transfer auf andere Bereiche zu erfassen, mußte bei Björn dieser Transfer negiert werden. Ein ähnliches Ergebnis zeigte sich auch beim Vergleich der ersten mit der zweiten Kontrollarbeit. Die Ergebnisse seiner Leistungen in den einzelnen Bereichen hatten sich kaum verändert. Eine erstaunliche Leistungsverbesserung zeigte sich dann in der dritten Kontrollarbeit. Björn konnte seine Ergebnisse um insgesamt 11,5 Punkte steigern (Anlagen, Seite A 19).

Björn nahm zu Beginn des neuen Schuljahres weiter am Förderunterricht teil, der ähnlich wie der Stützkurs aufgebaut und von seiner Klassenleiterin durchgeführt wurde. Im Förderunterricht arbeitete er sehr aktiv mit und konnte die gestellten Aufgaben gut und sehr gut lösen. Auch im Regelunterricht konnte er seine Leistungen zum Teil stabilisieren und Gelerntes besser anwenden. Bei erhöhtem Schwierigkeitsgrad war er jedoch noch sehr gehemmt und probierte selbständig kaum etwas Neues aus. Die guten Ergebnisse in der dritten Arbeit lassen sich wahrscheinlich darauf zurückführen, daß Björn eine längere Phase des Förderns und Festigens brauchte, ehe er in der Lage war, Erlerntes auch in anderen Situationen anzuwenden.

5. Danny, zu Beginn der 3. Klasse 9; 2 Jahre alt

(1) Angaben zur Person und Familiensituation
Danny hat eine jüngere Schwester. Die Eltern waren beide berufstätig. Nachmittags und am Wochenende beschäftigten sie sich viel mit den Kindern. Der Erziehungsstil ist eher pendelnd zwischen großer Strenge durch den Vater und übertriebener Fürsorge durch die Mutter. Danny besuchte den Kindergarten. In der Vorschulzeit war er wegen seines unausgeglichenen, bockigen und teilweise

4.4 Darstellung von Einzelfällen

aggressiven Verhaltens in psychologischer Betreuung. Danny ist groß und kräftig. Er trägt eine Brille.

(2) Angaben zu den Leistungen

Danny wurde altersgerecht eingeschult. Seine Leistungen waren in der ersten Klasse gut und befriedigend, in Lesen sogar sehr gut. In schriftlichen Arbeiten arbeitete er nicht immer sorgfältig genug und war oft unkonzentriert. Bei für ihn schwierigen Aufgaben fehlte es ihm oft an nötigem Selbstvertrauen, so daß er dann nicht weiterarbeitete. Durch häuslichen Fleiß konnte er Schwierigkeiten aber gut kompensieren. In seinem Verhalten wurde Danny ausgeglichener. Zu Beginn der zweiten Klasse erfolgte ein Schulwechsel aufgrund eines Umzugs in eine größere Wohnung. In der neuen Schule fiel Danny durch wenig Selbstvertrauen, fehlenden Lernwillen und Ehrgeiz auf, so daß ein deutlicher Leistungsabfall in mehreren Fächern erfolgte. Die Hilfe im Elternhaus bei schulischen Belangen war nach Aussagen seiner neuen Lehrerin eher sporadisch.

(3) Mathematikprofil

In Mathematik waren seine Zahlvorstellungen schlecht entwickelt. Er hatte Probleme in der Bildung von Zahlen und beim Schreiben und Lesen. Er schrieb zweistellige Zahlen wie man sie spricht - erst den Einer, dann den Zehner - und kam dadurch beim Lesen und Schreiben von Zahlen oft durcheinander. Beim Zählen fielen ihm die Übergänge zum nächsten Zehner, Hunderter oder Tausender schwer. Ein Zählen in Sprüngen (Zweier-, Fünfer- oder Zehnersprünge) gelang kaum, so daß anzunehmen war, daß sich Danny noch keinen Zahlenraum sicher aufgebaut hatte. Probleme in der Vorstellung zeigten sich auch bei der Arbeit mit Größen. Seine Schätzergebnisse waren sehr unrealistisch. Umrechnungen beherrschte er nicht, da er die Umrechnungszahlen meist vergaß. Die Ergebnisse von Grundaufgaben wurden von ihm nicht gedächtnismäßig beherrscht, sondern immer wieder zählend ermittelt. Er verwechselte häufig Addition und Subtraktion und hatte große Probleme im inhaltlichen Verständnis bei Multiplikation und Division.

(4) Schwerpunkte der Förderung

Danny wurde aufgrund seiner schlechten Zahlvorstellungen und seiner unkonzentrierten Arbeitsweise in einen Stützkurs aufgenommen. Da der Zahlenraum bis 10 000 erweitert wurde, drohte er im Regelunterricht nicht mehr mitzukommen. Schwerpunkte der Förderung bestanden deshalb im Entwickeln von Vorstellungen (insbesondere Zahlvorstellungen), aber auch in den drei anderen Bereichen (Abstraktion, Konzentration und Gedächtnis). Es war ihm noch nicht gelungen, adäquate Lernstrategien auszubilden, so daß wir darin die Hauptaufgabe der Stützkursarbeit bei Danny sahen.

(5) Beobachtungen im Zeitraum der Förderung

Danny kam von Anfang an gern zu den Stützkursstunden. Seine Verhaltensauffälligkeiten waren in den Stunden nicht zu bemerken, nur wenn er mit einem Partner arbeitete, war er manchmal albern oder abgelenkt. Gestellte Aufgaben löste er gern und gab sich meist große Mühe. Manchmal überschätzte er sich, was aber ebenfalls nicht zu Verhaltensproblemen führte. Konnte er Aufgaben sehr gut bewältigen, war er sehr aktiv. Traten Probleme auf, verringerte sich sofort seine Anstrengungsbereitschaft und er mußte neu motiviert werden. Im Vorstellungsbereich hatte er Probleme bei Aufgaben auf allen Ebenen. In anderen Förderbereichen fiel er anfangs besonders durch sein unsystematisches Arbeiten auf. Begründungen für Lösungen fielen ihm sehr schwer. Er war nicht immer bereit, Hinweise zu seinem Vorgehen anzunehmen, sondern fühlte sich ungerechtfertigt kritisiert - insbesondere dann, wenn er auch auf anderen Wegen zur Lösung kam. Im Laufe des Förderzeitraumes gab es sich aber. Dabei gelangen ihm Aufgaben mit außermathematischen Inhalten zunehmend besser. Eine Übertragung von Lösungsstrategien auf Aufgaben mit mathematischen Inhalten gelang ihm auch zum Ende des Förderzeitraumes oft nur nach Hinweisen oder mit Hilfen.

(6) Ergebnisse der Förderung

In den Tests konnte sich Danny von 26 auf 39 Punkte steigern. Dabei verbesserte er sich in drei Tests, während er im Test *Regeln erkennen* seine Leistungen konstant hielt (Anlagen, S. A 16). In den Ergebnissen der Kontrollarbeiten zeigte Danny in allen Förderbereichen eine enorme Leistungsentwicklung. So verbesserte er sich insgesamt von 18,5 auf 36,5 Punkte von der ersten zur zweiten Kontrollarbeit (Anlagen, S. A 19). Hierbei zeigte sich, daß er in der Lage war, seine im Stützkurs erworbenen Lösungsstrategien auch auf andere Aufgaben anzuwenden. Diese guten Leistungen konnte er in der dritten Kontrollarbeit zum größten Teil bestätigen, obwohl in seiner Klasse ein Klassenleiter- und Mathematiklehrerwechsel erfolgte. Seine größten Probleme lagen noch immer im Vorstellungsbereich, insbesondere Zahlvorstellungen. Hier hatte offenbar der Förderzeitraum nicht ausgereicht, um dauerhafte Ergebnisse zu erzielen.

4.5 Zusammenfassung

Zusammenfassend seien an dieser Stelle noch einmal die Arbeitshypothesen der Untersuchung genannt (vgl. Abschnitt 4.1) und die wichtigsten Ergebnisse.

1 a)
Nach einer Förderungsdauer von 15 Unterrichtswochen läßt sich ein größerer individueller Leistungsgewinn der Versuchsschüler gegenüber den Kontrollschülern in ausgewählten Fähigkeitsbereichen punktuell nachweisen.

Diese Hypothese konnte bestätigt werden.

Die Gesamtergebnisse in den Tests zeigten in drei von vier Versuchsgruppen einen signifikanten Leistungszuwachs. Ein Vergleich mit den Kontrollschülern erbrachte ebenfalls in drei Versuchsgruppen signifikant bessere Ergebnisse im Nachtest als die Kontrollschüler.

Eine Auswertung der Kontrollarbeiten ergab, daß insbesondere in den Bereichen Abstraktion und Vorstellung signifikante Unterschiede zugunsten der Versuchsschüler von der ersten zur zweiten Kontrollarbeit nachweisbar waren. Das machte deutlich, daß in einem relativ eingeschränkten Förderzeitraum beachtliche Erfolge in diesen Bereichen erzielt werden konnten. Hier bestanden auch die größten Entwicklungsdefizite der Schüler mit Lernschwierigkeiten. In den Bereichen Konzentration und Gedächtnis gab es zum Teil höhere Ausgangswerte, so daß sich Erfolge nicht so schnell statistisch nachweisen lassen. Darüber hinaus halten sich gerade Schüler mit Lernschwierigkeiten außerhalb der speziellen Übungen nicht an neue Strategien, sondern fallen in ihre alten scheinbar bewährten Strategien zurück, so daß sich noch keine Überlegenheit gegenüber den Kontrollschülern zeigen konnte.

Insgesamt konnten mit den Tests größere Leistungsunterschiede nachgewiesen werden als mit den Kontrollarbeiten. Das kann zum einen an den Meßinstrumenten selbst liegen, zum anderen an den Untersuchungsbedingungen (Tests - Einzelsitzungen, Kontrollarbeiten - normale Unterrichtsbedingungen). Betrachtet man den individuellen Leistungszuwachs einzelner Schüler, so wird deutlich, daß bei unserem Vorgehen die Schüler mit den geringsten Ausgangswerten die größten Erfolge im Förderzeitraum hatten. Für diese Schüler war ein gezielter Erwerb von Strategien besonders nützlich, da sie in dieser Beziehung die größten Defizite aufwiesen. Eine Analyse der Ergebnisse einzelner Schüler zeigte weiterhin, daß Kinder aus den Stützkursen zum Teil größere Leistungssteigerungen erzielten als Kinder der Gruppe *Innere Differenzierung* (40 Prozent der Schüler der Stützkurse und 11 Prozent der Schüler der Gruppe *Innere Differenzierung* erreichten eine Leistungssteigerung von über 20 Prozent). Die Ursachen dafür sehen wir in den größeren Möglichkeiten der Stützkursarbeit zur Individualisierung. Während im Stützkurs eine Arbeit auf allen Darstellungsebenen gefordert und unterstützt wurde und zum Aufbau von Vorstellungsbildern entsprechende Handlungen schrittweise über die enaktive und ikonische Phase verinnerlicht wurden, unterlag der Regelunterricht gerade in diesen Phasen aus den unterschiedlichsten Gründen gewissen Beschränkungen.

1 b)
Die Versuchsschüler insgesamt erreichen in den geförderten Bereichen nicht nur höhere Werte als die Kontrollschüler, sondern können an die durchschnittlichen Leistungen der erfaßten Gesamtstichprobe herangeführt werden.

Diese Hypothese konnte in dieser Form nicht bestätigt werden.

Vergleicht man die Leistungen der Versuchsschüler mit den durchschnittlichen Leistungen der Kontrollklassen, so ergibt sich, daß die Differenz sowohl in der Gesamtpunktzahl als auch in den einzelnen Förderbereichen von der ersten zur zweiten Arbeit geringer geworden ist (vgl. S. 137, Abbildung 12). Das heißt, daß die Leistungen der Versuchsschüler im Förderzeitraum schneller gestiegen sind als die der Kontrollklassen. Das betrifft insbesondere die Bereiche Vorstellung und Abstraktion. Zu einer Angleichung der Ergebnisse ist es jedoch in keinem Bereich gekommen.

Die Übersichten über die Position der Versuchsschüler innerhalb der Gesamtstichprobe vor und nach der Untersuchung belegen aber, daß einzelne Schüler durchaus an die durchschnittlichen Leistungen der Gesamtstichprobe herangeführt werden konnten (vgl. Anlagen, S. A 18-19). Es ist offen, ob eine längere Förderung zu solchen Ergebnissen bei allen Versuchsschülern führen würde. Eine Überprüfung muß weiteren Untersuchungen vorbehalten bleiben.

2)
Ein Bewußtmachen und Thematisieren von Strategien trägt dazu bei, daß diese von den Schülern zunehmend selbständig und situationsgerecht als Mittel genutzt werden können. Wenn grundlegende Inhalte des Faches den Schwerpunkt in den Aufgaben bilden, gelingt es darüber hinaus, Wissensdefizite (deklarativer und prozeduraler Art) im Fach abzubauen und gleichzeitig erworbene Strategien auf aktuelle Unterrichtsinhalte anzuwenden (Transferleistung).

Diese Hypothese ließ sich anhand von Einzelfallstudien bestätigen.
Insbesondere bestätigten die Tests in Einzelsitzungen, daß bei den Versuchsschülern nach der Untersuchung zum Teil andere Strategien und Vorgehensweisen

4.5 Zusammenfassung

zum Einsatz kamen als vor der Untersuchung. Es fiel vor allem eine systematischere Arbeitsweise auf. Die Relevanz von erlernten Strategien bei Aufgaben im Regelunterricht wurde oft noch nicht erkannt. Auch hierfür war wahrscheinlich der Förderzeitraum nicht ausreichend. So verwendete nur ein Viertel der Versuchsschüler in der Kontrollarbeit effektive Einprägestrategien (von den Kontrollschülern war es einer), obwohl während der Stützkursstunden fast alle Schüler solche Strategien anwenden konnten.

Ein Vergleich der Leistungen bei innermathematischen und außermathematischen Aufgaben in den einzelnen Kontrollarbeiten ergab, daß in allen Bereichen Leistungssteigerungen sowohl bei Aufgaben mit innermathematischen Inhalten als auch bei Aufgaben mit außermathematischen Inhalten zu verzeichnen waren (vor allem von der ersten zur zweiten Kontrollarbeit). Den größten Zugewinn erzielten die Versuchsschüler in den Bereichen Vorstellung und Abstraktion bei innermathematischen Aufgaben.

3)
Das Vorgehen bei einer solchen Förderung läßt sich gut verallgemeinern, mitteilen und auf andere Lehrkräfte übertragen, so daß in allen Versuchsgruppen positive Ergebnisse erzielt werden und die Fördermaterialien breite Anwendung finden können.

Diese Hypothese konnte bestätigt werden.

In allen Versuchsgruppen konnten positive Ergebnisse erzielt werden. Diese waren zum Teil abhängig von den unterschiedlich gesetzten Schwerpunkten.

Eine Auswertung der Fragebogen ergab, daß in allen Versuchsklassen gut und sehr gut mit den Materialien zur Förderung bei Lernschwierigkeiten gearbeitet werden konnte. Die unterschiedlichen erzielten Ergebnisse in den Versuchsklassen lassen sich dabei weniger auf Dienstalter und Erfahrungen der Lehrer zurückführen als vielmehr auf die Intensität der Arbeit mit den Materialien und auf die Einstellung zu diesem Vorgehen.

5 Ergebnisse der Arbeit im Überblick

Zu den Zielen des Mathematikunterrichts der Grundschule gehört u. a., grundlegende Kenntnisse, Fähigkeiten und Fertigkeiten zu entwickeln, die dem Kind eine Bewältigung von Lebenssituationen mit Hilfe von Mathematik erlauben. Dieser Aufgabe wird der Regelunterricht nicht bei allen Kindern gerecht. In der vorliegenden Arbeit wurden deshalb zwei Schwerpunkte bearbeitet:
1. Beschreibung und Erklärung von Lernschwierigkeiten im Mathematikunterricht
2. Pädagogische Konsequenzen

Die wichtigsten Erkenntnisse seien im folgenden thesenartig aufgeführt.

Zum 1. Schwerpunkt

(1) Unter Lernschwierigkeiten wird in dieser Arbeit ein Fehlen bzw. ein ungenügender Ausprägungsgrad subjektiver Leistungsvoraussetzungen zur Bewältigung gestellter (Lern-)Anforderungen verstanden, so daß der Lernende bestimmte Lerninhalte auch mit großer Anstrengung nur teilweise oder gar nicht bewältigt. Lernschwierigkeiten lassen sich dabei keineswegs nur mit Blick auf den Schüler erklären. Sie sind keine Eigenschaften des Schülers, sondern treten in konkreten Situationen unter bestimmten Bedingungen auf und müssen deshalb auch in diesen Situationen analysiert und charakterisiert werden.

(2) Lernschwierigkeiten sind Ergebnis eines komplexen Zusammenwirkens unterschiedlich gelagerter Ursachen, die sowohl in verschiedenen Persönlichkeitsbereichen des betroffenen Kindes wurzeln können als auch in den durch die Umwelt gesetzten Bedingungen. *Erst eine ungenügende Passung der Voraussetzungen des Lernenden mit den Lernanforderungen führt zum Auftreten und zur Verfestigung von Schwierigkeiten.* Die Unterschiede zwischen guten Lernern und Schülern mit Lernschwierigkeiten liegen hauptsächlich in der Fähigkeitsentwicklung bzw. im Einsatz von Fähigkeiten. Schüler mit Lernschwierigkeiten sind häufig aufgrund fehlender Erfahrungen (noch) nicht in der Lage, dem Lerngegenstand angemessene, effektive Strategien zu entwickeln, so daß ihnen eine verständnisvolle Auseinandersetzung mit den Inhalten eines Faches nicht gelingt. Durch eine ungenügende Berücksichtigung des individuellen Entwicklungsstandes können grundle-

gende fachliche Inhalte vom Lernenden nicht aufgebaut werden, so daß auch weiterführende Inhalte oft unverstanden bleiben.

(3) Lernschwierigkeiten in einem bestimmten Fach sind immer auch unter dem Gesichtspunkt der *fachspezifischen Besonderheiten des Lehr- und Lernprozesses* zu charakterisieren, da sie sich erst im interaktiven Prozeß zwischen dem Individuum und dem Inhalt zeigen. *Mathematiklernen ist ein Entwicklungsprozeß*, in dem jeder Lernende seinen Lerngegenstand aktiv strukturiert und rekonstruiert. Dieser Entwicklungsprozeß läßt sich nicht linear in *einem* Stufenmodell abbilden, sondern muß bei verschiedenen grundlegenden Inhalten immer wieder neu durchlaufen werden. Es kann kein Automatismus erworben werden, der sich beliebig auf alle Inhalte übertragen läßt. Im mathematischen Anfangsunterricht soll unter Berücksichtigung der Entwicklungsbesonderheiten des jüngeren Schulkindes ausgehend von konkretem Handeln und Operieren mit Materialien über abstraktere, bildhafte Darstellungen und Vorstellungen zum verständigen Umgang mit Zeichen übergegangen werden. *Dabei sind unter fachspezifischen Gesichtspunkten kognitive Voraussetzungen beim Lernenden notwendig, die wesentlich über Erfolg oder Mißerfolg beim Mathematiklernen entscheiden und in denen sich Grundschüler erheblich voneinander unterscheiden können. Solche Voraussetzungen liegen in Fähigkeiten zur Abstraktion, Vorstellung, Konzentration und zum Gedächtnis.* Dabei handelt es nicht um einzelne Teilfähigkeiten, sondern jeweils um einen Komplex von kognitiven Fähigkeiten bzw. Stützfunktionen, der sehr bereichsspezifisch entwickelt und eingesetzt wird.

(4) *Abstraktion* ist notwendig zur Begriffsentwicklung, zum Aufbau und zur Verinnerlichung von Operationen, zum Erkennen und Nutzen von Strukturen beim Rechnen. *Vorstellung* bildet die anschauliche Stütze des Denkens, wobei Bilder im Kopf (re-)konstruiert und an ihnen Lage- und Strukturveränderungen vorgenommen werden können. *Konzentration* ist notwendig zur Fokussierung der Aufmerksamkeit auf mathematisch relevante Inhalte und zur Steuerung des Handlungsablaufs beim Bearbeiten von Aufgaben. *Gedächtnis* umfaßt Aufnehmen, Verarbeiten, Speichern und Wirksamwerden von Informationen und damit auch die Vernetzung neuaufgenommener Informationen mit individuellem Wissensbesitz. Genannte Fähigkeiten und Stützfunktionen erfahren im Grundschulalter eine bedeutende qualitative Veränderung. Dabei ist mit Entwicklungsunterschieden von bis zu vier Jahren zu rechnen. *Diese Unterschiede sind weniger auf eine mangelnde funktionale Anlage zurückzuführen, sondern vor allem auf Strategie- und Erfahrungsdefizite aufgrund von Entwicklungsverzögerungen.*

Zum 2. Schwerpunkt

(5) Obwohl kognitive Voraussetzungen für erfolgreiches Lernen im Grundschulalter nicht bei jedem Kind von vornherein vorhanden sind, sondern sich durch entsprechende Anforderungen herausbilden, wird ihre systematische Entwicklung im Unterricht zu wenig beachtet und thematisiert. Wir sehen in einer *systematischen Ausbildung bzw. Weiterentwicklung von kognitiven Fähigkeiten und Stützfunktionen an fachspezifischen Inhalten* wertvolle Potenzen zur Förderung von Schülern mit Lernschwierigkeiten, im Sinne eines *kognitiv-entwicklungspsychologischen Ansatzes*.

(6) *Mathematik lernt man nur durch Betreiben von Mathematik*. Bei einer Förderung kognitiver Fähigkeiten und Stützfunktionen geht es nicht um inhaltsunspezifisches Funktionstraining, sondern um den *Aufbau von Erfahrungen und Strategien an grundlegenden fachspezifischen Inhalten* mit dem Ziel, einen Transfer zu ermöglichen und zu fördern. Kenntnisse über grundlegende Inhalte des Faches sind Voraussetzung für das Verständnis weiterführender Inhalte. Eine enge Verbindung mit der Erfahrungswelt des Kindes ist zur Schaffung unterschiedlicher (und neuer) Zugänge zu fachspezifischen Inhalten, zur Erhöhung des Selbstvertrauens und zur Motivierung hilfreich. Im Mittelpunkt einer solchen Förderung steht dabei die *selbständige Tätigkeit des Lernenden*. Handlungsorientiertes, gegenständliches Lernen muß münden in eine reflektierende Verarbeitung des im praktischen Zugang Erfahrenen, zum Beispiel durch Begründen von Vorgehensweisen, bewußtes Hervorheben von Lösungsschritten, erste Schritte einer Verallgemeinerung, bewußtes Übertragen auf neue Beispiele, Suchen von analogen Aufgaben. Eine Förderung muß für den Lernenden auf der Ebene beginnen, auf der er sich (noch) kompetent fühlt.

(7) Fördermaterialien in Form von Aufgabensammlungen sollten so gestaltet sein, daß eine *gezielte Anpassung von Fördermaßnahmen an den Entwicklungsstand des Kindes unter Beachtung der individuellen Probleme* möglich wird. Dazu ist es u. E. nicht notwendig, eine Stundenaufteilung vorzunehmen. Vielmehr sind inhaltlich ähnliche Aufgaben auf unterschiedlichen Anforderungsniveaus anzubieten und „Übersetzungen" zwischen den Ebenen - enaktiv, ikonisch, symbolisch - zu fördern und zu fordern. Aufgaben müssen dazu anregen, selbst Erfahrungen im Umgang mit Mathematik zu sammeln, Beziehungen zum bisherigen Wissen herzustellen und zu eigenen Erkenntnissen zu gelangen. Dabei sollen bewußt Strategien erkannt und auf weitere Aufgaben angewendet werden.

5 Ergebnisse der Arbeit im Überblick

Die in dieser Arbeit aufgezeigte Konzeption des Förderns soll dazu beitragen, in Schülern mit Lernschwierigkeiten keine „Defektträger" zu sehen und mit einem Mehr an Maßnahmen oder Zeit auf sie zu reagieren, sondern Lernprozesse als individuelle Entwicklungsprozesse aufzufassen, in denen Schüler unterschiedlich weit sind. *Ausgangspunkt aller Überlegungen zum Fördern sollte dann immer das sein, was ein Schüler schon kann und nicht, was er alles noch nicht kann.*

Ansatzpunkte für weiterführende Untersuchungen sehen wir vor allem in folgenden Fragen:

- Welche Möglichkeiten einer Förderung im kognitiven Bereich sind vor der Schule sinnvoll, um Voraussetzungen für erfolgreiches Mathematiklernen zu entwickeln und ein Auftreten von Lernschwierigkeiten im Mathematikunterricht zu verhindern?

- Lassen sich Lernschwierigkeiten im Mathematikunterricht vorbeugen, wenn von Schulbeginn an einer Fähigkeits- und Strategieentwicklung mehr Aufmerksamkeit im Unterricht geschenkt wird?

- Wie kann durch eine zeitweilige Auflösung des Klassenverbandes in Kleinstgruppen am Vormittag eine Individualisierung des Lernens so erfolgen, daß eine zeitliche Mehrbelastung für Schüler mit Lernschwierigkeiten durch zusätzliche Förderstunden entfällt?

- Welche Maßnahmen in der Aus- und Weiterbildung sind notwendig, um Lehrer bzw. Studenten mit der Problematik „Lernschwierigkeiten im Mathematikunterricht" so vertraut zu machen, daß sie in der Lage sind, ein Auftreten von Lernschwierigkeiten rechtzeitig zu erkennen und mit einer Individualisierung des Unterrichts angemessen darauf zu reagieren?

Literatur

Aebli, H.: Denken: das Ordnen des Tuns, Band 2. Stuttgart: Klett-Cotta, 1981

Aebli, H.: Grundformen des Lehrens. Stuttgart: Klett-Cotta, 1978

Anderson, J. R.: Kognitive Psychologie: eine Einführung. Heidelberg: Spektrum der Wissenschaft, 1989

Angermaier, M.: Legasthenie - Pro und Contra. Weinheim, Basel: Beltz, 1977

Angermaier, M.: Legasthenie - Verursachungsmomente einer Lernstörung. Ein Literaturbericht. Weinheim, Basel: Beltz, 1970

Aster, M. G. von; Göbel, D.: Kinder mit umschriebener Rechenschwäche in einer Inanspruchnahmepopulation. In: Zeitschrift für Kinder- und Jugendpsychiatrie 1990, Heft 1, Band 18, S. 23-28

Aster, M. G. von : Gibt es ein Dyskalkuliesyndrom? Entwicklungs- und neuropsychologische Ergebnisse und ihre Bedeutung für Unterricht und Therapie. In: Lorenz, J. H. (Hrsg.): Störungen beim Mathematiklernen. Köln: Aulis Verlag, 1991

Babanski, J.: Untersuchungen zur Überwindung des Leistungsversagens bei Schülern. Berlin: Volk u. Wissen, 1979

Barchmann, H.; Ettrich, K.-U.; Kinze, W.: Methodische Aspekte zur Diagnostik der Konzentrationsfähigkeit im Kindesalter. In: Psychologie für die Praxis, 1987, Heft 2

Barchmann, H.; Ettrich, K.-U.; Kinze, W.; Reschke, K.: Konzentrationstraining: ein Therapieprogramm für Kinder von 6 bis 10. Leipzig: Karl-Marx-Universität, 1988

Bauersfeld, H.: Subjektive Erfahrungsbereiche als Grundlage einer Interaktionstheorie des Mathematiklernens und -lehrens. In: Bauersfeld (Hrsg.): Lernen und Lehren von Mathematik. Köln: Aulis Verlag, 1983

Berger, E.: Schulprobleme: Ursachen und Vorschläge zur Bewältigung. Stuttgart: TRIAS - Thieme Hippokrates Enke, 1989

Berrill, R.: The Slow Learner and the Gifted Child. In: Cornelius, M. (Hrsg.): Teaching Mathematics. London: Croom Helm, 1984

Betz, D.; Breuninger, H.: Teufelskreis Lernstörungen. München, Weinheim: Psychologie-Verlags-Union, 1987

Literatur

Biggs, E.: Teaching Mathematics 7-13: Slow Learning and Able Pupils. Windsor: NFER-NELSON, 1990

Böhme, B: Besonderheiten leistungsschwacher Schüler 4. Klassen bei der Ausbildung von Lernhandlungen zum selbständigen Erkennen von Ursache-Wirkungs-Beziehungen in Naturkundegeschehen. Berlin: Akad. d. Päd. Wiss. d. DDR, Dissertation A, 1989

Bönig, D.: Verständnis multiplikativer Operationen bei Grundschülern. - In: Beiträge zum Mathematikunterricht. Bad Salzdetfurth: Verlag Franzbecker, 1991

Borgards, W.: Methodische Behandlung der Rechenschwäche. Berlin: Carl Marhold Verlagsbuchhandlung, 1973

Breuer, H., Weuffen, M.: Besondere Entwicklungsauffälligkeiten bei Fünf- bis Achtjährigen. Berlin: Volk u. Wissen, 1988

Brinkmann; H.: Mathematische Begriffsbildung durch gelenkte Entdeckung. Wuppertal: Henn Verlag, 1969

Brügelmann, H.: Modelle des Schriftspracherwerbs und seiner Störung: Vier Perspektiven auf den Stand der Forschung. In: Lorenz, J. H. (Hrsg.): Störungen beim Mathematiklernen. Köln: Aulis Verlag, 1991

Bruner, J. S. (Hrsg.): Studien zur kognitiven Entwicklung. Stuttgart: Klett Verlag, 1971

Bruner, J. S.: Der Prozeß der Erziehung. Düsseldorf: Pädagogischer Verlag Schwann, 1972

Brunsting-Müller, M.: Lern- und Problemlösestrategien lerngestörter Kinder. Zürich: Dissertation, 1989

Bruschek, B.: Zur differenzierten Diagnostik und Therapie von Teilleistungsschwächen. In: Friedrich, M. H. (Hrsg.): Teilleistungsschwächen und Schule. Bern, Stuttgart, Wien: Verlag Hans Huber, 1980

Bussmann, H.: Mathematische Fähigkeiten im didaktischen Prozeß - Erkenntnisvermögen und Unterricht. Paderborn, München, Wien, Zürich: Ferdinand Schöningh, 1981

Claus, H. J.: Einführung in die Didaktik der Mathematik. Darmstadt: Wissenschaftliche Buchgesellschaft, 1989

Clauß, G.; Ebner, H.: Grundlagen der Statistik. Berlin: Volk und Wissen, 1978

Clauß, G.: Differentielle Lernpsychologie: eine Einführung. Berlin: Volk u. Wissen, 1987

Cornelius, M. (Hrsg.): Teaching mathematics. London: Croom Helm, 1984

Dawydow, W.: Arten der Verallgemeinerung im Unterricht. Berlin: Volk u. Wissen, 1977

Dechêne, U.: Psychologie. München: Compact Verlag, 1989

Dörfler, W.: Das Verhältnis mathematischer Operationen und gegenständlicher Handlungen. In: Steiner, H.-G. (Hrsg.): Grundfragen der Entwicklung mathematischer Fähigkeiten. Köln: Aulis Verlag, 1986a

Dörfler, W.: Die Genese mathematischer Objekte und Operationen aus Handlungen als kognitive Konstruktion. In: Dörfler, W. (Hrsg.): Kognitive Aspekte mathematischer Begriffsentwicklung. Wien, Stuttgart: Teubner, 1988a, S. 55-125

Dörfler, W.: Rolle und Mittel von Vergegenständlichung in der Mathematik. In: Beiträge zum Mathematikunterricht. Bad Salzdetfurth: Franzbecker, 1988b, S. 110-113

Dörfler, W.: Zur Entwicklung mathematischer Operationen aus konkreten Handlungen. In: Beiträge zum Mathematikunterricht. Bad Salzdetfurth: Franzbecker, 1986b, S. 88-91

Dufour-Janvier, B.; Bednarz, N.; Belanger, M.: Pedagogical Considerations Concerning the Problem of Representation. In: Janvier, C.: Problems of Representation in the Teaching and Learning of Mathematics. Hillsdale: Erlbaum, 1987

Ellrott, D.: Werden Linkshänder im mathematischen Anfangsunterricht benachteiligt? In: Grundschulunterricht, 1993, Heft 6, S. 27-29

Feller, G.: Diagnose und Analyse von Mathematikleistungen in der Primarstufe. Frankfurt am Main: Verlag Peter Lang, 1983

Fischer, R.; Lesser, R.: Konzentrationstraining. Sindelfingen: expert verlag, 1985

Fischer, R.; Malle, G.: Mensch und Mathematik. Mannheim, Wien, Zürich: Bibliographisches Institut, 1985

Floer, J.: „Vom Einmaleins zum Einmaleins"? - Entwicklungen und Perspektiven im Mathematikunterricht der Grundschule. In: Haarmann, D. (Hrsg.): Handbuch der Grundschule, Band 2. Weinheim, Basel: Beltz Verlag, 1993

Floer, J.: Fördernder Mathematikunterricht in der Grundschule. In: Floer, J.; Haarmann, D. (Hrsg.): Mathematik für Kinder. Frankfurt am Main: Arbeitskreis Grundschule e. V., 1982

Frankfurter Manifest zum Bundesgrundschulkongreß 1989. In: Programm - Satzung - Veröffentlichungen; Arbeitskreis Grundschule - Der Grundschulverband e. V.

Frenzel, L.; Grund, K.-H.: Wie „groß" sind Größen? In: Mathematik lehren, 1991, Heft 45

Friedrich, M. H. (Hrsg.): Teilleistungsschwächen und Schule. Bern, Stuttgart, Wien: Verlag Hans Huber, 1980

Frostig, M.; Müller, H. (Hrsg.): Teilleistungsstörungen - ihre Erkennung und Behandlung bei Kindern. München, Wien, Baltimore: Urban und Schwarzenberg, 1981

Frostig, M.: Grundfragen zur perzeptiven und kognitiven Entwicklung des Kindes; Prinzipien der Diagnostik und der Behandlung spezifischer Lernstörungen. In: Frostig, M.; Müller, H. (Hrsg.): Teilleistungsstörungen - ihre Erkennung und Behandlung bei Kindern. München, Wien, Baltimore: Urban und Schwarzenberg, 1981

Ginsburg, H.: Children's Arithmetic. USA: Litton Educational Publishing, 1982

Ginsburg, H.; Opper, S.: Piagets Theorie der geistigen Entwicklung. Stuttgart: Klett-Cotta, 1991

Glasersfeld, E. von: Learning as a Constructive Activity. In: Janvier, C. (Hrsg.): Problems of Representation in the Teaching and Learning of Mathematics. Hillsdale: Erlbaum, 1987

Göllnitz, G.: Relationen zwischen hirnorganischem Psychosyndrom und Teilleistungsstörungen. In: Lempp, R. (Hrsg.): Teilleistungsstörungen im Kindesalter. Bern, Stuttgart, Wien: Verlag Hans Huber, 1979

Graichen, J.: Zum Begriff der Teilleistungsstörungen. In: Lempp, R. (Hrsg.): Teilleistungsstörungen im Kindesalter. Bern, Stuttgart, Wien: Verlag Hans Huber, 1979

Grassmann, M.: Zu einigen Fragen des Arbeitens mit Zahlen im Mathematikunterricht der DDR. Ein Vorschlag zur stufenweisen Einführung gebrochener und rationaler Zahlen. Berlin: Humboldt-Universität, Dissertation B, 1986

Grissemann, H.: Dyskalkulietherapie heute: Forschungsgrundlagen der Dyskalkulietherapie. In: Zentralblatt für Didaktik der Mathematik. Karlsruhe 1989, Heft 3, S. 76-84

Grissemann, H.: Hyperaktive Kinder. Bern: Verlag Hans Huber, 1986

Grissemann, H.; Weber, A.: Spezielle Rechenstörungen, Ursachen und Therapie. Bern, Stuttgart, Wien: Verlag Hans Huber, 1982

Grissemann, H.: Zur Verhinderung eines Dyskalkuliebooms: Was man aus der Anti-Legastheniebewegung gelernt haben sollte. In: Lorenz, J. H. (Hrsg.): Lernschwierigkeiten: Forschung und Praxis. Köln: Aulis Verlag, 1984

Guthke, J.: Gedächtnis und Intelligenz. In: Klix, F.; Sydow, H. (Hrsg.): Zur Psychologie des Gedächtnisses. Berlin: Deutscher Verlag der Wissenschaften, 1977

Hallahan, D. P.; Cruickshank, W. M.: Lernstörungen bzw. Lernbehinderung. München, Basel: Ernst Reinhardt Verlag, 1979

Hasemann, K.: Die Individualität der Schüler im Mathematikunterricht. In: Mathematik lehren, 1991, Heft 49, S. 6-11

Hasemann, K.: Mathematische Lernprozesse. Braunschweig, Wiesbaden: Vieweg & Sohn, 1986

Hasselhorn, M.: Entwicklung kategorialen Organisierens als Gedächtnisstrategie: Zur Rolle des Aufgabenkontextes und der Interitem-Assoziativität. In: Zeitschrift für Entwicklungspsychologie und Pädagogische Psychologie, 1992, Heft 4, S. 317-334

Helbig, G.: Zu hauptsächlichen Erscheinungsformen, Ursachen und Bedingungen des Leistungsversagens von Schülern im Russischunterricht (insbesondere der Klassen 6 bis 8) sowie zu möglichen Lösungsansätzen für seine Verhinderung. Berlin: Akad. d. Päd. Wiss. d. DDR, Dissertation B, 1986

Henrion, G.; Henrion, A.; Henrion, R.: Beispiele zur Datenanalyse mit BASIC-Programmen. Berlin: Deutscher Verlag der Wissenschaften, 1988

Hofe, R. vom: Perspektiven eines Konzepts von Grundvorstellungen im Mathematikunterricht. In: Beiträge zum Mathematikunterricht. Bad Salzdetfurth: Verlag Franzbecker, 1991, S. 477-480

Hofmann, R.: Ausbilden von Können für das Arbeiten mit den Größenarten Länge und Masse in Klasse 3. Erfurt: Pädagogische Hochschule, Dissertation A, 1982

Hogau, H.: Risikokinder im Urteil von Lehrern. In: Wilhelmi, B. (Hrsg.): Exogene und endogene Bedingungen psychosozialer Fehlentwicklung. Jena: Friedrich-Schiller-Universität, Wissenschaftliche Beiträge, 1987

Horn, W.: Begabungssystem B-T-S. Göttingen: Verlag für Psychologie Hogrefe, 1972

Huber, G. L.; Rost, D. H.: Lernkonzepte und Unterricht. In: Rost, D. H.: Unterrichtspsychologie für die Grundschule. Bad Heilbrunn/Obb.: Klinkhardt, 1980

Hümme, E. E.: Lern- und Leistungsstörungen. In: Lohmann, J.; Minsel, B. (Hrsg.): Störungen im Schulalltag. München, Wien, Baltimore: Urban und Schwarzenberg, 1978

Ilgner, K.: Die Entwicklung des räumlichen Vorstellungsvermögens von Klasse 1 bis 10. In: Mathematik in der Schule, 1974, Heft 12, S. 693-714

Ilgner, K.: Entwicklung des räumlichen Vorstellungsvermögens bei Schülern. Berlin: Humboldt-Universität, 1982, Preprint Nr. 46

Irrlitz, L.: Besonderheiten der Gedächtnistätigkeit leistungsschwacher Schüler und Bedingungen ihrer Veränderung. Berlin: Akad. d. Päd. Wiss. d. DDR, Dissertation A, 1976

Irrlitz, L.: Besonderheiten der Gedächtnistätigkeit leistungsschwacher Schüler und Bedingungen ihrer Veränderung. In: Lompscher, J. (Hrsg.): Psychische Besonderheiten leistungsschwacher Schüler und Bedingungen ihrer Veränderung. Berlin: Volk und Wissen, 1978

Irrlitz, L.; Lompscher, J.: Zu einigen psychischen Besonderheiten leistungsschwacher Schüler. In: Lompscher, J. (Hrsg.): Psychische Besonderheiten leistungsschwacher Schüler und Bedingungen ihrer Veränderung. Berlin: Volk und Wissen, 1978

Janvier, C.: Problems of Representation in the Teaching and Learning of Mathematics. Hillsdale: Erlbaum, 1987

Jeske, W.: Lernstörungen und Leistungshemmungen - Pädagogische Stützmaßnahmen. Neuwied, Darmstadt : Hermann Luchterhand Verlag, 1987

Jetter, K.: Kindliches Handeln und kognitive Entwicklung. Bern, Stuttgart, Wien: Verlag Hans Huber, 1975

Johnson, D. J.; Myklebust, H. R.: Lernschwächen. Ihre Formen und ihre Behandlung. Stuttgart: Hippokrates Verlag, 1976

Kessel, W.; Göth, N. (Hrsg.): Lern- und Verhaltensstörungen bei Schülern. Berlin: Volk u. Wissen, 1984

Kimel, K.: Überlegungen zum Inhalt des Begriffs „Räumliches Vorstellungsvermögen" und zur Förderung entsprechender Fähigkeiten der SchülerInnen im Rahmen des Mathematikunterrichts der Klassen 1 bis 10. In: Beiträge zum Mathematikunterricht. Bad Salzdetfurth: Verlag Franzbecker, 1991

Klauer, K. J.: Analyse von Trainingswirkungen: Spezifische Lösungsprozeduren oder metakognitive Prozesse? In: Psychologische Beiträge, 1988, Band 30, S. 415-430

Klauer, K. J.: Erziehung zum induktiven Denken: Neue Ansätze der Denkerziehung. In: Unterrichtswissenschaft, 1991, Heft 2, S. 135-151

Klauer, K. J.: In Mathematik mehr leistungsschwache Mädchen, im Lesen und Rechtschreiben mehr leistungsschwache Jungen? Zur Diagnostik von Teilleistungsschwächen. In: Zeitschrift für Entwicklungspsychologie und Pädagogische Psychologie, 1992, Band XXIV, Heft 1, S. 48-65

Klix, F.: Über Wissensrepräsentation im menschlichen Gedächtnis. In: Klix, F. (Hrsg.): Gedächtnis - Wissen - Wissensnutzung. Berlin: Deutscher Verlag der Wissenschaften, 1984

Klix, F.: Wissensrepräsentation und geistige Leistungsfähigkeit im Lichte neuer Forschungsergebnisse der kognitiven Psychologie. In: Zeitschrift für Psychologie, 1990, Heft 2. Leipzig: Johann Ambrosius Barth

Kochan, B.: Fehler als Lernhilfe im Rechtschreibunterricht. In: Valtin, R.; Naegele, I. (Hrsg.) „Schreiben ist wichtig!" Grundlagen und Beispiele für kommunikatives Schreiben(lernen). Frankfurt am Main: Arbeitskreis Grundschule e. V., 1986

Kornmann, R.: Diagnose von Lernbehinderungen - Strategie und Methoden im Überweisungsverfahren zur Sonderschule für Lernbehinderte. Weinheim, Basel: Beltz, 1977

Kossakowski, A. (Hrsg.): Psychische Entwicklung der Persönlichkeit im Kindes- und Jugendalter. Berlin : Volk u. Wissen, 1987

Kossakowski, A. (Hrsg.): Psychologische Grundlagen der Persönlichkeit im pädagogischen Prozeß. Berlin: Volk u. Wissen, 1988

Kossow, H. J.; Vieck, I.: Sonderstunden für Kinder mit physisch-psychischen Störungen im Sozial- und Leistungsverhalten in Klasse 2. Berlin: Diskussionsmaterial der Hauptabteilung Jugendhilfe, Heimerziehung, Sonderschulen, o. J.

Krüll, K. E.: Metakognition in der Dyskalkulietherapie. In: Psychologie, Erziehung und Unterricht, 1992, 39. Jg., S. 204-213

Krüll, K. E.: Rechenschwäche - was tun? München, Basel: Ernst Reinhardt Verlag, 1994

Krutezki, W.: Psychologie. Berlin: Volk u. Wissen, 1989

Kugler, K.: Vergleichende Untersuchungen zur diagnostischen Tauglichkeit zeichnerischer Reproduktionsleistungen im Vorschul- und Schulalter. In: Probleme und Ergebnisse der Psychologie, 1970, Heft 32, S. 51-65

Kunze, Ch.: Damit Kinder sich konzentrieren können. Berlin: Volk u. Wissen, 1989

Lanfranchi, A.: Spielgruppen für Migranten- und Flüchtlingskinder im Vorkindergartenalter. In: Brunsting, M. u. a. (Hrsg.): Teilleistungsschwächen. Prävention und Therapie. Luzern: Schweizerische Zentralstelle für Heilpädagogik, 1990

Lange, B.; Meissner, H.: Zum Lernprozeß im Bereich Arithmetik. In: Zentralblatt für Didaktik der Mathematik. Karlsruhe 1983, Heft 2, S. 92-101

Lauter, J.: Fundament der Grundschulmathematik. Donauwörth: Verlag Ludwig Auer, 1991

Lauter, J.: Methodik der Grundschulmathematik. Donauwörth: Verlag Ludwig Auer, 1986

Lempp, R.: Lernerfolg und Schulversagen. München: Kösel-Verlag, 1973

Leontjew, A. N.: Probleme der Entwicklung des Psychischen. Berlin: Volk u. Wissen, 1985

Lobeck, A.: Erfassung und Therapie von Rechenschwächen. In: Brunsting, M. u. a. (Hrsg.): Teilleistungsschwächen. Prävention und Therapie. Luzern: Schweizerische Zentralstelle für Heilpädagogik, 1990

Loeser, F.: Gedächtnistraining. Leipzig, Jena, Berlin: Urania-Verlag, 1981

Lompscher, J. (Hrsg.): Psychische Besonderheiten leistungsschwacher Schüler und Bedingungen ihrer Veränderung. Berlin: Volk und Wissen, 1978

Lompscher, J. (Hrsg.): Psychologie des Lernens in der Unterstufe. Berlin: Volk u. Wissen, 1972a

Lompscher, J. (Hrsg.): Theoretische und experimentelle Untersuchungen zur Entwicklung geistiger Fähigkeiten. Berlin: Volk u. Wissen, 1972b

Lompscher, J. u. a.: Persönlichkeitsentwicklung in der Lerntätigkeit. Berlin: Volk u. Wissen, 1985

Lörcher, G. A.: Lernhindernisse im Mathematikunterricht der Grundschule. In: Lorenz, J. H. (Hrsg.): Lernschwierigkeiten: Forschung und Praxis. Köln: Aulis Verlag, 1984

Lorenz, J. H.: Anschauung und Veranschaulichungsmittel im Mathematikunterricht. Göttingen: Habilitationsschrift, 1990a

Lorenz, J. H.: Bemerkungen zum Forschungsproblem „Rechenstörung". In: mathematica didactica, 1987a, Heft 1, S. 3-22

Lorenz, J. H.: Erscheinungsbild und Diagnose von Rechenschwächen. In: Ingenkamp, K.; Jäger, R. S. (Hrsg.): Tests und Trends 8. Jahrbuch der Pädagogischen Diagnostik. Weinheim, Basel: Beltz Verlag, 1990b

Lorenz, J. H. (Hrsg.): Lernschwierigkeiten: Forschung und Praxis. Köln : Aulis Verlag, 1984

Lorenz, J. H.: Lernschwierigkeiten im Mathematikunterricht der Grundschule und Orientierungsstufe. In: Bauersfeld, H. u. a.: Analysen zum Unterrichtshandeln. Köln: Aulis Verlag, 1982

Lorenz, J. H.: Lernschwierigkeiten und Einzelfallhilfe. Schritte im diagnostischen und therapeutischen Prozeß. Göttingen, Toronto, Zürich: Verlag für Psychologie Hogrefe, 1987

Lorenz, J. H.: Materialhandlungen und Aufmerksamkeitsfokussierung zum Aufbau interner arithmetischer Vorstellungsbilder. In: Lorenz, J. H. (Hrsg.): Störungen beim Mathematiklernen. Köln: Aulis Verlag, 1991c

Lorenz, J. H. (Hrsg.):Mathematik und Anschauung. Köln: Aulis Verlag, 1993

Lorenz, J. H.; Radatz, H.: Handbuch des Förderns im Mathematikunterricht. Hannover: Schroedel Schulbuchverlag, 1993

Lorenz, J. H.; Radatz, H.: Psychologische Aspekte des Mathematikunterrichts. In: Rost, D. H.: Unterrichtspsychologie für die Grundschule. Bad Heilbrunn/Obb.: Klinkhardt, 1980

Lorenz, J. H.: Rechenschwache Schüler in der Grundschule - Erklärungsversuche und Förderstrategien, Teil I. In: Journal für Mathematikdidaktik. Paderborn: Ferdinand Schöningh, 1991a, Heft 1, S. 3-34

Lorenz, J. H.: Rechenschwache Schüler in der Grundschule - Erklärungsversuche und Förderstrategien, Teil II. In: Journal für Mathematikdidaktik. Paderborn: Ferdinand Schöningh, 1991b, Heft 2/3, S. 171-198

Lorenz, J. H.: Zur Untersuchung sogenannter „pathologischer Fälle" und ihr Zusammenhang zum Mathematiklernen der „Normalen". In: Haussmann, K.; Reiss, M.: Mathematische Lehr-Lern-Denkprozesse. Göttingen: Verlag für Psychologie, Hogrefe, 1990c

Lurija, A.: Sprache und Bewußtsein. Berlin: Volk u. Wissen, 1982

Mader, O.: Fachliche Arbeitsweisen als Mittel der Persönlichkeitsentwicklung der Schüler am Beispiel des Mathematikunterrichts. Berlin: Volk u. Wissen, 1989

Magne, O.: Mathematics Learning of the Handicapped Student. In: Zentralblatt für Didaktik der Mathematik. Karlsruhe 1989, Heft 3, S. 84-93

Maier, H.: Zum Problem der Sprache im Mathematikunterricht. In: Beiträge zum Mathematikunterricht. Bad Salzdetfurth: Franzbecker, 1983, S. 30-39

Malle, G.: Zur Rolle der Aufmerksamkeitsfokussierung in der Entwicklung mathematischen Denkens. In: Steiner, H.-G. (Hrsg.): Grundfragen der Entwicklung mathematischer Fähigkeiten. Köln: Aulis Verlag, 1986

Mason, J. H.: What Do Symbols Represent? In: Janvier, C. (Hrsg.): Problems of Representation in the Teaching and Learning of Mathematics. Hillsdale: Erlbaum, 1987

Matthes, G.: Korrekturorientierte Diagnostik zeitweiliger Störungen in der Persönlichkeitsentwicklung jüngerer Schulkinder. Berlin: Akad. d. Päd. Wiss. d. DDR, Dissertation B, 1987

Meer, E. van der: Die Verfügbarkeit semantischer Relationen als differentialdiagnostisches Kriterium. In: Klix, F. (Hrsg.): Gedächtnis - Wissen - Wissensnutzung. Berlin: Deutscher Verlag der Wissenschaften, 1984

Meer, E. van der: Experimentelle Begabungsforschung. In: Schaarschmidt, U.; Berg, M.; Hänsgen, K.-D. (Hrsg.): Diagnostik geistiger Leistungen. Berlin: Psychodiagnostisches Zentrum der Humboldt-Universität zu Berlin, Tagungsbericht, 1986

Meer, E. van der: Über den anforderungsabhängigen Einsatz von begrifflichem und inferentiellem Wissensbestand. Berlin: Humboldt-Universität, Dissertation B, 1983

Meer, E. van der: Zu kognitiven Aspekten der LRS. In: Becker, R.: Die Lese-Rechtschreib-Schwäche aus logopädischer Sicht. Berlin: Volk und Gesundheit, 1985

Mentschinskaja, N. A. u. a.: Besonderheiten des Lernens zurückbleibender Schüler. Berlin: Volk u. Wissen, 1974

Meyer-Probst, B.; Piatkowski, J.; Teichmann, H.: Der Zusammenhang zwischen Entwicklungsrisiken und Schulbewährung - Ergebnisse der Rostocker Längsschnittstudie. In: Psychologie für die Praxis, 1988, Heft 3, S. 195-213

Miehlke, I.: Ursachen und Bedingungen für ein Zurückbleiben von Schülern im Fach Russisch in Klasse 6. Berlin: Akad. d. Päd. Wiss. d. DDR, Dissertation A, 1986

Milz, I.: Neuropsychologische Voraussetzungen für mathematisches Denken. In: Graphomotorische Störungen und Rechenschwäche. Würzburg: Jahrestagung der Internationalen Frostig-Gesellschaft, 1988

Milz, I.: Rechenschwächen erkennen und behandeln. Teilleistungsschwächen im mathematischen Denken. Dortmund: Borgmann, 1994

Milz, I.; Steil, H. (Hrsg.): Teilleistungsschwächen bei Kindern und Jugendlichen. Frankfurt am Main: Haag u. Herchen Verlag, 1982

Montada, L.: Die Lernpsychologie Jean Piagets. Stuttgart: Klett, 1970

Müller, G.; Wittmann, E.: Der Mathematikunterricht in der Primarstufe. Braunschweig: Vieweg, 1977

Müller, M.; Halder, A. (Hrsg.): Philosophisches Wörterbuch. Freiburg, Basel, Wien: Herder Taschenbuch Verlag, 1988

Neumann, G.: Probleme sonderpädagogischer Diagnostik im Aufnahmeverfahren zur Sonderschule für Lernbehinderte. Berlin: Freie Universität, Dissertation 1980

Nickel, H.; Schmidt, U.: Vom Kleinkind zum Schulkind. München, Basel: Ernst Reinhardt Verlag, 1978

Nickel, H.: Entwicklungspsychologie des Kindes- und Jugendalters, Band II. Bern, Stuttgart, Wien: Verlag Hans Huber, 1975

Ochsner, H.: Legasthenie - Phantom oder Wirklichkeit? In: Brunsting, M. u. a. (Hrsg.): Teilleistungsschwächen. Prävention und Therapie. Luzern: Schweizerische Zentralstelle für Heilpädagogik, 1990

Ortner, A.; Ortner, R.: Verhaltens- und Lernschwierigkeiten: Handbuch für die Grundschulpraxis. Weinheim, Basel: Beltz, 1991

Padberg, F.: Didaktik der Arithmetik. Mannheim, Wien, Zürich: Wissenschaftsverlag, 1986

Pehkonen, E.: Schülervorstellungen über Mathematik als verborgener Faktor für das Lernen. In: Beiträge zum Mathematikunterricht. Hildesheim: Franzbecker, 1993

Perleth, Ch.; Schuker, G.; Hubel, St.: Metagedächtnis und Strategienutzung bei Schülern mit Lernbehinderungen: eine Interventionsstudie. In: Sonderpädagogik, 1992, Heft 1, S. 20-35

Peschek, W.: Abstraktion und Verallgemeinerung im mathematischen Lernprozess. In: Journal für Mathematikdidaktik. Paderborn: Ferdinand Schöningh, 1989, Heft 3, S. 211-285

Peschek, W.: Abstraktion und Verallgemeinerung. In: Beiträge zum Mathematikunterricht. Bad Salzdetfurth: Franzbecker, 1986

Peschek, W.: Untersuchungen zur Abstraktion und Verallgemeinerung. In: Dörfler, W. (Hrsg.): Kognitive Aspekte mathematischer Begriffsbildung. Wien, Stuttgart: Teubner, 1988

Petrowski, A. W.: Entwicklungspsychologie und pädagogische Psychologie. Berlin: Volk u. Wissen, 1987

Piaget, J.: Die Entwicklung des Erkennens I. Das mathematische Denken. Stuttgart: Klett Verlag, 1972

Piaget, J.: Einführung in die genetische Erkenntnistheorie. Frankfurt: Suhrkamp, 1973

Piaget, J.; Inhelder, B.: Die Entwicklung des räumlichen Denkens beim Kinde. Stuttgart: Klett Verlag, 1971

Piaget, J.; Inhelder, B.: Die Psychologie des Kindes. München: Deutscher Taschenbuch Verlag, 1986

Piaget, J.: Meine Theorie der geistigen Entwicklung. Frankfurt am Main: Fischer Taschenbuch Verlag, 1991

Piaget, J.; Szeminska, A.: Die Entwicklung des Zahlbegriffs beim Kinde. Stuttgart: Klett Verlag, 1975

Pippig, G. u. a.: Pädagogische Psychologie. Berlin: Volk u. Wissen, 1988

Pippig, G.: Rechenschwächen und ihre Überwindung in psychologischer Sicht. In: Mathematik in der Schule. Berlin 1975, Heft 11, S. 623-628

Pippig, G.: Zur Entwicklung mathematischer Fähigkeiten. Berlin: Volk u. Wissen, 1971

Posner, M. I.: Kognitive Psychologie. München: Juventa Verlag, 1976

Radatz, H.: Anschauung und Sehverstehen im Mathematikunterricht der Grundschule. In: Beiträge zum Mathematikunterricht. Bad Salzdetfurth: Franzbecker, 1986

Radatz, H.: Einige Beobachtungen bei rechenschwachen Grundschülern. In: Lorenz, J. H. (Hrsg.): Störungen beim Mathematiklernen. Köln: Aulis Verlag, 1991

Radatz, H.: Fehleranalysen im Mathematikunterricht. Braunschweig: Vieweg u. Sohn, 1980

Radatz, H.: Ikonomanie. Oder: Wie sinnvoll sind die vielen Veranschaulichungen im Mathematikunterricht? In: Grundschulmagazin, 1993, Heft 3, S. 4-6

Radatz, H.; Schipper, W.: Handbuch für den Mathematikunterricht an Grundschulen. Hannover: Schroedel Schulbuchverlag, 1983

Radatz, H.: Schülervorstellungen von Zahlen und elementaren Rechenoperationen. In: Beiträge zum Mathematikunterricht. Bad Salzdetfurth: Verlag Franzbecker, 1989, S. 306-309

Radatz, H.: Über das Lehren von Mathematik in der Grundschule. In: Grundschulunterricht, 1992, Heft 3, S. 26-27

Radatz, H.: Untersuchungen zu Fehlleistungen im Mathematikunterricht. In: Journal für Mathematikdidaktik, 1980a, Heft 4, S. 213-228

Reiß-Rüter: Modelle und theoretische Ansätze zur Analyse von Lernschwierigkeiten. In: Interdisziplinäre Arbeitsgruppe Lernschwierigkeiten. Bad Salzdetfurth: Franzbecker, 1992

Resnick, L. B.; Ford, W. W.: The Psychology of Mathematics for Instruction. Hillsdale: Erlbaum, 1981

Richards, P.: Difficulties in Learning Mathematics. In: Cornelius, M. (Hrsg.): Teaching Mathematics. London: Croom Helm, 1984

Rost, J.: Gedächtnispsychologische Grundlagen naturwissenschaftlichen Wissens. Weinheim, Basel: Beltz Verlag, 1980

Rubinstein, S. J.: Psychologie des Hilfsschulkindes. Berlin: Volk u. Wissen, 1988

Rubinstein, S. L.: Das Denken und die Wege seiner Erforschung. Berlin: Deutscher Verlag der Wissenschaften, 1972

Rubinstein, S. L.: Grundlagen der Allgemeinen Psychologie. Berlin : Volk u. Wissen, 1960

Rubinstein, S. L.: Sein und Bewußtsein. Berlin: Akademie-Verlag, 1977

Sander, E.: Lernstörungen: Ursachen, Prophylaxe, Einzelfallhilfe. Stuttgart, Berlin, Köln, Mainz: Kohlhammer, 1981

Sandfuchs, U. (Hrsg.): Förderunterricht konkret. Bad Heilbrunn/Obb.: Verlag Julius Klinkhardt, 1990

Scheerer-Neumann, G.: Intervention bei Lese-Rechtschreibschwäche. Bochum: Kamp, 1979

Scheerer-Neumann, G.: Prozeßanalyse der Leseschwäche. In: Valtin, R.; Jung, U. O. H.; Scheerer-Neumann, G.: Legasthenie in Wissenschaft und Unterricht. Darmstadt: Wissenschaftliche Buchgesellschaft, 1981

Scheerer-Neumann, G.: Rechtschreibschwäche im Kontext der Entwicklung. In: Naegele, I.; Valtin, R. (Hrsg.): LRS in den Klassen 1-10. Handbuch der Lese- und Rechtschreibschwierigkeiten. Weinheim, Basel: Beltz Verlag, 1989

Scheerer-Neumann, G.: Rechtschreibtraining mit rechtschreibschwachen Hauptschülern auf kognitionspsychologischer Grundlage: eine empirische Untersuchung. Opladen: Westdeutscher Verlag, 1988

Schenk-Danzinger, L.: Entwicklung, Sozialisation, Erziehung. Wien: Österreichischer Bundesverlag, 1990

Schenk-Danzinger, L.: Entwicklungspsychologie. Wien: Österreichischer Bundesverlag, 1988

Schilling, S.; Prochinig, Th.: Dyskalkulie - Rechenschwäche. Winterthur: SCHUBI Verlag, 1988

Schipper, W.: Stoffauswahl und Stoffanordnung im mathematischen Anfangsunterricht. In: Journal für Mathematikdidaktik, 1982, Heft 3, S. 91-120

Schlottke, P. F.; Lauth, G. W.: Therapie bei aufmerksamkeitsgestörten Kindern. In: Lehren und Lernen, 1992, Heft 12, S. 1-15

Schmassmann, M.: Dyskalkulie-Prävention im schulischen und ausserschulischen Alltag. In: Brunsting, M. u. a. (Hrsg.): Teilleistungsschwächen. Prävention und Therapie. Luzern: Schweizerische Zentralstelle für Heilpädagogik, 1990

Schmidt, S.; Weiser, W.: Zählen und Zahlverständnis von Schulanfängern. In: Journal für Mathematikdidaktik, 1982, Heft 3, S. 227-236

Schmidt, S.: Zur Bedeutung und Entwicklung der Zählkompetenz für die Zahlbegriffsentwicklung bei Vor- und Grundschulkindern. In: Zentralblatt für Didaktik der Mathematik. Karlsruhe 1983, Heft 2, S. 101-111

Schöniger, J.: Arithmastheniediagnose in der Beratungspraxis. In: Lorenz, J. H. (Hrsg.): Störungen beim Mathematiklernen. Köln: Aulis Verlag, 1991

Schöniger, J.: Die Arithmasthenie (Rechenschwäche) - ein unbekanntes Problem. Auch wenn sie vielen bekannt ist. In: Zentralblatt für Didaktik der Mathematik. Karlsruhe 1989, Heft 3, S. 94-100

Schulz, A.: Den Schüler oder den Unterricht anpassen? Rechenschwäche muß nicht sein. In: Grundschulunterricht, 1994a, Heft 2, S. 22-25

Schulz, A.: Fördern im Mathematikunterricht. Was kann ich tun? Berlin: Paetec, 1994b

Schulz, A.: Fördern in Mathematik. Was kann ich tun? Teil I. In: Grundschulunterricht, 1992a, Heft 10, S. 22-24

Schulz, A.: Fördern in Mathematik. Was kann ich tun? Teil II. In: Grundschulunterricht, 1992b, Heft 11, S. 24-25

Schulz, A.: Fördern in Mathematik. Was kann ich tun? Teil III. In: Grundschulunterricht, 1993a, Heft 4, S. 33-35

Schulz, A.: Fördern in Mathematik. Was kann ich tun? Teil IV. In: Grundschulunterricht, 1993b, Heft 6, S. 30-32

Schulz, A.: Zu Ursachenbereichen für Lernschwierigkeiten im Mathematikunterricht der Grundschule - Möglichkeiten des Erkennens, Verhinderns, Überwindens. In: Beiträge zum Mathematikunterricht. Hildesheim: Verlag Franzbecker, 1992c, S. 419-422

Schwarzenberger, R.: Current Issues and Problems in Mathematics Teaching. In: Cornelius, M. (Hrsg.): Teaching Mathematics. London: Croom Helm, 1984

Schwarzer, Ch.: Gestörte Lernprozesse: Analyse von Leistungsschwierigkeiten im Schulsystem. München, Wien, Baltimore: Urban und Schwarzenberg, 1980

Schwerin, A. von: Fehlertypen und ihre Charakteristika. In: Grundschulmagazin, 1993, Heft 3, S. 7-9

Seiler, Th. B. (Hrsg.): Kognitive Strukturiertheit. Theorien, Analysen, Befunde. Stuttgart: Verlag Kohlhammer, 1973

Šif, Z. I. (Hrsg.): Besonderheiten der geistigen Entwicklung von Hilfsschülern. Berlin: Volk u. Wissen, 1975

Skemp, R. R.: Mathematics in the Primary School. Worcester: Billing & Sons Ltd, 1991

Sommer, N.: Die Verwendung von Verfügungsstunden zur besonderen Förderung von Schülern in Mathematik. Osnabrück: Osnabrücker Schriften zur Mathematik, 1984, Reihe D, Band 3

Sonntag, W.: „Induktiv denken lernen": experimentelle Untersuchungen einer neuen Lehrtheorie und einer älteren volitionalen Handlungstheorie bei lernbehinderten Sonderschülern. Frankfurt am Main: Verlag Peter Lang GmbH, 1991

Spandl, O. P.: Lernstörungen bei Schulkindern. Freiburg, Basel, Wien: Verlag Herder Freiburg im Breisgau, 1982

Steiner, G.: Mathematik als Denkerziehung. Stuttgart: Klett Verlag, 1973

Strunz, K.: Der neue Mathematikunterricht in pädagogisch-psychologischer Sicht. Heidelberg: Quelle & Meyer, 1968

Tiedemann, J.: Leistungsversagen in der Schule. München: Wilhelm Goldmann Verlag, 1977

Unger, Ch.: Entwicklung einer pädagogisch-psychologischen Diagnosestrategie zur Überwindung des Zurückbleibens einzelner Schüler der Klassen 2 bis 4. Berlin: Akad. d. Päd. Wiss. d. DDR, Dissertation A, 1986

Valtin, R.: Die Welt mit den Augen der Kinder betrachten - Der Beitrag der Entwicklungstheorie Piagets für die Grundschulpädagogik. Berlin: Antrittsvorlesung an der Humboldt-Universität, 1993

Valtin, R.: Empirische Untersuchungen zur Legasthenie. Hannover: Schroedel Verlag, 1972

Valtin, R.: Legasthenie - Theorien und Untersuchungen. Weinheim, Basel: Beltz Verlag, 1970

Valtin, R.; Naegele, I. M.: Hürden beim Schriftspracherwerb. In: Haarmann, D. (Hrsg.): Handbuch der Grundschule, Band 2. Weinheim, Basel: Beltz Verlag, 1993

Valtin, R. u. a.: Kinder lernen schreiben und über Sprache nachzudenken: Eine empirische Untersuchung zur Entwicklung schriftsprachlicher Fähigkeiten. In: Valtin, R.; Naegele, I. (Hrsg.) „Schreiben ist wichtig!" Grundlagen und Beispiele für kommunikatives Schreiben(lernen). Frankfurt am Main: Arbeitskreis Grundschule e. V., 1986

Valtin, R.: Stufen des Lesen- und Schreibenlernens - Schriftspracherwerb als Entwicklungsprozeß. In: Haarmann, D. (Hrsg.): Handbuch der Grundschule, Band 2. Weinheim, Basel: Beltz Verlag, 1993

Valtin, R.: Zur „Machbarkeit" der Ergebnisse der Legasthenieforschung. In: Valtin, R.; Jung, U. O. H.; Scheerer-Neumann, G.: Legasthenie in Wissenschaft und Unterricht. Darmstadt: Wissenschaftliche Buchgesellschaft, 1981

Velickovskij, B. M.: Wissen und Handeln. Kognitive Psychologie aus tätigkeitstheoretischer Sicht. Berlin: Deutscher Verlag der Wissenschaften, 1988

Vollrath, H.-J.: Methodik des Begriffslehrens im Mathematikunterricht. Stuttgart: Klett, 1984

Walter, K. H.: Spezielle Probleme und didaktische Ansatzpunkte der vorbeugenden Verhinderung des Zurückbleibens und seiner Eindämmung im Unterricht Berlin: Akad. d. Päd. Wiss. d. DDR, 1989, maschinenschriftl. Ms.

Weidemann, B. (Hrsg.): Pädagogische Psychologie. München, Weinheim: Psychologie Verlagsunion, Urban u. Schwarzenberg, 1986

Weinschenk, C.: Rechenstörungen. Ihre Diagnostik und Therapie. Stuttgart, Wien: Verlag Hans Huber, 1970

Wember, F. B.: Die Frühdiagnostik bei Rechenschwäche zwischen früher Förderung und früher Stigmatisierung. In: Lorenz, J. H. (Hrsg.): Störungen beim Mathematiklernen. Köln: Aulis Verlag, 1991

Wendeler, J.: Retardierung der kognitiven Entwicklung. In: Hetzer, H.; Todt, E.; Seiffge-Krenke, I.; Arbinger R. (Hrsg.): Angewandte Entwicklungspsychologie des Kindes- und Jugendalters. Heidelberg, Wiesbaden: Quelle & Meyer, 1990

Wessells, M. G.: Kognitive Psychologie. München, Basel: E. Reinhardt, 1990

Winter, H.: Entdeckendes Lernen als Leitprinzip des Mathematikunterrichts in der Grundschule. In: Beiträge zum Mathematikunterricht. Bad Salzdetfurth: Verlag Franzbecker, 1984, S. 372-376

Winter, H.: Entdeckendes Lernen im Mathematikunterricht. Braunschweig, Wiesbaden: Vieweg & Sohn, 1989

Winter, H.: Über die Entfaltung begrifflichen Denkens im Mathematikunterricht. In: Journal für Mathematikdidaktik, 1983, Heft 3, S. 175-204

Winter, H.: Umgangssprache - Fachsprache im Mathematikunterricht. In: Schriftenreihe des IDM 18/1978, S. 5-56

Wippich, W.: Lehrbuch der angewandten Gedächtnispsychologie, Band 1. Stuttgart, Berlin, Köln, Mainz: Verlag Kohlhammer, 1984

Wirth, H.: Teilleistungsstörungen - Learning Disabilities. In: Brunsting, M. u. a. (Hrsg.): Teilleistungsschwächen. Prävention und Therapie. Luzern: Schweizerische Zentralstelle für Heilpädagogik, 1990

Wittmann, E. Ch.: Das Prinzip des aktiven Lernens und das Prinzip der kleinen und kleinsten Schritte in systemischer Sicht. In: Beiträge zum Mathematikunterricht. Bad Salzdetfurth: Verlag Franzbecker, 1988, S. 339-342

Wittmann, E. Ch.: Mathematisches Denken bei Vor- und Grundschulkindern. Braunschweig, Wiesbaden: Vieweg & Sohn, 1982

Wittmann, E. Ch.: Übungsformen in der Primarstufe: Eine auf dem genetischen Prinzip basierende Konzeption. In: Beiträge zum Mathematikunterricht. Bad Salzdetfurth: Verlag Franzbecker, 1984, S. 377-380

Wittmann, E. Ch.: „Weniger ist mehr": Anschauungsmittel im Mathematikunterricht der Grundschule. In: Beiträge zum Mathematikunterricht. Hildesheim: Franzbecker, 1993

Wittoch, M.: Diagnose von Störungen. In: Lorenz, J. H. (Hrsg.): Störungen beim Mathematiklernen. Köln: Aulis Verlag, 1991

Witzlack, G. (Hrsg.): Beiträge zur Verhinderung des Zurückbleibens. Berlin: Volk u. Wissen, 1973

Yackel, E.; Wheatly, G. H.: Raumvorstellungen im Mathematikunterricht der Grundschule. In: mathematica didactica, 1989, Heft 4, S. 183-196

Zetlin, V.: Leistungsversagen bei Schülern und seine Verhütung. Berlin: Volk u. Wissen, 1980

Zielinski, W.: Lernschwierigkeiten. Verursachungsbedingungen, Diagnose, Behandlungsansätze. Stuttgart: Kohlhammer, 1980

Anlagen

Auszüge aus der Aufgabensammlung .... A 1

Kontrollarbeit .... A 11

Lehrerfragebogen zur Auswertung des Vorgehens .... A 13

Übersichten zu den Ergebnissen der Tests .... A 15

Übersichten zu den Ergebnissen der Kontrollarbeiten .... A 18

Auszüge aus der Aufgabensammlung

Auszüge aus der Aufgabensammlung

1. Aufgaben zur Entwicklung von Abstraktion

Sortieren von Objekten nach jeweils mehreren ausgewählten Eigenschaften

1. Gegenstände sortieren
Verschiedene Gegenstände können verwendet werden. Die Schüler werden aufgefordert, Gegenstände nach mehreren vorgegebenen Eigenschaften auszuwählen.

1.1.
Suche hölzerne, kleine Gegenstände heraus!
Suche hölzerne, kleine, runde Gegenstände heraus!
Suche hölzerne, kleine, runde, rote Gegenstände heraus!

1.2.
Nenne weitere Gegenstände, die in jede Gruppe gelegt werden können!
Bilde ähnliche Aufgaben, so daß Gegenstände nach mehreren Eigenschaften sortiert werden!

---

2. Bilder sortieren
Bilder folgender Art sind vorgegeben:

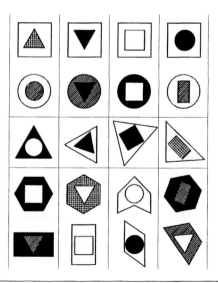

2.1.
Beschreibe die Bilder! Wir wollen sie sortieren. Wonach können wir sortieren?

Die Schüler sortieren nach Aufforderung die Bilder in Gruppen.

2.2.
(Sortieren nach Farbe oder Muster)
Suche alle Bilder heraus, auf denen die große (kleine) Figur weiß (grau, schwarz) ist!
Suche alle Bilder heraus, auf denen die große Figur weiß (...) und die kleine Figur schwarz (...) ist!
Suche alle Bilder heraus, auf denen die große (kleine) Figur gepunktet (gestreift) ist!

(Sortieren nach Form)
Suche alle Bilder heraus, auf denen die große (kleine) Figur die Form eines Dreieckes (Viereckes, Sechseckes, Kreises) hat!
Suche alle Bilder heraus, auf denen die große (kleine) Figur die Form eines Quadrates (Rechteckes) hat!
Suche alle Bilder heraus, auf denen die große Figur die Form eines Quadrates und die kleine Figur die Form eines Dreieckes hat! ...

(Sortieren nach Farbe bzw. Muster und Form)
Suche alle Bilder heraus, auf denen die große (kleine) Figur schwarz (...) ist und die Form eines Quadrates (...) hat.
Suche alle Bilder heraus, auf denen die große (kleine) Figur schwarz (weiß, grau) ist und die kleine (große) Figur die Form eines Viereckes (...) hat!

Der Lehrer sortiert die Bilder in Gruppen, z. B. nach Form/Farbe/Muster der großen/kleinen Figur. Die Schüler erkennen jeweils, wonach sortiert wurde.

2.3.
Überlege, wonach die Bilder sortiert sind!
Lege oder zeichne zu jeder Gruppe noch ein passendes Bild!

---

3. Zahlen sortieren

Verschiedene mehrstellige Zahlen können vorgegeben werden.
Die Schüler sortieren die Zahlen nach mehreren ausgewählten Eigenschaften.

3.1.
Nenne alle zweistelligen geraden Zahlen!
Nenne alle dreistelligen ungeraden Zahlen!
Nenne alle zweistelligen (dreistelligen) Zahlen, die zwei gleiche Ziffern haben!
Nenne alle zweistelligen Zahlen, die sich durch 10 (5, 3) teilen lassen!

3.2.
Nenne weitere Zahlen zu jeder Gruppe!
Bilde ähnliche Aufgaben, so daß Zahlen nach mehreren Eigenschaften sortiert werden!

Auszüge aus der Aufgabensammlung A 3

2. Aufgaben zur Entwicklung von Vorstellung

Zahlvorstellungen

1. Zahlen darstellen (einzelne Zahlen)

Unterschiedliche Arbeitsmittel (mit Fünfer- und Zehnerstruktur) werden zur Verfügung gestellt. (Rechenkette, Rechenbrett, Hunderterplatten, Zehnerstangen, Einerwürfel, ...)
Lehrer oder Schüler stellen mit den Arbeitsmitteln verschiedene ein-, zwei- oder dreistellige Zahlen dar. Beim Legen einzelner Elemente wird zusätzlich auf eine strukturierte Anordnung (z. B. Würfelbilder) geachtet.

1.1.
1. Welche Zahl ist jeweils dargestellt?
2. Bestimme die dargestellte Zahl durch Tasten! *(Arbeit unter einem Tuch)*
3. Lege mit Arbeitsmitteln folgende Zahlen: 5; 17; 20; 25; 63; 100; 234; ...!
4. Lege mit verbundenen Augen mit Hunderterplatten, Zehnerstangen und Einerwürfeln folgende Zahlen: 4; 10; 13; 30; 200; 120; 102; ...!

1.2.
1. Bestimme, welche Zahlen als Bild jeweils dargestellt sind!

Folgende Zeichen werden verwendet:

für 100 ☐   für 10 | für 1 •

| ∴ (15)   ☐ ∷ (106)   ☐☐☐| ∴ (315)

2. Stelle folgende Zahlen als Bild dar: 5; 12; 20; 35; 53; 105; 150; 123; 132; ...!
3. Kennzeichne die Zahlen am Zahlenstrahl!

1.3.
1. Beschreibe, wie folgende Zahlen mit Hunderterplatten, Zehnerstangen und Einerwürfeln dargestellt werden können: 2; 20; 200; 22; 222; ...!
2. Beschreibe, wie folgende Zahlen als Bild dargestellt werden können: 3; 34; 43; 400; 421; ...!

2. Schätzen und Zählen (Zahlen in einer Reihe)

2.1.
1. Wie viele Dinge sind jeweils vorgegeben?
   Schätze zuerst! Zähle! Vergleiche deine Ergebnisse!

 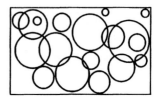

2. Lege immer einzelne Dinge dazu und zähle weiter!
   Lege immer 10 Dinge (Zehnerstangen) dazu und zähle in Zehnerschritten weiter!

2.2.
1. Schätze, wie viele Dreiecke (Kreise) auf dem Bild sind!
   Zähle! Vergleiche deine Ergebnisse!

2. Zeichne ein Bild mit 5 (10; 15; 20) Vierecken! Ordne die Vierecke dabei jeweils so an, daß sie leicht zu zählen sind!

2.3.
1. „Erhören" von Zahlen, die mit Tönen dargestellt sind
   (tiefer Ton bedeutet 10, hoher Ton bedeutet 1)
   – der Lehrer spielt auf einem Musikinstrument, die Schüler führen Strichlisten (oder legen entsprechend Zehnerstangen und Einerwürfel) und nennen die Zahl
   – mehrere Zahlen sind vorgegeben (mit Objekten, als Bild oder als Ziffer), der Lehrer spielt auf einem Musikinstrument, die Schüler wählen die richtige Lösung aus
   – der Lehrer nennt eine Zahl, die Schüler spielen auf einem Musikinstrument

2. Aufsagen der Zahlwortreihe
   – Vorwärtszählen ab einer bestimmten Zahl
   – Rückwärtszählen
   – rhythmisches Zählen – bei jeder zweiten oder dritten Zahl in die Hände klatschen
   – Zählen in Sprüngen vorwärts und rückwärts (Zweiersprünge, Dreiersprünge, Fünfersprünge, Zehnersprünge, Fünfzigersprünge, Hundertersprünge)
   – alternierendes Vorgehen beim Zählen – abwechselnd Einer-, Zehner- und Hundertersprünge, z. B. 4; 5; 6; 16; 26; 36; 136; 236; 336; 337; 338; 339

Auszüge aus der Aufgabensammlung   A 5

3. Zahlen im Hunderterraum

Für die folgenden Aufgaben sollten eine vollständige und mehrere unvollständige Hundertertafeln zur Verfügung gestellt werden.

3.1.
1. Lege in einer Hundertertafel auf die angegebenen Zahlen Einerwürfel!
   - 2; 12; 32; 42; 52; 62; 72; 82; 92
   - 31; 32; 33; 34; 35; 36; 37; 38; 39; 40
   - 1; 12; 23; 34; 45; 56; 67; 78; 89; 100

2. Vergleiche die Anordnungen der Würfel miteinander!
3. Vergleiche die Zahlen in einer Zeile miteinander! Vergleiche die Zahlen in einer Spalte miteinander! Vergleiche die Zahlen in einer Diagonalen miteinander! Beschreibe, wie sich die Zahlen jeweils verändern!

3.2.
1. Hier sind Zahlenfelder aus der Hundertertafel miteinander verbunden. Welche Zahlen gehören jeweils zum Z, zum W, zur Treppe, zum Haus?

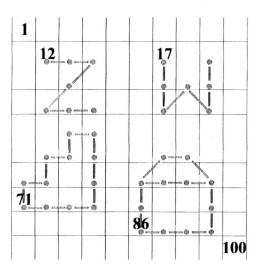

2. Verbinde folgende Zahlenfelder in der Hundertertafel miteinander! Was für Figuren entstehen?

82–72–62–73–84–74–64   *(N)*
76–86–96–97–98–99–89–79–78–77–76   *(Viereck)*

Denke dir selbst solche Aufgaben aus!

3. Aufgaben zur Entwicklung von Konzentration

1. Bilder und Figuren erkennen oder zeichnen

1.1.
1. Zeichne 5 Kreise und 5 Kreuze! Zeichne eine Linie so, daß die Kreise innen und die Kreuze außen liegen!
   Lösungen:

   (Linie muß geschlossen sein, sonst kann innen und außen nicht bestimmt werden.)
2. Zeichne 5 Dreiecke und 5 Vierecke! Zeichne eine Linie so, daß alle Dreiecke und kein Viereck innen liegen!
3. Schreibe 5 gerade und 5 ungerade Zahlen auf! Zeichne eine Linie so, daß 2 gerade und alle ungeraden Zahlen innen liegen!

1.2.
Suche in folgenden Bildern geometrische Figuren! Bestimme die jeweilige Anzahl!

2. Zahlen erkennen oder bestimmen

2.1.
Suche im folgenden Bild nacheinander alle Zahlen von 1 bis 22! Unterstreiche dabei jede Zahl! (Tippe mit dem Finger auf jede Zahl!)

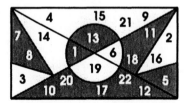

Auszüge aus der Aufgabensammlung   A 7

2.2.
1. Schreibe aus dem folgenden Bild alle Zahlen der Größe nach geordnet heraus! Beginne mit der kleinsten (größten) Zahl!

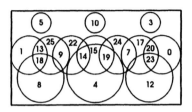

(Es sind die Zahlen von 0 bis 25 enthalten, außer 2, 6, 11, 16, 21.)

2. Suche alle geraden (ungeraden) Zahlen auf dem Bild und schreibe sie auf!
3. Suche alle durch 3 (durch 5, ...) teilbaren Zahlen auf dem Bild und schreibe sie auf!
4. Schreibe zu jeder Zahl aus dem Bild das Doppelte (das Zehnfache) auf!

3. Rechnen mit Symbolen

Für Zahlen werden unterschiedliche Symbole (Figuren) eingesetzt:

Zahl	1	2	3	4
Symbol	●	▼	▲	■

3.1.
Überprüfe, ob folgende Aufgaben richtig gelöst sind! Korrigiere, wenn notwendig!

▲ + 5 = 8   (richtig)

■ - ▼ = 6   (falsch, Lösung 2)

5 - ● = ■   (richtig)

● ? ▲ = ■   (für Fragezeichen +, dann richtig)

3.2.
Löse folgende Aufgaben! Kennzeichne das Ergebnis mit Symbolen!

5 - ●   (■)

● + ▲   (■)

6 - ■   (▼)

■ - ●   (▲)

4. Aufgaben zur Entwicklung von Gedächtnis

1. Einprägen und Reproduzieren von Einzelobjekten

Eingeprägt werden sollen beliebige Gegenstände aus dem Alltag oder Objekte aus der Mathematik, z. B. geometrische räumliche oder ebene Figuren.

1.1.
1. Nimm den Gegenstand in die Hand und erkläre seinen Aufbau, seine Form, seine Funktion! Zeige, was man damit alles machen kann (wo du ihn überall findest)!
2. Zeichne ein Bild vom Gegenstand oder/und forme sein Modell aus Knete. Stelle ein weiteres Modell aus anderen Materialien her, z. B. aus Papier, mit Stäbchen o. ä.!
3. Lege den Gegenstand unter ein Tuch und erzähle alles, was du über ihn weißt!
4. Suche dir selbst einen neuen Gegenstand aus und präge ihn dir auf die gleiche Art ein!

1.2.

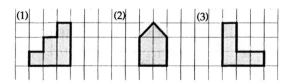

1. Betrachte die Figuren und präge sie dir nacheinander ein!
2. Beschreibe Form, besondere Merkmale und worauf beim Zeichnen zu achten ist!
3. Erzähle, woran dich diese Figuren erinnern!
4. Denke dir lustige Bilder dazu aus!
5. Decke die Figuren ab! Zeichne die eingeprägten Figuren! Denke dabei an deine lustigen Bilder!

Auszüge aus der Aufgabensammlung

2. Einprägen und Reproduzieren von mehreren zusammenhängenden Objekten

Objekte aus der Lebensumwelt der Kinder sind in unterschiedlicher Form (enaktiv, ikonisch, symbolhaft oder verbal) vorgegeben.

2.1.
1. Ordne die vorgegebenen Gegenstände in Gruppen und präge sie dir ein!
   Gegenstände, die sich leicht in Gruppen ordnen lassen, liegen durcheinander auf dem Tisch, z. B.: Bleistift, Seife, Kamm, Radiergummi, Notizblock, Cremedose, Füller, Waschlappen, ...
   Je nach Schwierigkeitsgrad der Aufgabe kann nach einer angemessenen Zeit (30 Sekunden bis 2 Minuten) ein Tuch über die Gegenstände gedeckt werden.
2. Nenne alle Gegenstände, die auf dem Tisch liegen!
   (Zusatz: Zeige, wo sie etwa liegen! Beschreibe sie – Farbe, Form, Grundmaterial, Besonderheiten!) Erkläre, wie du sie dir eingeprägt hast!
3. Einige Gegenstände sind hinzugekommen. Zeige sie!
   (Der Lehrer legt Gegenstände hinzu, z. B. Büroklammer, Buntstift, Haarbürste, Nagelfeile.)
4. Einige Gegenstände fehlen. Welche sind es? Beschreibe sie!
   (Der Lehrer entfernt einige Gegenstände.)
5. Die Lage der Gegenstände wurde verändert. Lege alle Gegenstände wieder so hin, wie sie vorher gelegen haben!
   (Der Lehrer verändert die Lage einiger/aller Gegenstände.)
6. Stelle nur durch Tasten fest, welche Gegenstände fehlen, hinzugekommen sind oder in ihrer Lage verändert wurden!

2.2.
1. Ordne die folgenden Figuren in Gruppen und präge sie dir ein! Zeichne oder schreibe auf, wie du sie dir am besten einprägen kannst!
2. Zeichne aus dem Kopf alle Figuren auf, die du dir eingeprägt hast!

Folgende Figuren sind an der Tafel vorgegeben:

3. Einprägen von Aufgaben des Einmaleins

3.1.
Präge dir die Einmaleinsfolge der 4 ein!
Gehe in folgenden Schritten vor:
– Baue mit Würfeln 10 Vierertürme!
– Trage alle Zahlen der Einmaleinsfolge der 4 ins Hunderterfeld ein!
  Male die Felder aus und sieh dir das Muster an!
– Kreuze am vorgegebenen Zahlenstrahl alle Zahlen an, die durch 4 teilbar sind!
– Lerne die kurze Reihe: $1 \cdot 4 = 4$; $2 \cdot 4 = 8$; $5 \cdot 4 = 20$; $10 \cdot 4 = 40$!

3.2.
Schreibe dir alle Zahlen der Einmaleinsfolge der 4 in richtiger Anordnung auf die Fingernägel (von links nach rechts) und lerne sie!
Gehe in folgenden Schritten vor:
– Lies die Zahlenreihe mehrmals laut vorwärts und rückwärts vor und bewege dabei den entsprechenden Finger (arbeite erst mit der linken, dann mit der rechten Hand, zum Schluß mit beiden Händen)!
– Bewege einen beliebigen Finger, nenne die Zahl, die auf dem Fingernagel steht, und die zugehörige Aufgabe! Arbeite mit deinem Banknachbarn zusammen!
– Decke die Fingernägel ab und wiederhole alle Übungen (erst linke, dann rechte Hand, dann beide Hände)!

Kontrollarbeit   **A 11**

Kontrollarbeit

Name: _____ Schule: _____ Klasse: _____ Datum: _____

1. *Löse folgende Aufgaben und schreibe nur das Ergebnis auf!* *(Lehrer diktiert Aufgaben)*
   a) 5 - 2, 9 - 7, 9 - 14, 12 - 5;   b) 3 · 2, 9 · 1, 6 · 7, 8 · 0;   c) 16 : 8, 8 : 5, 21 : 7, 45 : 5

a)	3	b)		c)	

2. *Präge dir folgende Wörter ein und schreibe sie dann aus dem Kopf in beliebiger Reihenfolge auf!*
   (Tafelbild: Apfel, plus, Puppe, Buch, Addition, Ball, parallel, Birne, Apfelsine)
   A_____   B_____   P_____
   A_____   B_____   p_____
   A_____   B_____   p_____

3. *Präge dir folgende Zahlen ein und schreibe sie dann aus dem Kopf in beliebiger Reihenfolge auf!* *(Tafelbild: 3; 12; 9; 0; 18; 7; 14; 6; 28)*

   3, _____
   7, _____

4. Schätze die Länge folgender Strecken! Schreibe diese auf!

   a) Bleistiftlänge: etwa **15 cm**
   b) Höhe des Klassenraumes: etwa _____
   c) Dicke einer Bleistiftmine: etwa _____
   d) Länge einer Schnur: etwa _____
   e) Länge eines Rechenstäbchens: etwa _____

5. Zähle drei Zahlen weiter und schreibe sie auf!

   a) Vorwärts!   98, __99__ , __100__ , __101__
                       1099, _____, _____, _____
   b) Rückwärts!   8002, _____, _____, _____
                       10000, _____, _____, _____

6. Schneide eine Wurst so wie im folgenden Bild durch! Zeichne auf, wie die Schnittfläche jeweils aussieht!

   a) (gerade)   b) (schräg)

   Schnittfläche: Schnittfläche:

A 12   Anlagen

7. Zeichne jeweils einen Pfeil ein, wie sich das andere Rad dreht!

    a)   b)   c)   d)

 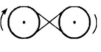

8. In jeder Zeile gehört ein Wort nicht zu den anderen. Finde es heraus und unterstreiche!
   a) **Berge**, Mond, Sonne, Sterne
   b) Fichte, Nelke, Tanne, Buche
   c) Schraube, Hammer, Zange, Meißel
   d) Kreide, Bleistift, Tafel, Füller
   e) Kreis, Dreieck, Gerade, Viereck
   f) Meter, Kilometer, Zentimeter, Gramm
   g) mal, ist gleich, minus, plus

9. Überlege, was jeweils in die Lücke gehört! Setze richtig ein!
   a) 1, 3, 5, <u>7</u>, 9   0, 4, 6   oder 7 ?
   b) a, c, e, _ , i, k   d, f, g   oder h ?
   c) 4, 8, _ , 16, 20   0, 6, 10 oder 12 ?
   d) X X O O □ □ X X   O □ □   □, △, O oder X

10. Versteckte Zahlwörter!
    Suche und unterstreiche in den folgenden Wörtern versteckte Zahlwörter!
    a) <u>Zwei</u>fel
    b) Einsicht
    c) Revier
    d) Weinstube
    e) Rundreise
    f) Lachtaube
    g) Klavierspieler

11. Schreibe von jeder Zahl im Bild ihren Vorgänger auf!

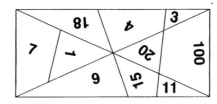

Bemerkungen: *Kursivgeschriebene Aufgaben erteilte die Versuchsleiterin mündlich. Sie waren in allen drei Kontrollarbeiten gleich. Die Bewertung erfolgte durch Punkte. Folgende Gesamtpunktzahlen wurden auf die Aufgaben gegeben: 1. (5,5 Punkte); 2. (9 Punkte); 3. (9 Punkte); 4. (2 Punkte); 5. (3 Punkte); 6. (2 Punkte); 7. (2 Punkte); 8. (6 Punkte); 9. (3 Punkte); 10. (6 Punkte); 11. (2 Punkte); insgesamt waren 49,5 Punkte zu erreichen.*

Lehrerfragebogen zur Auswertung des Vorgehens

I. Art und Weise der Nutzung des Aufgabenmaterials

Wie häufig bezogen Sie Aufgaben aus dem Aufgabenmaterial in den Mathematikunterricht mit ein?
a) sehr häufig (4 bis 5 mal in der Woche)
b) häufig (2 bis 3 mal in der Woche)
c) wenig (weniger als 2 mal in der Woche)

Wie haben Sie den Einsatz der Aufgaben in der Regel gestaltet?
a) frontaler Einsatz (Welche Aufgaben?)
   schriftlich:
   mündlich:
b) differenzierter Einsatz für ausgewählte Schüler (Welche Aufgaben?)
   schriftlich:
   mündlich:
c) als Hausaufgabe (Welche Aufgaben?)

Wie erfolgte in der Regel die Motivierung für diese Aufgaben?
a) Aufgaben wurden innerhalb der Stunde ohne besondere Motivierung eingesetzt
b) Einsatz der Aufgaben wurde besonders motiviert, z. B.
c) Motivierung für die Aufgaben wurde in die Motivierung zur gesamten Stunde eingebettet
d) andere Formen der Motivierung wurden gewählt, z. B.

Wie erfolgte in der Regel die Auswertung?
a) Aufgaben wurden frontal ausgewertet (auch bei differenziertem Einsatz erfolgte eine Auswertung vor der Klasse und damit eine Einbeziehung der anderen Schüler)
b) Aufgaben wurden individuell mit den Schülern ausgewertet
c) Aufgaben wurden gar nicht mit den Schülern ausgewertet; der Lehrer wertete die Aufgaben für sich aus
d) andere Formen der Auswertung wurden gewählt, z. B.

In welchem Unterrichtsabschnitt erfolgte in der Regel der Einsatz ausgewählter Aufgaben?
a) hauptsächlich in der täglichen Übung
b) hauptsächlich in Festigungsphasen
c) unterschiedlich - in allen Phasen der Unterrichtsstunde
Begründung für den bevorzugten Einsatz:

Wie häufig erfolgte der Einsatz einzelner Aufgaben?
a) jede Aufgabe wurde höchstens einmal gestellt
b) die Aufgaben wurden in der Regel mehrmals gestellt, dabei im Schwierigkeitsgrad und im Inhalt leicht verändert
c) die Aufgaben wurden in der Regel mehrmals unverändert gestellt, bis die Schüler sie lösen konnten

Wie gelang eine Einbettung der Aufgaben in den regulären Mathematikunterricht?
a) die Aufgaben wurden in der Regel losgelöst vom Unterrichtsstoff eingesetzt
b) die Aufgaben wurden in der Regel mit dem Unterrichtsstoff verbunden - bei Bedarf wurden dazu die Inhalte verändert
c) die Aufgaben wurden in der Regel als besonderer Höhepunkt im Mathematikunterricht eingesetzt

II. Eignung des Materials zur Realisierung von Zielen hinsichtlich der Entwicklung von Abstraktion, Vorstellung, Konzentration und Gedächtnis im Mathematikunterricht

Ist die Aufgabensammlung für die Gestaltung des Mathematikunterrichts insgesamt geeignet, um durch frontalen/differenzierten Einsatz Abstraktion, Vorstellung, Konzentration und Gedächtnis zu entwickeln?
a) sehr gut
b) gut
c) wenig
Begründung:

Folgende Aufgaben aus den Komplexen sind besonders *gut geeignet*, um den Mathematikunterricht zu bereichern:
Abstraktion:
Vorstellung:
Konzentration:
Gedächtnis:
Begründung:

Folgende Aufgaben aus den Komplexen sind *wenig geeignet*, um den Mathematikunterricht zu bereichern:
Abstraktion:
Vorstellung:
Konzentration:
Gedächtnis:
Begründung:

Welche Ergebnisse erbrachte der regelmäßige Einsatz von Aufgaben aus diesem Material?

Wie beurteilen Sie die praktische Nutzbarkeit des Materials?

Übersichten zu den Ergebnissen der Tests

1. Ergebnisse der einzelnen Schüler

Name	Nr.	Regeln		Zeichnen		Analogie		Würfel		GESAMT		Steigerung in %
		Test 1	Test 2	Test 1	Test 2	Test 1	Test 2	Test 1	Test 2	Test 1	Test 2	
Alexander	A1	14	16	12	16	3	14	1	6	30	52	32
Daniel	A2	10	16	16	20	6	18	1	6	33	60	40
Jaqueline	A3	11	16	10	15	3	11	4	5	28	47	28
Andreas	A4	17	19	14	14	4	6	4	6	39	45	9
Kathleen	A5	14	17	13	16	7	14	2	5	36	52	24
Sarah	A6	8	13	9	13	4	13	1	1	22	40	26
Maik	A7	13	16	14	19	5	7	3	4	35	46	16
Tino	A8	14	19	14	15	8	14	2	6	38	54	24
Mittelwert		12,63	16,50	12,75	16,00	5,00	12,13	2,25	4,88	32,63	49,50	
Standardabw.		2,83	1,93	2,31	2,39	1,85	3,98	1,28	1,73	5,71	6,23	

Abbildung I: Testergebnisse der Schüler vom Stützkurs 1 (Rohpunktwerte)

Name	Nr.	Regeln		Zeichnen		Analogie		Würfel		GESAMT		Steigerung in %
		Test 1	Test 2	Test 1	Test 2	Test 1	Test 2	Test 1	Test 2	Test 1	Test 2	
Martin	A9	16	18	7	13	12	15	2	2	37	48	16
Tanja	A10	14	18	13	18	10	14	4	4	41	54	19
Stephanie	A11	15	15	15	16	14	13	3	3	47	47	0
Franziska	A12	6	12	11	13	6	19	0	1	23	45	32
Sven	A13	14	18	14	14	9	16	3	6	40	54	21
Mittelwert		13,00	16,20	12,00	14,80	10,20	15,40	2,40	3,20	37,60	49,60	
Standardabw.		4,00	2,68	3,16	2,17	3,03	2,30	1,52	1,92	8,93	4,16	

Abbildung II: Testergebnisse der Schüler vom Stützkurs 2 (Rohpunktwerte)

Name	Nr.	Regeln		Zeichnen		Analogie		Würfel		GESAMT		Steigerung in %
		Test 1	Test 2	Test 1	Test 2	Test 1	Test 2	Test 1	Test 2	Test 1	Test 2	
Björn	A14	17	15	15	15	1	0	5	6	38	36	0
Raiko	A15	14	16	12	16	4	6	0	4	30	42	18
Sylvia	A16	16	14	15	18	6	5	3	4	40	41	1
Doreen	A17	11	11	8	13	1	6	0	0	20	30	15
Maik	A18	12	12	10	9	8	6	1	2	31	29	0
Benjamin	A19	14	14	17	19	5	8	3	4	39	45	9
Danny	A20	11	11	11	16	3	8	1	4	26	39	19
Mittelwert		13,57	13,29	12,57	15,14	4,00	5,57	1,86	3,43	32,00	37,43	
Standardabw.		2,37	1,98	3,21	3,34	2,58	2,70	1,86	1,90	7,46	6,08	

Abbildung III: Testergebnisse der Schüler vom Stützkurs 3 (Rohpunktwerte)

Name	Nr.	Regeln		Zeichnen		Analogie		Würfel		GESAMT		Steigerung in %
		Test 1	Test 2	Test 1	Test 2	Test 1	Test 2	Test 1	Test 2	Test 1	Test 2	
Alexander	A21	12	14	15	14	14	13	1	3	42	44	3
Nadin	A22	10	15	16	14	9	10	2	4	37	43	9
Roberto	A23	16	10	18	19	10	9	4	2	48	40	0
René	A24	10	15	14	14	10	15	2	3	36	47	16
Marco	A25	12	17	16	15	6	10	3	4	37	46	13
Thomas	A26	14	14	16	16	2	7	1	4	33	41	12
Matthias	A27	13	13	16	20	2	6	1	2	32	41	13
Jeanine	A28	16	17	16	19	5	6	3	3	40	45	7
Katja	A29	17	17	13	17	8	14	3	4	41	52	16
Maik	A30	13	17	17	19	7	16	4	6	41	58	25
Mandy	A31	16	16	13	18	8	14	2	4	39	52	19
Marco	A32	8	10	11	12	2	5	0	4	21	31	15
Melanie	A33	17	20	12	15	7	12	1	3	37	50	19
Jérome	A34	13	19	12	15	6	12	3	4	34	50	24
Nadin	A35	18	17	9	12	5	8	1	1	33	38	7
Vicki	A36	13	17	14	16	6	9	2	3	35	45	15
Annett	A37	10	12	10	13	3	7	2	4	25	36	16
Janina	A38	12	18	14	16	7	10	4	5	37	49	18
Mittelwert		13,33	15,44	14,00	15,78	6,50	10,17	2,17	3,50	36,00	44,89	
Standardabw.		2,85	2,83	2,50	2,46	3,17	3,35	1,20	1,15	6,15	6,53	

Abbildung IV: Testergebnisse der Schüler der Gruppe Innere Differenzierung (Rohpunktwerte)

Übersichten zu den Ergebnissen der Tests   A 17

Name	Nr.	Regeln		Zeichnen		Analogie		Würfel		GESAMT		Steigerung in %
		Test 1	Test 2	Test 1	Test 2	Test 1	Test 2	Test 1	Test 2	Test 1	Test 2	
Dana	A39	11	12	7	14	7	9	3	4	28	39	16
Daniel	A40	15	16	14	14	5	4	4	2	38	36	0
Melanie A.	A41	12	15	9	9	4	4	3	2	28	30	3
Sebastian	A42	13	17	9	15	4	4	2	5	28	41	19
Diana	A43	18	19	11	11	9	9	2	3	40	42	3
Melanie N.	A44	12	12	14	15	2	5	6	5	34	37	4
Nadine	A45	17	18	13	15	8	4	4	4	42	41	0
Janine	A46	15	15	12	12	5	9	1	2	33	38	7
Marina	A47	10	11	12	13	10	4	2	4	34	32	0
Mittelwert		13,67	15,00	11,22	13,11	6,00	5,78	3,00	3,44	33,89	37,33	
Standardabw.		2,74	2,83	2,44	2,09	2,65	2,44	1,50	1,24	5,30	4,12	

Abbildung V: Testergebnisse der Kontrollschüler (Rohpunktwerte)

2. Zusammenfassung der Ergebnisse

	Stützkurs 1		Stützkurs 2		Stützkurs 3		Innere Differ.		Kontrollschüler	
	Test 1	Test 2	Test 1	Test 2	Test 1	Test 2	Test 1	Test 2	Test 1	Test 2
gesamt	48	73	55	73	47	55	53	66	50	55
Regeln	63	83	65	81	68	66	67	77	68	75
Zeichnen	61	76	57	70	60	72	67	75	53	62
Analogie	24	58	49	73	19	27	31	48	29	28
Würfel	38	81	40	53	31	57	36	58	50	57

Abbildung VI: Ergebnisse der Tests (Rohpunktwerte in Prozent)

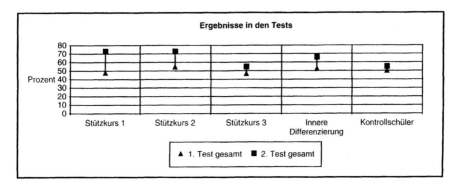

Abbildung VII: Gegenüberstellung der Testergebnisse (Gesamtpunktzahl in Prozent)

Übersichten zu den Ergebnissen der Kontrollarbeiten

1. Ergebnisse der einzelnen Schüler

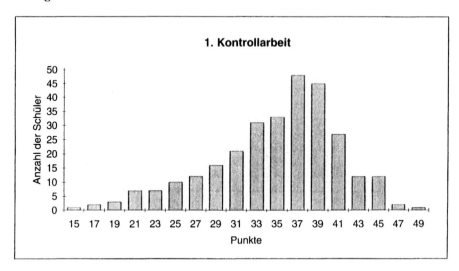

Abbildung VIII: Punkteverteilung der Gesamtstichprobe in der 1. Kontrollarbeit

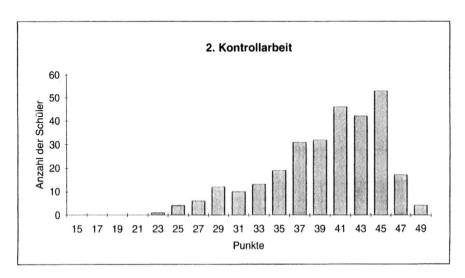

Abbildung IX: Punkteverteilung der Gesamtstichprobe in der 2. Kontrollarbeit

Übersichten zu den Ergebnissen der Kontrollarbeiten   A 19

Anzahl d. Punkte	1. Kontrollarbeit	2. Kontrollarbeit		
	Nummer der Beobachtungsschüler			
15	15			
17	20			
19	3; 7			
21	12; 19; 22; 35; 36			
23	10; 16; 38			
25	9; 18; 27; 37	41; 42	7; 9; 22; 23	
27	17; 23; 32; 34	40; 45	17; 18; 32	41
29	14; 21; 24; 30; 31	39; 44	6; 14; 19	40; 42; 43
31	1; 4; 6; 8; 25	43; 47	3; 25; 26; 36	
33	2; 11; 26; 33		1; 24; 27; 29; 31; 37	39; 45; 47
35	5	46	2; 20	46
37	13; 28		4; 10; 15; 28; 34; 35	
39	29		21; 30; 38	44
41			8; 11; 12; 16; 33	
43			5; 13	
45				
47				
49				

Abbildung X: Positionen der Versuchsschüler (1 bis 38) und Kontrollschüler (39 bis 47) innerhalb der Punkteverteilung in der 1. und 2. Kontrollarbeit

Name	Nr.	Gedächtnis			Vorstellung			Abstraktion			Konzentration			GESAMT		
		Arbeit 1	Arbeit 2	Arbeit 3	Arbeit 1	Arbeit 2	Arbeit 3	Arbeit 1	Arbeit 2	Arbeit 3	Arbeit 1	Arbeit 2	Arbeit 3	Arbeit 1	Arbeit 2	Arbeit 3
Alexander	A1	16	15,5	16	4,5	8,5	5,5	6	4	6	5	6	7	31,5	34	34,5
Daniel	A2	19	18	15	5	9	9	5	7	6	4	2	4	33	36	34
Jaqueline	A3	12,5	20,5	17,5	3	3	4	1	6	5	3	3	5	19,5	32,5	31,5
Andreas	A4	12	17	17,5	7,5	8,5	7,5	7	7	8	6	6	7	32,5	38,5	40
Kathleen	A5	19	22,5	22	5,5	7	8,5	3	7	8	8	7	8	35,5	43,5	46,5
Sarah	A6	18,5	19,5	19,5	3	1	2	4	4	6	6	5	6	31,5	29,5	33,5
Maik	A7	17,5	15	17,5	1,5	3	3,5	1	4	4	0	3	5	20	25	30
Tino	A8	16	20	20,5	4	9	7	6	8	9	5	5	7	31	42	43,5
Martin	A9	13,5	12,5	9,5	4,5	3	3	4	6	4	3	4	1	25	25,5	17,5
Tanja	A10	14	17	22	3,5	6,5	8	2	6	8	5	8	6	24,5	37,5	44
Stephanie	A11	17,5	21	20,5	3	4,5	5	5	8	8	8	8	8	33,5	41,5	41,5
Franziska	A12	12,5	20,5	20	2	7,5	2	4	6	5	3	8	7	21,5	42	34
Sven	A13	17	21,5	22,5	6,5	7,5	7	7	7	6	7	7	0	37,5	43	35,5
Björn	A14	16,5	15	19	6	6,5	7	5	5	7	2	3	8	29,5	29,5	41
Raiko	A15	4,5	18	13,5	4	6	5,5	2	7	7	6	6	8	16,5	37	34
Sylvia	A16	14,5	22	18,5	3,5	7,5	4	1	6	7	4	7	8	23	42,5	37,5
Doreen	A17	20,5	20,5	20	3,5	0,5	3,5	1	3	4	2	3	5	27	27	32,5
Maik	A18	18	17,5	17,5	2	2,5	4,5	3	4	8	2	3	6	25	27	36
Benjamin	A19	13	12,5	14	2	2,5	1,5	3	8	7	3	6	2	21	29	24,5
Danny	A20	12,5	18	13,5	4	5,5	3,5	1	7	8	1	6	8	18,5	36,5	33
Mittelwert		15,23	18,20	17,80	3,93	5,45	5,08	3,55	6,00	6,55	4,15	5,30	5,80	26,85	34,95	35,23
Standardabw.		3,62	2,98	3,39	1,59	2,73	2,28	2,06	1,52	1,54	2,25	1,95	2,42	6,23	6,41	6,75

Abbildung XI: Ergebnisse der Schüler der Stützkurse 1, 2 und 3 (Rohpunktwerte)

Name	Nr.	Gedächtnis			Vorstellung			Abstraktion			Konzentration			GESAMT		
		Arbeit 1	Arbeit 2	Arbeit 3	Arbeit 1	Arbeit 2	Arbeit 3	Arbeit 1	Arbeit 2	Arbeit 3	Arbeit 1	Arbeit 2	Arbeit 3	Arbeit 1	Arbeit 2	Arbeit 3
Alexander	A21	16	20	18,5	4,5	5	6,5	3	6	7	6	8	6	29,5	39	38
Nadine	A22	15,5	18	17	1,5	3	2,5	1	2	3	3	2	2	21	25	24,5
Roberto	A23	15	18	15	3	2	2,5	3	2	3	6	3	5	27	25	25,5
Renè	A24	16	19	16,5	4	3,5	4,5	4	6	7	6	6	3	30	34,5	31
Marco	A25	17,5	19	17	2,5	2	7	6	4	5	6	6	6	32	31	35
Thomas	A26	15	13	17	5,5	4,5	5,5	7	7	7	7	7	8	34,5	31,5	37,5
Matthias	A27	17	16,5	15	3	6	9	2	5	7	3	7	8	25	34,5	39
Jeanine	A28	20,5	22	21	4	2,5	3,5	7	5	6	6	8	7	37,5	37,5	37,5
Katja	A29	20	20,5	20	5	2	3	6	7	6	8	4	8	39	33,5	37
Maik	A30	19	20,5	21,5	2	5	6	3	7	8	6	8	6	30	40,5	41,5
Mandy	A31	17	15,5	18	3	4	5,5	2	7	6	7	8	8	29	34,5	37,5
Marco	A32	17	20,5	18,5	3,5	3	3,5	5	5	2	3	0	1	28,5	28,5	25
Melanie	A33	19	19,5	21	1	6,5	7	6	7	4	7	8	8	33	41	40
Jèrome	A34	14	17	20	5,5	6,5	7,5	6	7	8	2	8	7	27,5	38,5	42,5
Nadin	A35	18,5	19,5	21	1,5	3,5	1	2	8	4	0	6	7	22	37	33
Vicki	A36	19	20,5	20	2,5	1,5	3,5	0	8	8	1	1	4	22,5	31	35,5
Annett	A37	20,5	21	21	4	2	4	1	4	7	1	6	8	26,5	33	40
Janina	A38	16	22,5	21,5	5	5,5	7,5	2	6	7	1	6	6	24	40	42
Mittelwert		17,36	19,03	18,86	3,39	3,78	4,97	3,67	5,72	5,83	4,39	5,67	6,00	28,81	34,19	35,67
Standardabw.		2,00	2,38	2,21	1,40	1,66	2,18	2,25	1,81	1,89	2,59	2,59	2,20	5,08	4,92	5,73

Abbildung XII: Ergebnisse der Schüler der Gruppe Innere Differenzierung (Rohpunktwerte)

Name	Nr.	Gedächtnis			Vorstellung			Abstraktion			Konzentration			GESAMT		
		Arbeit 1	Arbeit 2	Arbeit 3	Arbeit 1	Arbeit 2	Arbeit 3	Arbeit 1	Arbeit 2	Arbeit 3	Arbeit 1	Arbeit 2	Arbeit 3	Arbeit 1	Arbeit 2	Arbeit 3
Dana	A39	21	19	22	3	2	6	3	6	6	2	6	8	29	33	42
Daniel	A40	18,5	19	17	3	3,5	5	0	4	6	6	3	7	27,5	29,5	35
Melanie A.	A41	16	18	17,5	3,5	0,5	1	6	3	6	1	6	6	26,5	27,5	30,5
Sebastian	A42	16,5	19	19	2	4,5	8	1	2	3	6	5	8	25,5	30,5	38
Diana	A43	17,5	16	22,5	2,5	1	5,5	4	6	7	7	7	6	31	30	41
Melanie N.	A44	17	20	20	4,5	4	6,5	4	8	9	4	8	6	29,5	40	41,5
Nadine	A45	16	17	15,5	3,5	3	2,5	6	8	8	3	5	3	28,5	33	29
Janine	A46	19	21	19	4	3,5	4	4	4	6	8	8	7	35	36,5	36
Marina	A47	19	20	19	3,5	5	4	3	3	5	6	5	6	31,5	33	34
Mittelwert		17,83	18,78	19,06	3,28	3,00	4,72	3,44	4,89	6,22	4,78	5,89	6,33	29,33	32,56	36,33
Standardabw.		1,68	1,56	2,26	0,75	1,54	2,12	2,01	2,20	1,72	2,39	1,62	1,50	2,88	3,83	4,72

Abbildung XIII: Ergebnisse der Kontrollschüler (Rohpunktwerte)

2. Zusammenfassung der Ergebnisse

	Stützkurs 1		Stützkurs 2		Stützkurs 3		Innere Differ.		Kontrollschül.	
	Arbeit 1	Arbeit 2	Arbeit 1	Arbeit 2	Arbeit 1	Arbeit 2	Arbeit 1	Arbeit 2	Arbeit 1	Arbeit 2
gesamt	59	71	57	77	46	66	58	69	59	66
Gedächtnis	69	79	63	79	60	75	74	81	76	80
Vorstellung	47	68	43	64	40	49	38	42	36	33
Abstraktion	46	65	49	73	25	63	41	64	38	54
Konzentrat.	58	58	65	88	36	61	55	71	60	74

Abbildung XIV: Ergebnisse in den einzelnen Bereichen (Rohpunktwerte in Prozent)

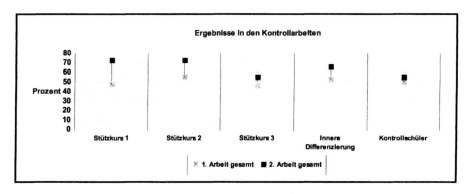

Abbildung XV: Gegenüberstellung der Ergebnisse der Kontrollarbeiten (Gesamtpunktzahl in Prozent)

	Versuchsschüler			Kontrollschüler			Versuchsklassen			Kontrollklassen		
	Arbeit 1	Arbeit 2	Arbeit 3	Arbeit 1	Arbeit 2	Arbeit 3	Arbeit 1	Arbeit 2	Arbeit 3	Arbeit 1	Arbeit 2	Arbeit 3
gesamt	56	70	72	59	66	73	71	82	84	73	80	83
Gedächtnis	69	79	78	76	80	81	79	88	88	83	88	88
Vorstellung	41	52	56	36	33	52	61	67	76	56	61	76
Abstraktion	40	65	69	38	54	69	60	77	78	62	73	77
Konzentrat.	53	68	74	60	74	79	74	87	88	75	85	86

Abbildung XVI: Gegenüberstellung aller Gruppen der Gesamtstichprobe (Rohpunktwerte in Prozent)

| | Innermathematische Aufgaben |||||| Außermathematische Aufgaben ||||||
| | Versuchsschüler ||| Kontrollschüler ||| Versuchsschüler ||| Kontrollschüler |||
	Arbeit 1	Arbeit 2	Arbeit 3	Arbeit 1	Arbeit 2	Arbeit 3	Arbeit 1	Arbeit 2	Arbeit 3	Arbeit 1	Arbeit 2	Arbeit 3
gesamt	54	66	66	55	64	67	59	74	78	64	68	81
Gedächtnis	69	75	74	75	80	76	69	86	84	77	80	89
Vorstellung	26	44	46	19	29	41	60	61	68	58	39	67
Abstraktion	44	73	69	40	60	69	35	55	69	36	47	72
Konzentrat.	36	42	53	39	50	61	59	77	81	67	81	85

Abbildung XVII: *Gegenüberstellung der Ergebnisse bezüglich innermathematischer und außermathematischer Aufgaben (Rohpunktwerte in Prozent)*

| | alle Stützkurse || Stützkurs 1 || Stützkurs 2 || Stützkurs 3 || Innere Differ. ||
	t-Werte	Differenz signifik. p = 5 %	t-Werte	Differenz signifik. p = 5 %	t-Werte	Differenz signifik. p = 5 %	t-Werte	Differenz signifik. p = 5 %	t-Werte	Differenz signifik. p = 5 %
1. Arbeit	-1,31	nein	-8,86	ja	-0,37	nein	-3,40	ja	-0,28	nein
2. Arbeit	1,03	nein	1,03	nein	1,83	nein	0,03	nein	0,87	nein
Gedächtnis 1	-2,04	nein	-1,38	nein	-2,81	ja	-2,00	nein	-0,60	nein
Gedächtnis 2	-0,55	nein	-0,27	nein	-0,20	nein	-0,95	nein	0,28	nein
Vorstellung 1	1,16	nein	1,46	nein	0,96	nein	0,54	nein	0,22	nein
Vorstellung 2	2,50	ja*	2,58	ja*	2,95	ja*	1,38	nein	1,18	nein
Abstraktion 1	0,13	nein	0,66	nein	0,88	nein	-1,26	nein	0,26	nein
Abstraktion 2	1,58	nein	1,04	nein	1,64	nein	0,80	nein	1,05	nein
Konzentration 1	-0,68	nein	-0,13	nein	0,32	nein	-1,80	nein	-0,38	nein
Konzentration 2	-0,79	nein	-1,53	nein	1,20	nein	-1,21	nein	-0,23	nein

Abbildung XVIII: *Gegenüberstellung der Ergebnisse der einzelnen Versuchsgruppen mit den Kontrollschülern (n = 9), (Rohpunktwerte)*
*Kennzeichnung * gibt signifikant bessere Ergebnisse zugunsten der Versuchsgruppen an*

Übersichten zu den Ergebnissen der Kontrollarbeiten

	alle Schüler		Leistungsgruppe 1		Leistungsgruppe 2		Leistungsgruppe 3	
	t-Werte	Differenz signifik. p = 5 %	t-Werte	Differenz signifik. p = 5 %	t-Werte	Differenz signifik. p = 5 %	t-Werte	Differenz signifik. p = 5 %
1. Arbeit	-0,81	nein	-2,53	ja	1,22	nein	0,09	nein
2. Arbeit	1,40	nein	-2,79	ja	2,56	ja*	2,50	ja*
Gedächtnis 1	-2,15	ja	-2,73	ja	-0,96	nein	-0,69	nein
Gedächtnis 2	0,24	nein	-1,94	nein	1,37	nein	0,77	nein
Vorstellung 1	1,46	nein	0,05	nein	1,89	nein	1,53	nein
Vorstellung 2	1,96	ja*	-1,31	nein	2,10	ja*	2,76	ja*
Abstraktion 1	-0,65	nein	-2,42	ja	0,49	nein	0,40	nein
Abstraktion 2	1,26	nein	-2,17	ja	1,65	nein	2,08	ja*
Konzentrat. 1	-0,32	nein	-1,32	nein	1,33	nein	-0,47	nein
Konzentrat. 2	0,60	nein	0,17	nein	0,42	nein	0,84	nein

*Abbildung XIX: Gegenüberstellung der Ergebnisse der einzelnen Leistungsgruppen der Versuchsklassen mit den Kontrollklassen; Kennzeichnung * gibt signifikant bessere Ergebnisse zugunsten der Versuchsklassen an*

Gruppe	n	Gedächtnis			Vorstellung			Abstraktion			Konzentration			GESAMT		
		Arbeit 1	Arbeit 2	Arbeit 3	Arbeit 1	Arbeit 2	Arbeit 3	Arbeit 1	Arbeit 2	Arbeit 3	Arbeit 1	Arbeit 2	Arbeit 3	Arbeit 1	Arbeit 2	Arbeit 3
LG 1	25															
Mittelwert		20,56	22,22	22,36	6,82	7,40	8,00	6,44	7,40	7,32	6,80	7,76	7,28	40,62	44,78	44,96
Standardabw.		1,46	1,02	1,27	1,35	1,03	1,35	1,42	1,19	0,75	1,87	0,52	0,98	3,95	2,25	2,53
LG 2	116															
Mittelwert		19,28	21,41	21,35	5,88	6,41	7,23	6,05	7,32	7,27	6,56	7,41	7,38	37,77	42,54	43,22
Standardabw.		2,02	1,86	1,83	1,79	1,70	1,62	1,53	1,40	0,95	1,70	1,00	1,01	3,58	3,33	3,05
LG 3	86															
Mittelwert		17,08	19,33	19,52	4,49	5,22	5,91	4,24	6,20	6,60	4,70	6,02	6,57	30,51	36,77	38,60
Standardabw.		2,86	2,43	2,65	1,83	2,21	1,98	2,03	1,68	1,49	2,29	2,11	1,77	5,90	5,27	5,47
gesamt	227															
Mittelwert		18,59	20,71	20,77	5,46	6,06	6,81	5,41	6,90	7,02	5,88	6,93	7,06	35,33	40,60	41,67
Standardabw.		2,63	2,31	2,36	1,93	1,99	1,89	1,95	1,59	1,21	2,16	1,65	1,39	6,02	5,11	4,76

Abbildung XX: Ergebnisse aller Schüler der Versuchsklassen, unterteilt in drei Leistungsgruppen (LG 1, LG 2, LG 3), (Rohpunktwerte)

Gruppe	n	Gedächtnis			Vorstellung			Abstraktion			Konzentration			GESAMT		
		Arbeit 1	Arbeit 2	Arbeit 3	Arbeit 1	Arbeit 2	Arbeit 3	Arbeit 1	Arbeit 2	Arbeit 3	Arbeit 1	Arbeit 2	Arbeit 3	Arbeit 1	Arbeit 2	Arbeit 3
LG 1	15															
Mittelwert		21,77	22,97	22,63	6,80	7,83	8,33	7,53	8,20	7,67	7,47	7,73	7,40	43,57	46,73	46,03
Standardabw.		1,16	0,64	1,04	1,15	0,96	0,45	1,30	1,01	1,18	0,74	0,59	1,59	2,81	1,94	2,68
LG 2	25															
Mittelwert		19,68	20,82	20,66	5,14	5,58	7,20	5,88	6,80	7,00	6,04	7,32	7,08	36,74	40,52	41,94
Standardabw.		1,94	2,33	1,93	1,73	2,20	1,34	1,83	1,58	1,19	2,07	0,90	1,04	4,84	4,61	3,09
LG 3	23															
Mittelwert		17,54	18,91	19,15	3,85	3,83	5,43	4,04	5,35	6,26	4,96	5,61	6,26	30,39	33,70	37,11
Standardabw.		2,79	1,83	2,58	1,58	1,86	2,06	2,44	1,97	1,51	2,57	1,95	1,60	5,99	5,06	4,82
gesamt	63															
Mittelwert		19,40	20,63	20,58	5,06	5,48	6,83	5,60	6,60	6,89	5,98	6,79	6,86	36,05	39,51	41,15
Standardabw.		2,68	2,41	2,41	1,90	2,38	1,89	2,37	1,95	1,40	2,25	1,61	1,46	7,02	6,61	5,06

Abbildung XXI: Ergebnisse aller Schüler der Kontrollklassen, unterteilt in drei Leistungsgruppen (LG 1, LG 2, LG 3), (Rohpunktwerte)